図説

学力向上につながる数学の題材

「知を活用する力」に着目して
学習意欲を喚起する

編集代表
名古屋大学名誉教授 四方義啓／国立教育政策研究所総括研究官 下田好行
東京大学大学院教授 岩田修一／大阪大学大学院教授 鈴木　貴

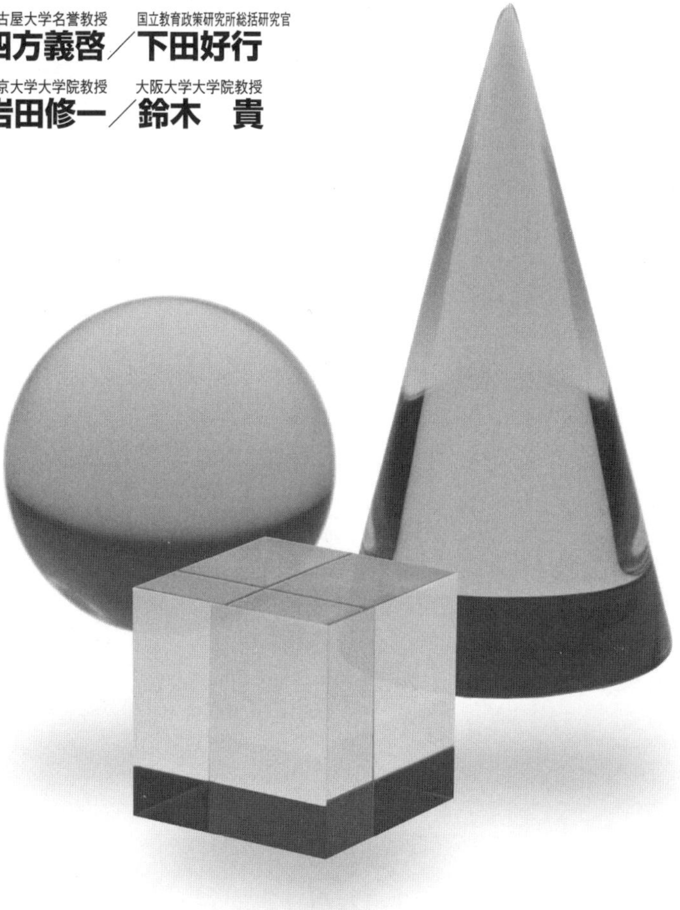

とうほう
東京法令出版

刊行に寄せて

財団法人 日本科学技術振興財団会長
武蔵学園学園長　有 馬 朗 人

学力低下という問題が喧伝されているが，学力問題の根底にあるものを見誤ってはならない。児童生徒の知識の多寡ばかりがクローズアップされ，それが，学習内容の精選によるものだという短絡的な見方があるが，知識の獲得量ばかりに目を向け，たくさんのことを教えることは，以前のような詰め込み教育の復活であり，結果として，受験以外には役に立たない知識の獲得に陥る危険性を孕んでいる。

我が国においては，児童生徒の学習意欲が逓減している現状や，学習の動機づけに対する工夫が弱いという現状こそが問題なのである。TIMSSやPISAなどの国際比較調査を分析してみても，数学で学ぶ内容に興味がある生徒が国際平均値より低く，また，理科や数学の勉強を楽しいと思う生徒の割合が国際平均値より低いという結果が報告されており，そのことが明確に読み取れる。この問題の改善なくして，児童生徒の学力向上は困難である。

すなわち，学習意欲の喚起こそが本当の学力向上につながると言えよう。児童生徒に，学習する必要性を納得させ，どういうところで使えるかに気づかせることが重要で，そのための授業の工夫が求められているのである。実生活と関連づけた指導の充実を図るなどして，数学や理科を学ぶことの意義や有用性を実感する機会を持たせることが重要である。

その視点として，実生活との関連性において数学・理科の学習内容をとらえることが重要で，そのうえで科学的，論理的な思考力を養成する必要がある。

本書には，児童生徒の学習意欲を喚起することをねらいとして，数学・理科の学習内容と実生活（日常現実社会）とを結びつける題材が集められている。今後，学習により獲得された知識を実生活に活用する力が一層求められることになるが，副題に「『知を活用する力』に着目して」とあるように，本書はまさにその点に着目して編まれたものであると言えよう。そして，断片化された学習内容を実生活に結びつけて総合的にとらえようとしている点に注目したい。

教育実践に携わる多くの先生方が，本書に収録された題材を活用され，さらに，児童生徒の学習意欲を喚起し，学習に対する強い動機づけにつながる題材を発掘され，本当の学力向上につながる教育の実践を積み重ねて下さることを期待している。

ま　え　が　き

文字のない文明は稀であると言う以前に，数字を持たない文明もまた稀である。数字を使いこなして，時代を生き抜く技術を「数学」と呼ぶことにすれば，数学を持たない文明もまた稀だということにもなる。実際，「ゼロの発見」でも知られるように，インドはその昔，数学大国だった。小学校で習う算数の大半はインドで作り出されたものである。この数学を使って，インドは近隣の諸国と交易を行い，富を蓄え，長い歴史を生き抜いてきた。

インドの数学は，エジプト・メソポタミアを経てギリシャに伝えられた。ここで数学は，「数の学問」から，「形の学問」へと展開する。これがユークリッドの幾何学であり，中学校における図形の学習である。これなくしては，毎年氾濫するナイルの土地を公平に分け直すことは不可能だったろうし，そんなに国土面積が大きくないギリシャが，当時の農業大国，軍事大国であり続けるのは困難であったろう。幾何学もまた生き残りの技術だったのである。

高等学校で習う二次方程式，微分積分も例外ではない。二次方程式はアラビア文明が，砂漠またはインド洋を渡って交易を行うにあたっての，生き残りをかけた天体観測用の技術だったし，微分積分に至っては，ついこの間まで，大砲の弾やパラシュートなどを目的地点に到達させるために必須とされた技術だった。

あるいは，公式を暗記して，単に計算するだけと見られがちな数学も，その起源にまで遡れば，極めて実用的・現実的な存在であった。つまり，数学は受験だけ，計算だけを目的とするものでは決してない，それは，各時代の知恵の結晶なのである。また，人間は，数字を使うことによって，水を1リットルと数え，米を1キログラムと数えて「等価値」のお金と交換できる。これは，目に見える水や米を，その「価値」という抽象的なものに置き換え，操作するための極めて高度な能力を要求する。この「抽象する能力」は，例えば「噛み合って廻っている歯車」という具体的な対象から，その「歯の数」という二つの数字を取り出し，さらに「これらの比」という，「もう一段抽象的なもの」を導入して，回転速度の計算，ひいては新しい歯車の設計を可能にする。このようにして，数学は科学の共通語としての高度な発展を遂げ，すべての科学を支えてきたのである。そして，現代では，逆にそれを通じて，日常の知恵としてもダイナミックに活躍している。

本書は，これを具体化して，日常生活の題材を通じて生徒に知らせるための「よすが」にと計画されたものである。言い換えれば，本書は単なる数学の応用問題を集めたものではなく，数学が活用される場面を通じて，日常生活に息づく現代科学の知恵に迫ろうとしたものである。

本書では各題材が1題材4ページで構成されている。**1**では，取り上げた題材がどの学習内容で使えるかについて，学習指導要領の項目との関連を示した。発展的内容として関連性のある項目は（　　）書きで示した。**2**では，取り上げた題材が日常現実社会のなかでどのように活用されているかを，学習内容との関連で簡潔に記述した。**3**で題材について解説し，**4**では授業で使いやすいように学習内容のポイントを提示した。**5**では図・表，写真等の資料を数多く取り入れ，授業で活用いただける資料にもなるよう工夫した。さらに**6**で「テーマに関連したドリル（あるいはトピック）」として生徒の興味をさらに深めさせる情報などを付け加え，最後に文献ナビを添えた。

是非とも中学校・高等学校の多くの先生方が本書をご活用くださることを願っている。

最後になったが，資料・図，写真，そして文献ナビなどの足らざるところを補い，題材の配列に見事な工夫を凝らしていただいた東京法令出版宮嶋智浩氏に深甚の感謝を捧げたい。

2006年8月

編集代表　四 方 義 啓

目　次

第1編

ホリスティックな視点による学習意欲の喚起と学力向上

1 数学における学習意欲の喚起と題材の開発

四 方 義 啓

最近では，数学を苦手とする生徒が多い上，大人の中にも，できれば数学を敬遠したいという風潮もある。本書は，このように敬遠されがちな数学に対する学習意欲を喚起することを第一義として編纂されたものである。

この苦手意識は，「こんな難しい公式を覚えて何になるのですか」という質問にも象徴されるように「数学そのものの現実からの遠さ」に起因すると考えられる。九九くらいなら，「買い物に行くときに便利だから」と，辛抱してくれた生徒も，マイナスのマイナスあたりから怪しくなり始め，文字の計算や連立一次，二次方程式の解の公式，そしてサイン・コサインあたりになると，どうしようもなくなることが多い。

最初は普通の数（自然数）しか取り扱わないし，買い物に便利だった数学も，学年が進むに連れて分数が現れ，マイナスが登場して，だんだんややこしくなってくる。その上，中学校あたりになって，数が抽象化されて，「文字と文字を足せ」とか，「未知数をxとする」などと言われると，「何故こんなことを覚えるのですか」と聞きたくなる生徒が出てきたとしても不思議ではない。だが，その質問には十分答えないままで教科書は進行してしまう。その結果，単に公式を暗記させたり，式を計算させてしまうことになり，式やそれを解いて得られる解の意味がどうしても薄らいでしまいがちになる。これでは，多少とも実利的な現代の生徒の学習意欲を喚起するのは困難であると考えざるを得ない。しかし，抽象化されて，ややこしくなった分だけ，数学は，実生活に応用される力を増しているのである。したがって，学習意欲を喚起するためには，まず，数学が実際の生活場面に生かされていること，と言うより，現代生活は数学自身やその抽象的な考え方を抜きにしては，もはや成り立たないことを知らせる必要がある。

しかし，今の生徒に対しては，それだけでは十分でないことも，残念ながら，また事実である。誤解を恐れずに，あえて言えば，自ら参加することと，遊びの要素を欠いてはならないのである。もし生活場面との関連を，生徒の興味を数学に導いてゆく導火線とすれば，遊びの部分はそれに点火することにも似ている。

少し具体的に言えば，今では多くの病院で利用されているCTスキャンは，一次連立方程式を解くことによって，人体内の様子をモニタに映し出している。これは，X線写真を透かしてみて，「ああでもない・こうでもない」と思案していた頃に比べると飛躍的な進歩である。この原理は，コーマックとハウンズフィールドによって提唱され，彼らはノーベル医学賞に輝いている。

私は，いくつかの高校で，これについて講演する機会に恵まれたのだが，私の講演下手を割り引いても，これだけのことで現代の生徒が一次連立方程式を熱心に学習する気になるとは思えなかった。「CTスキャンと連立方程式の理論」と題するこの講演は大学の先生の（受験とは関係のない，したがって自分とは関係のない）気楽なお話として，殆ど聞き流されてしまったのである。アンケートをとってみても，「よくわかった」「面白かった」は，確かにある割合を占めるが，決してそれ以上のものではなかったのである。

最近の生徒は，このような機会を与えられることが多くなりすぎた上，テレビやインターネットを通じて，あふれんばかりの情報に取り巻かれているので，受験に関係すること以外に，知的好奇心を目覚めさせ，「自らの問題として」積極的に考えさせることは，かなり困難な状況にあるのだろう。
このような生徒の知的好奇心を呼び覚ますには，「(テレビの) マジックのような面白いこと・遊び」を「自らの手を動かして体験させる」ことが最も近道であるとも考えられる。CTスキャンについての経験から言えば，「CTスキャンでは人体を約1000×1000のメッシュに切って，その一つ一つを変数とみなして方程式を立て，それを（フーリエ逆変換を使って）解く」「それをコンピュータ処理して人体の内部像を作る」……ではなく，校庭の砂場を２×２に区切って，海賊がそのどこかに「宝」を隠して逃げるという想定の「宝捜しゲーム」を行うことが，過半数の「よくわかった」「面白かった」という反応を得るための，ほぼ絶対条件であった。言うまでもないことであろうが，「宝」は，実際には，ガンや腫瘍など，Ｘ線の透過異常を表している。
この際，「直線的に人体を透過するＸ線による像」などと言わずに，「宝の捜し手である探偵は，一本の棒を砂場において「宝はこの下にありますか」と質問できる」というルールを設定するのがミソである。ここでいう棒は，もちろん人体を貫通して直進するＸ線，そしてそれによって得られる一次方程式に対応している。
そうすると，例えば「Ｘ線被爆量をできるだけ小さくするようなCTスキャンを設計せよ」という実用上のかなり深刻な問題は，「できるだけ少ない質問で宝を捜し出せ」という，彼らにとっては遊びの延長に属する問題に還元することができる。棒を置いて一回質問することは一つの方程式を立てることに対応しているから，遊びの延長に連立方程式の立て方の論理が自然に登場するのである。
これらの連立方程式は，ある場合はきれいな解を持つが，ある場合には解を持たない・無駄な連立方程式になる。それを見分けるのが，たまに受験参考書などでお目にかかる連立方程式の理論（線形代数学）であり，それを利用して方程式を有効に連立させることは，患者の被爆量を減らすための非常に重要な技術なのである。
ここまでくると，

「身近な遊び」→「方程式の理論・「数学」」→「CTスキャン検査・「実用」」　（第１図）

という図式が，生徒の中に，ある程度構築され，このような受験以外の数学にも惹きつけられるものが現れる。それが過半数の「よくわかった」「面白かった」というアンケート結果に現れたものと考えられる。
しかし，講演が済んで，時間がたつにつれて，このような好奇心も忘れられ，薄れてゆく。せっかく呼び起こした数学への興味なのであるから，それを薄れるままにするのではなく，自らのものとして，彼らの中に定着させることが望ましいことは当然である。
本書では割愛したが，私の場合は，Ｘ線源を赤外線LEDに，Ｘ線フィルムを赤外線センサーに置き換えて，彼らに実際に赤外線式CTスキャンの模型を作らせてみた。これは，好奇心を倍加し，持続させるには決定的で，「よくわかった」「面白かった」というアンケート反応は９割を超え，その後の反応も良好である。
それまで頭の中だけで理解してきた，抽象的な数学を，電子工作を通して「(ごまかしなしに) 手に取り」，「実用にする」ことができたという感覚は，とりわけ印象的だったように思われるのである。実際，数学的に見れば，直進しさえすればＸ線でも赤外線でも同じことなので「手に取った」という感覚は少しもごまかしたことにはなっていないし，また，ある種の赤外線は人体のかなり深部まで浸透するので，１セット千円程度の模型によっても，脈波測定など，多少とも実用的なことが可能なのである。

これを加えて，上の図式を次のように書き換えることが出来る：

「身近な遊び」→「方程式の理論」→「CTスキャンによる実用」
↓　↑
「模型の制作」→「（多少の）実用」→「好奇心の持続」　（第2図）

実を言うと，CTスキャンの解説書を読んだだけでは，それが連立一次方程式を解いているだけだということを見破るのはそんなに易しくはない。しかし，見破って始めて，それを宝捜しゲームに還元し，模型を一緒に作って始めて，彼らを持続的に惹きつけることが可能になるのだとすれば，彼らの数学に対する興味を喚起するためには，数学やそれが応用されている場面をどれだけ嚙み砕き，どれだけ彼らの身近に引きつけられるかが問われてくるような気がしてならない。

すなわち，数学を嚙み砕くことによって，数学の学習の中に，まず，第1図のような図式を導入し，次いで，（模型の製作までは行わないまでも）それを第2図の形にまで発展させることによって，持続する好奇心・積極的な意欲を育てられるように考えている。

ここで取り上げたCTスキャンはほんの一例であるが，本書では，このような題材を厳選し，そこに現れる数学をできるだけ嚙み砕いて，身近なところに引きつけたつもりである。

嚙み砕き方にはいくつかの方向がある。一つは，上に述べた「CTスキャンと宝捜し」や「桃太郎と鬼が島そして対称式」に見るようにフーリエ解析やガロア理論など，大学や大学院でさらに進んで習う数学を高校のレベルに引き戻し，高校生が「何のためにこんな計算をするのか」と悩んでいる問題につなげて，その重要さや発展の方向を示し，より深い興味を持たせるようにと考えたもの，もう一つは，「写真機のオートフォーカス」や「自動車のギヤ」など，現実に実用されているものについて，その中に隠れている数学を取り出して高校生のレベルに引き戻したもの，残る一つは「屋根の形とサイクロイド」や「川の流れとゴミ捨て場」など自然が我々に見せる不思議な現象の中に息づいている数学的な原理を，高校数学の観点から解説したものである。

これらの中には，興味を喚起するという目的を優先したため，「昔話シリーズ」などのように多少無理な筋立てになってしまった部分や，多少とも理科分野，特に物理学の知識を前提としたものもできてしまったことをお許しいただきたい。しかし「無限大を象徴するかぐや姫」のように，全くのこじつけとは言い切れないものもあるし，「ししおどし時計が行う微分積分」のように，実際に作ってみれば「なーんだこんなことか」ということになるはずのものも多い。

さらに，数学の学習を，公式の暗記や練習問題を解くだけに終わらせることなく，理科や社会とつながった総合的なものと捉えて，日常の生活の中に生きるその本質を見抜くことこそがホリスティックな学習であり，そのような立場に立って始めて，生徒の興味が喚起できるものとすれば，多少の無理には目をつぶっていただけるのではないかという，甘い考えをも抱いている。

このような考え方が成立し，成功するものかどうかは，読者諸賢のご批判に待たねばならない。もし成功したとすれば，それは本書の発刊を提案された下田好行先生始め，この企画に参加していただいた皆様方の功績であり，もし失敗したとすれば，それは代表者である私の力不足のせいである。

最後になったが，単なる編集・校正にとどまらず，式の誤りなどを通じて，物理学などとの関連を示唆していただいた東京法令出版宮嶋智浩氏に編者一同を代表して心からお礼を申し上げたい。

2 知の活用力：分析力と綜合力

－科学領域におけるホリスティックな視点について－

岩田修一

1　全体と部分

一般に，全体の特性と部分の特性は異なる。かつてＨＯＮＤＡは世界最強のエンジンを積み必勝を期してＦ１に臨んだが，最初は勝てなかった。エンジンは自動車の最も大事な部品ではあるが，ハンドル，座席，シャーシ，タイヤ，ブレーキ等々，数多い部品の一つであり，そうした部品を注意深く順番に組み立てレーシングカーというシステムを構成する。出来上がった人工物システムにドライバーが乗り，さらに路面，コースとの相性で走りは決まる。最初は全体としての走りを構成する諸要素のバランスの調整，レース中盤では偶発的な故障への適応，最終段階では部品の磨耗と疲労，ドライバーの疲れ等々，すべての課題の克服に成功したものが勝者となる。最強のエンジンという部品だけではＦ１レースには勝てないのである。

Ｆ１をめぐる競争はさらに続く。それはメディア展開，ブランドイメージ，消費者ニーズ，交通システム，ガソリン価格，景気動向，国際関係，環境規制，文化などの直接的ではない多様な要素が絡み合う全面的なビジネスの競争であり，Ｆ１の継続はそうした多様な要素を配慮して決定される。全体と部分とは密接に関係し，見方が変わると逆転し，錯綜する。教科書に示された例題は参考になることはあっても，現場でそのまま役に立つような場面は少ない。過去のデータも知識も不十分で事前に問題解決の手順を明らかにすることは不可能である。複数の解法と解が存在したら評価と順位付けを実施し，問題設定が悪ければ問題設定を変えて適切な解を導出する。さらに手強い問題の場合には，問題解決の糸口を発見するための試行錯誤を繰り返し，現場でのニーズに対応して新しいデータと知識を獲得しながら状況に応じて迅速に行動する。自分の持っているデータ，知識の不完全なことを認識し，現場を直視して分析し，実行可能な対策を綜合して初めて勝つための条件が準備されるのである。

吉川は「美味しい目玉焼きを作る問題」を使って，ホリスティックな視点の重要性を見事に説明したが，「美味しい目玉焼き」は{素材としての生卵，オイル，加熱方法，調味料，お皿，インテリア，愛情}などを上手に綜合した結果である。[タンパク質の粘性，レオロジー，相変化，輸送現象，熱伝導方程式，熱力学]などは一つの分析的な説明方法でしかなく，そんなことを知らなくても「美味しい卵焼き」は作れる。

それでは，それぞれ普遍的と考えられている学術的な成果が現場で活用できないのは何故なのか？知的行為の基礎となる理論は依然として研究段階にあり，既に確立しつつある知を活用する力，さらには知の活用を通して新たな知を創出する力についても事例研究がようやく始まった段階である。知の活用力の本質は，既に確立した知の活用だけにあるのではなく，確立しつつある知を検証し，新たな知を創出するところにあること，即ち，私たちの知はいつも不完全で部分であることを再確認し，この困難な問題に挑戦するための方法について以下に考察してみたい。

2　隗より始めよ

郭隗の昭王への進言した標記の故事は知の活用を考えるにあたって極めて示唆的である。2005年は，世界各地で「世界物理年」の行事が繰り広げられた。100年前の1905年，Albert Einsteinは現代物理学へのジャンプ台となった５つの画期的論文を次々と発表し，この年は物理学にとって「奇跡の年」と考えられているためである。また，2005年は量子力学の数理的な基礎を準備したWilliam Rowan Hamilton生誕200年でもあった。このような事情から，近年，様々な知の発見に関する故事が紹介されたが，人類の歴史に残る大発見も身近な事象の考察から始められていることがよくわかる。

ドイツの友人が世界物理年で使ったいくつかの模型を見せてくれた。その中の一つに電気技師であるEinsteinの父親が作ったガイドレールの上を動くコイルと磁石の模型がある。小学生のEinsteinはそれを動かして遊んでいたが，そうこうするうちに運動する物体間の相対速度についての論考に没頭したという。それが後年の特殊相対性理論への展開のきっかけとなったのだと。そうした説明を友人は，自分自身の感動を通して子供たちに何度も説明し感動的に受け止められたそうで，大規模な近代的な実験装置でなく，子供たちの身近な視点で科学の原点を考えてみると，科学する心が伝わるという好例であろう。

身の回りの環境に準備された小さなきっかけ，偶然が積み重なって，その後の大発見や大発明につながった例は多い。動きの速い現代社会では結果重視の風潮が支配的であるが，科学技術の興味深い事例は身の回りの事象の注意深い観察と深く粘り強くじっくりと論考する習慣が大切なことを教えてくれる。それは教える側の姿勢を通して教えられる側に伝達される。伝えなければならないことは，結果としての断片的な事実のコレクションや公式ではなく，深く考える習慣なのである。教える側が深くじっくり考えていることが第一の要件なのである。

3　新たな目標の設定

＊　最も優秀な人材を集めた会社が倒産し，そうでもない会社が成功するときがある。それは何故なのだろうか？

＊　事故は繰り返す。それは何故なのだろうか？

＊　「手術」は完全に成功したが患者は命を失った。それは何故だったのだろうか？

もっともらしい説明はたくさんあるが，上記の疑問への根本的な解決策，即ち知の活用力を与える理論は準備されていないように思える。時々刻々ダイナミックに変化する現物，現場に含意されるセマンティックスは無限に近い。過去のどのような情報モデルも計測値も近似であり，一面的なスナップショットである。個々の事象を如何に精緻に分析して見せても，所詮，限定的なのである。今まで有効だった華麗な科学的手法を組み合わせただけでは正しい答えは得られそうにない。

人間の知に関する根本的な準備が必要なのである。人体だけでなく人工物の事故，トラブルは，想定した機能，標準状態からの逸脱によって生起する。そうした事象を予測し，管理するためには個々の部品の経年変化と複数の部品のインタラクションが示す複雑なふるまいを理解する必要がある。知の活用力が必要なのである。既存の専門分野ごとに細分化した専門分野を寄せ集めただけでは不十分で，必要に応じて新たな学問体系に進化する生命力のある学問分野の創出が必要なのである。

4　現物，現場合わせを指針にしたやわらかい学問

タコマ・ナローズ橋の崩落やチャレンジャー事故を例示するまでもないが，専門家集団による誤った教義の採用が専門家集団の本流の外からの適切な指摘を無視し，大きな事故につながった例は少なくない。それぞれの専門家集団には長年の努力に基づく当該分野への愛着と誇り，権益が付随するため，そうした集団の外にいる少数の専門家が声を大にしてNOと言っても容易に認められるものではない。また改革には余計な経費のかかることが多く，専門家集団のトップダウンの決定を覆すような新たな考え方を主張し，現場からの正しい改革に強い影響力を与えることのできる強い人材を養成することは容易ではない。過去の事例は，現物，現場を直視できるやわらかい頭脳を持った人材の教育，養成を通して，学問体系の多面的で継続的な改革が必要なことをよく示している。

旧来の確立した学問分野や最新のコンテンツをそのまま次世代に伝達することも必要である。しかしながら膨大な先端的成果が創出された結果，そのすべてを伝達することが不可能になった。次世代との共同作業を通して学問として大切なもの，原点となるコンテンツを抽出・加工し，よりよい未来を切り拓いて行くためのやわらかい学問体系の構築への準備が必要な時期である。科学領域におけるホリスティックな視点は，誰かに頼む問題ではなく，現物，現場から出発する自分自身の改革の問題なのである。

3　「知を活用する力」に着目した児童生徒の学習意欲を喚起する題材の開発

―OECDの「鍵となる能力」と「知識・技能を実生活に活用する力」―

下田好行

1　OECDの「鍵となる能力」

(1)　「鍵となる能力」

OECDが提起して多くの加盟国が参加した「能力の選択と定義（Definition and Selection of Competencies)」のプロジェクトは，OECDの国際指標担当のシュライヒャーやデセコプロジェクトの中心人物，ライチェン，アメリカの教育テストサービスのスタッフを中心に進められた。このプロジェクトは1997年より始められ，個人の人生の成功と社会の持続的発展に貢献できる価値ある能力(「鍵となる能力（Key Competencies)」）について定義しようとするものである。立田はこの能力を「「生きていくことができる」とは，職場や家庭，地域の現実生活と離れた知識・技能ではなく，現実の生活状況に転換できるような知識・技能を意味する」と説明している。(1) このプロジェクトの結果が2002年秋，OECD教育委員会・CERI（教育研究革新センター）の理事会で発表され，国際的比較可能な指標調査への長期的戦略の基礎となった。このプロジェクトでは「鍵となる能力」を3つのカテゴリーに分けている。渡辺良の訳を紹介する。(2)

①　ツールの総合的な活用能力

①A　言語・記号・文書を相互に活用する能力

話し言葉・書き言葉の言語能力をはじめ，計算・数学的スキルをさまざまな状況において効果的に活用する能力である。PISA調査の読解力と数学的リテラシーは，この部分に相当する。

①B　知識や情報を相互に活用する能力

情報自体の性質に関して，批判的に熟考する力である。2006年に実施された科学的リテラシーは，この部分に相当する。

①C　テクノロジーを相互に活用する能力

②　異質な集団での関係能力

②A　他人とうまくつきあう能力，②B　協力とチームワークを図る能力，②C　対立を処理解決する能力

③　自主的な行動能力

立田はこれを「自律的に活動する」と訳している。筆者は立田の訳に賛成する。(3)

③A　全体的な視野で行動する能力，③B　生涯設計や個人プロジェクトを実践する能力，③C　権利，利益，限界，ニーズを防護・主張する能力

(2)　デセコプロジェクトのホリスティックモデル

デセコプロジェクトは多くの学際的な研究者・専門家・政策立案者等の意見収集によって，「キー・コンピテンシー」の枠組みが集約されていった。例えば，哲学者・心理学者・人類学者・評価専門家・歴史家・教育者・経済学者・統計学者・政策担当者・政策分析家・経営者・組合代表・各国機関代表者・国際機関代表者などである。したがって，この「キー・コンピテンシー」の概念は極めてホリスティックに定義されていったと解釈することができる。このことは，ドミニク・S・ライチェン，ローラ・H・サルガニク編著『キー・コンピテンシー－国際標準の学力を目指して－』のなかの第2章に，「コンピテンスのホリスティックモデル」として表現されている。(3)

2　中教審教育課程部会の審議経過と「知識・技能を実生活に活用できる力」

中央教育審議会教育課程部会が平成18年２月13日に，『審議経過報告』を発表した。この『審議経過報告』のなかで，今後注目すべき事項は，「知識・技能を実生活に活用できる力」にあると筆者は考える。このことは，『審議経過報告』の基本的考え方を述べる部分でも，「知識・技能の確実な定着に当たっては，知識・技能を実際に活用する力の育成を視野に入れることが重要である。知識・技能を生きて働くようにすること，すなわち実生活等で活用することを目指すからこそ，その習得に当たっても，知的好奇心に支えられ実感を伴って理解するなど，生きた形で理解することが重要となる。（中略）こうした方向性は国際的にも模索されており，例えば，PISA調査では，知識・技能を実生活において活用する力を測定することを目指している。」としている。(4) このことは「理数教育の充実・改善」でも述べられている。「理科に対する国民的な理解を高めるためには，子どもの知的好奇心を駆り立てる内容，実生活に密着した内容で組み立てることはできないか，（中略）PISA調査では，数学で学ぶ内容に興味がある生徒が国際平均値より低く，TIMSS調査では，数学や理科の勉強を楽しいと思う生徒の割合が国際平均値より低かった。実生活と関連づけた指導の充実などを図るなどして，算数・数学や理科を学ぶことの意義や有用性を実感する機会を持たせることが重要である。」としている。(4)

このように，OECDで定義された「キー・コンピテンシー」は，PISA調査のなかで具現化され，「知識・技能を実生活に活用できる力」として，中教審教育課程部会の『審議経過』のなかで強調されている事項となっている。こうした枠組みが学習指導要領に反映されるとすれば，今後は「知識・技能を実生活に活用できる力」を獲得できるような題材開発を行うことが必要となってこよう。

なお，本書では「知識・技能を実生活で活用する力」を今後「知を活用する力」と呼ぶことにした。また，「題材」と「教材」の区別を次のようにした。「題材」は授業のなかで話のネタに使う素材のことを言い，具体的な授業を想定しないものとした。一方「教材」は，具体的な授業を想定して，ある意図を持って構成された素材を「教材」と呼ぶことにした。

3　「知を活用する力」に着目した児童生徒の学習意欲を喚起する題材の開発

(1)　児童生徒はなぜ学習意欲がわかないのか

一般に人間は自分にとって必要なものは，人に言われなくても学習する。人間は「今行っている学習が自分にとって意味があるかどうか」ということを潜在的に考えているからである。児童生徒の学習意欲がわかないのは，児童生徒にとって，「その学習が自分にとって必要ないか，または自分にとって関係がない」と感じた場合に起こる。(5) 児童生徒の学習意欲の低下は，こうした児童生徒の内面での「内的必要感」の欠如に原因がある。また，教材と児童生徒の内面との「内的関係性」の薄さにも原因があると考えられる。

(2)　「ホリスティック」な視点にたつ題材開発の必要性

学習内容と児童生徒の内面との間になぜ「内的必要感・内的関係性」が生じないのか。それは学習内容を編成する場合の手続きにも原因がある。学習内容は現実世界の事象を精選して，児童生徒が現実世界を生きるうえで必要エッセンスを体系化したものである。したがって，学習内容と現実世界の事象とは，もともと有機的につながっているものである。ところが，それらを教材化する場合，その有機的なつながりが切れてしまうのである。このことをかりに「全体」と「部分」との関係で説明することができる。日常現実世界の事象はいわば「全体」である。その「全体」を分析し細分化して，学習内容や題材・教材としてしまうと，いつしか「全体」と「部分」の関係が失われていってしまう。また，細分化された「部分」からは，全体構造も見えなくなってしまう。そうなってしまうと，児童生徒には「全体」と「部分」とのつながりが理解できなくなって，今行っている学習が自分にとって，どのような意味があるのかを意識できなくなってしまうのである。つまり，「内的関係性」が失われてしまうのである。

「ホリスティック」という言葉がある。「全体的に」「包括的に」という意味である。「全体」と「部分」との関係をたいせつにするという意味である。例えば医学の分野では，悪い臓器を切除したり，薬で症状を抑えたりするのではなく，絶えず「全体」とのバランス，他の臓器との関連を考えながら，体を根本的な部分から治療していく「ホリスティック」な考え方が見直され始めている。教育のなかで，この考え方が生きているものとして，「ホール・ランゲージ」という米国の教育運動をあげることができる。「ホール・ランゲージ」の「ホール」とは，「全体」とか「丸ごと」という意味である。ホリスティックの考え方では，「「全体」は「部分」を寄せ集めた総和以上である」という前提に立っている。(6) ジョン・Ｐ・ミラーはホリスティック教育を次のように定義している。(7)

「ホリスティック教育は，〈かかわり〉に焦点を当てた教育である。すなわち，論理的思考と直感との〈かかわり〉，心と身体との〈かかわり〉，知のさまざまな分野の〈かかわり〉，個人とコミュニティとの〈かかわり〉，そして自我と〈自己〉との〈かかわり〉など。ホリスティック教育においては，学習者はこれらの〈かかわり〉を深く追求し，この〈かかわり〉に目覚めるとともに，その〈かかわり〉をより適切なものに変容していくために必要な力を得る」

また，ジョン・Ｐ・ミラーは，Ｄ・タナーとＬ・タナーの言葉を引用しながら現代の学校教育のカリキュラムに対して，次のように批判している。(7)

「学習内容をバラバラにして小さな部分に分割して教える弊害の最たるものは，それが結局，知の全体的な統合的理解を難しくしてしまうということにある。全体を見渡す思想や哲学を持ったり，さまざまな学習内容が生かされ合いながら他のもっと広い分野に応用できたりするためには，断片的な知識の詰め込みは役に立たない。」

このように，題材開発においても，細分化されて「全体」と「部分」との関係が失われた学習内容に対して，もう一度「全体」と「部分」とのつながりをつけ，児童生徒に戻していく作業が必要となってくる。これが教師の「部分」と「全体」をつなぐ題材開発の仕事となるのである。本書では，「部分」と「全体」をつなぐ方法として，「日常生活，産業（製品・技術）・社会（職業）・人間」と関連した題材の開発を行った。OECDで定義された「キー・コンピテンシー」は，まさに「ホリスティック」な視点で定義された能力観であった。「ホリスティック」な視点に着目した題材開発の必要性はここにある。

(3)　「ホリスティック」な視点にたつ題材開発と「知を活用する力」

「知を活用する力」とは，生きる力，人間としての生活処理能力であると考える。こうした能力を引き出すためには，児童生徒を日常現実社会に直面させるような題材を使って学習を構成していく必要がある。児童生徒が今行っている学習が日常現実社会につながっており，それがやがて自分自身や自分を取り巻くコミュニティーにも影響を及ぼしてくることを知れば，児童生徒はその内面の深い部分で，「あ〜，そうなのか」と実感的に理解することができる。こうした感性的な理解こそ，生きて働く知識・技能であり，内面の深い部分で人間を動かしていく力となる。「知を活用する力」を高めるためには，学習内容と日常現実社会をつなげるような題材開発が必要になってくるのである。

4　「知の総合化」と「知を活用する力」

(1)　新しい学問分野の誕生と「知の総合化」

現代分子生物学の発展には著しいものがある。青木清は，「1953年のワトソンとクリックによるＤＮＡの二重らせん構造の発見を契機として，遺伝子の化学的本体であるＤＮＡの複製とＤＮＡに刻み込まれた遺伝情報が，ＲＮＡを介して解読されて，タンパク質がつくられる機構などが，従来の物理学や化学の用語で説明できることになった。それは生命現象と物質現象の結びつきであったと言える」と述べている。(8) また，こうした「分子生物学の発展は新しい考え方を生むとともに，従来の学問の体制にもおおきな影響をもたらしたのである。化学を含めた物理系諸科学と，基礎医学系を含めた生物系諸科学とに分かれていた従来の研究体制を１つに統合するものとしての役割を果たすことになったからである。」と述べている。[8] これはいわゆる「知の総合化」である。この「知の総合化」は，新しい科学技術を生みだし，日常現実社会に活かされ，人間の生活や社会・経済に多大なる利益をもたらしていく。まさに「知を活用する力」であると言えよう。

ところが，こうした新しい学問分野の発生に対して，大学における研究体制は依然として「動物学科，植物学科と分かれていて，とうてい新しい研究体制を組むような状況ではなかったのである。」と青木は言う。[8] 新しい科学技術は新しい学問分野の発生によって成り立っている。翻って考えれば，新しい科学技術を作り出すためには，新しい学問分野を作り出していく必要があるのである。つまり，学問分野の統合，「知の総合化」を進める必要があるのである。現在，日本の豊かさは，科学技術の発展によって支えられている。科学技術の発展が新しい製品を生みだし，世界経済のなかで外貨を獲得しているのである。日本経済を成長させるためには，新しい科学技術を世界に先駆けて創造していくことが，資源を持たない日本が生き残る方法の一つかも知れない。ところが，現在の大学を始め研究体制は，青木が言うように依然として「動物学科，植物学科と分かれていて，とうてい新しい研究体制を組むような状況ではなかったのである。」としている。[8] 日本の研究体制における「知の総合化」は進んでいなかったのである。このように，日本の国家戦略としても，「知の統合・総合化」は重要な事項となってくるのである。

教育の分野ではこうした新しい学問分野の発生と「知の総合化」を目指し，教科横断的な「総合的な学習の時間」が創設された。しかし，この「総合的な学習の時間」は児童生徒の体験やイベント的な傾向に流れてしまい，学力の保証という問題で課題を残した。本来ならば教科の再編という方向に行くべきであるが，学校のカリキュラムをどう構成し配列していくかという問題や新しい教科の教員免許状の問題ともあいまって，教科の壁を越えるのはなかなか難しいのが現在の実状である。

⑵　「知の総合化」と「ホリスティック」の概念

近代の科学技術文明の陰には，デカルトの「二元論」の提唱が大きく影響している。中世の社会では，「物」のなかに「生命的なもの（アニマ）」の存在を認め，「物」と「精神」を切り離して考えるという習慣がなかった。デカルトの二元論の影響で「物」と「精神」とは分離して考えられ，この哲学が近代科学技術を発展させていった。その後ニュートンが現れ，「物」の科学としての近代物理学が確立し，これを典型としながらさまざまな科学が誕生し成長していった。この近代科学技術は「物を分析化，細分化すること」によって成り立っていた。その結果，さまざまな専門分野が現れ，学問が最先端になればなるほど自分の専門以外の領域は理解できないという現状が現れてきた。いわば学問の「たこ壺」化である。坂本百大は，二元論の出現は「科学の対象の孤立的な細分化を可能とし，また，同時にそれを加速して今日に至り，先端的な研究領域を陸続と発生させるに至るのである。しかし一方，この流れは学問にとって必要な総合的視覚を失わせる結果をもたらした。」と述べている。[9] 坂本は典型的な例として，生命科学の流れの中に確実に現れているという。坂本は「もともと二元論は科学から生命的（アニマ）なものを排除するという暗々裡の意図を内蔵していた。しかし，物的科学が早晩扱わざる得ないものは「生命を持った物体」であった。近代科学はいわゆる生化学，あるいは，分子生物学を発展させて，この生命現象を物質現象に還元することに専念した。そして，そのかなりな部分で成功した後に，「精神現象」の物的還元の作業に至って科学は大脳生理へ，あるいは，コンピュータへ，さらにまた，倫理へと戸惑うのである。ここにまた，学際性，総合性への希求が確実に現れるのである」と述べている。[9] ここにも最先端学問という「部分」と人間や日常現実社会という「全体」との乖離という問題を指摘できる。この乖離が新しい科学技術を創造する妨げにもなっているのである。ここに「部分」と「全体」とをつなぐ「ホリスティック（ホーリズム）」の必要性が浮上してくるのである。「部分」と「全体」をつなぐ「ホリスティック」は，いわば「知の総合化」

でもある。このような新しい知の創造は，新しい科学技術の発展をもたらし，やがて人類を幸福へと導くのに貢献するであろう。まさに「知の活用力」であると言うことができる。

5　「知を活用する力」に着目した題材開発の方法

今行っている学習の内容が，産業や社会のなかでどのように活かされているか，どのようにつながっているかを児童生徒に理解させていく題材開発を行う。このことによって，児童生徒は今行っている学習の意味を把握し，そのことが児童生徒の学習意欲に刺激を与えていく。産業との関連では，今行っている学習（部分）が身近な製品や技術のなかにどのように活かされているか，どのようにつながっているか（全体）について触れていく。この方法は，学習内容（部分）と日常現実社会（全体）との２項関係につながりをつける，いわば「ホリスティック」な視点に立つ題材開発でもある。このことによって，児童生徒は今行っている学習が，自分にとって無意味なものではなく，日常生活のなかで産業（製品・技術）・職業の場面で活かされ，自分にとって関係するものであることを理解できるようになる。そして，このことはやがて自分の将来の職業選択や生活にも関係してくるということを理解するようになる。こうなると児童生徒にとって，その学習内容はもはや他人事ではなく，自分に直結した問題として意識されるようになる。また，今行っている学習の内容が，広い意味での社会や人間一般に対してどのような影響があるかも理解できるようになる。

このように，学習内容（部分）と日常現実社会（全体）につながりをつける「ホリスティック」な題材開発の方法は，視点を変えて見れば，「知」の活用的側面を強調した題材開発の方法であると言える。言わば「知を活用する力」に着目した題材開発の方法であると言える。この方法は児童生徒の学習意欲を喚起させるのに有効である。人間の内面の深い部分で，実感をともなった理解へと児童生徒を導くからである。この理解は児童生徒の内面を動かし，やがて「生きて働く力」になっていくであろうと考えられる。

註

⑴　立田慶裕「教科を越えた人生の「鍵となる能力」の学習」『教育展望』2005年６月，p.30

⑵　渡辺良「OECDが考える「鍵となる能力（キー・コンピテンシー）」とは」『指導と評価』2006年４月，pp.41～45

⑶　ドミニク・S・ライチェン，ローラ・H・サルガニク編著『キー・コンピテンシー－国際標準の学力を目指して－』立田慶祐監訳，明石書店，2006年，p.216，p.69

⑷　中央教育審議会初等中等教育分科会教育課程部会『審議経過報告』平成18年２月13日，pp.15～20，pp.33～35，に詳しい。

⑸　下田好行「「知を活用する力」の視点に立つ教材・単元開発の枠組み－「ホリスティック」な視点で学習意欲を喚起する－」平成17年度科学研究費補助金基盤研究(c)研究成果中間報告書『学習意欲向上のための総合的戦略に関する研究－「知を活用する力」の視点を利用して学習意欲を喚起する－』（課題番号：17530679），平成18年３月，p.６

⑹　桑原隆『ホール・ランゲージ』国土社，1992年，p.116

⑺　ジョン・P・ミラー『ホリスティック教育－いのちのつながりを求めて－』吉田敦彦・中川吉晴・手塚郁恵訳，春秋社，1994年，p.8，p.4

⑻　青木清「科学の総合化をめぐって－生命科学を中心に－」『書斎の窓』No.334，有斐閣，1984年５月，pp.10～15，に詳しい。

⑼　坂本百大「新しい学問分野の発生と学科組織の再編成」『大学世界』74号（第10巻第６号）昭和62年11月，pp.10～15，に詳しい。

第２編

学力向上・学習意欲喚起につながる数学の題材

題材 1

昔話の中に隠れた数学1　かぐや姫の物語

かぐや姫と蚊は親戚！？

1 学習指導要領とのつながり

高等学校数学B　(1) 数列　イ 漸化式と数学的帰納法　(イ) 数学的帰納法
（高等学校数学Ⅲ　(1) 極限）
（小学校算数　第4学年　A 数と計算　(2) 概数と四捨五入）

2 題材と日常現実社会のなかでの活用場面―産業・人とのつながり―

かぐや姫というおとぎ話は，実はインドが起源で，もともとは無限大・無限小などの数学の基礎概念を説明するための物語だったという説がある。それが中国などを通じて日本に伝えられる過程で，竹取物語という文学作品への変貌を遂げたのだと言われている。

無限といえば，非日常的なものだと考える生徒も少なくない。しかし，「包丁の切れ味が落ちたから包丁を研ぐ・鉛筆の先が丸まったから鉛筆を削る」，というのは日常的である。包丁の切れ味が悪くなるのは，包丁の刃先の尖り方が鈍くなって，野菜などとの接触面積が大きくなったからだと考えられる。接触面積が大きくなると，切り裂くのに大きい力が必要になって，切れ味が落ちる。鉛筆の場合も同じことである。逆にいえば，包丁を研ぐ・鉛筆を削るということは，先端部分の接触面積を小さくしようとしているということになる。これを小さくすればするほど，小さい力でよく切れる包丁・よく書ける鉛筆が得られる。この他，蚊や注射・裁縫の針先なども，無限小をうまく利用している。

また，マグネシウム，炭素，塩素酸カリ，二酸化マンガン，亜鉛など固体の粒子を小さくすれば，その表面積の合計は大きくなる。そして，その表面で起こる化学作用・反応を大きく・早くすることができる。電池に使われる薬品や花火に使われる火薬などにはこのような工夫が施されている。小麦粉が空中に漂って，空気とある一定の比をなしたとき爆発することがあるのもこのせいである。

ナノテクノロジーの展開もこの方向にあるといってよいし，近年開発された，ごく細い針先にかかる電界を検出して，極微の世界を見るＳＴＭ顕微鏡もその延長にある。

このように，「極限」の「無限大・無限小」の学習は，医療や化学など日常の生活のいろいろな場面で活用されている。

3 題材の解説

まず，蚊が無限をどのように利用しているかを見てみる。

蚊の重さは，とにかく小さい。この重さから，人間の皮膚を突き通すほどの力を生み出す秘密が無限小である。蚊の針先の面積は限りなく0に近いとしてよい，つまり，無限小である。蚊の重さがいくら小さくても，それは，その針先の無限小の部分だけで受け止められることになり，次の式が成立する：

　針先の力＝蚊の重さ/針先の面積

これから，いくら重さが小さくても，針の底面積が無限小であれば，無限大の力が出せることになる。先ほど述べた，包丁などの刃物や，注射針，縫い針なども同じように考えられる。このように，無限小を利用して無限大の力を得ようとする道具は日常的に使用されている。しかし無限大も無限小も具体的な数ではない。

無限は便利だが，難解なのである。この無限を数学はどう扱えばいいのかを示すのが「かぐや姫」の物語だと考えられる。

かぐや姫の物語の中心は，「石作の皇子」，「車持の皇子」，「右大臣阿部のみむらじ」，「大納言大伴の御行」，「中納言石上のまろたり」……などあまたの貴公子が彼女に求婚し，断られるという場面である。

これが無限大につながるのは，彼女が，求婚を受けるに当たって「仏の御石の鉢」，「蓬萊の玉の枝」，……などを持ってこいと次々に高価なものを要求するからである。というのも，仮に「仏の御石の鉢」を１兆円，「蓬萊の玉の枝」を１京円，……とすると，

かぐや姫（の値打ち）≧仏の御石の鉢＝１兆
かぐや姫（の値打ち）≧蓬萊の玉の枝＝１京　①
………

ということになる。

すなわち，かぐや姫は地上にある人間が持ってくる兆とか京など，どんな具体的な数よりも大きく，具体的な数の中での「最大＝無量大数」を象徴する「帝」でさえも，彼女を捉えておくことは不可能だったのである。

このようなことは，月の世界・抽象的な世界でしか起こらない。具体的な数の世界で，彼女に直接に触れることは不可能なのである。その昔の貴公子達のように，近似してゆくことだけが具体的な世界に許されたことであり，無限大・無限小は極限としてしか捉えられない。

これが，
「無限大とは，どんな具体的な数よりも大きい数である」
「無限大＝lim　{大きくなる普通の数，例えばｎ，ｎ×ｎ…}」
という無限大の（何だかわけのわからない）定義に隠された意味である。

4　学習内容のポイント

1．現実生活において，無限の考え方を利用しているものは少なくない。針先や，刃先などがその例である。これは梃子の原理と同じで，小さい重さで非常に大きい力を稼ぐことができる。また，粒子を細かくしてその表面積を稼ぎ，それによって化学反応を制御しようという考え方もある。これを逆にすると，小麦粉ですら爆発することがある。

2．微粒子科学，ナノテクノロジーもこの方向にある。また分子までも見えるといわれているＳＴＭ顕微鏡もごく細い針を利用している。

3．微分法・積分法の確立に当たって，無限，特に無限小の考えはなくてはならないものである。微分積分学の開祖といわれているニュートンは，この考え方をギリシャの幾何学に求めた。しかし，その完成にはコーシーを待たねばならなかった。

4．無限は，具体的な「この数」という表現は許さない。そのために極限・limの考え方がどうしても必要になる。したがって，無限の学習に当たっては，億・兆…（または億分の一，兆分の一）という具体的な数を当てて，それから類推させるという手段が有効になる。

5．「かぐや姫」のお話は，仏教の「無限」に起源を持つものらしいが，このときすでに微分に近い考えが想定されていたとも言われている，古武道に言う「気配」などがそれにあたる。

5 授業に役立つ図・表

表1　漢数字の単位と（インド）アラビア数字による表記の比較

一《いち》	1
十《じゅう》	10
百《ひゃく》	100
千《せん》	1000
万《まん》	10000
億《おく》	100000000
兆《ちょう》	1000000000000
京《けい》	10000000000000000
垓《がい》	100000000000000000000
杼《じょ》	1000000000000000000000000
穣《じょう》	10000000000000000000000000000
溝《こう》	100000000000000000000000000000000
澗《かん》	1000000000000000000000000000000000000
正《せい》	10000000000000000000000000000000000000000
載《さい》	100000000000000000000000000000000000000000000
極《ごく》	1000000000000000000000000000000000000000000000000
恒河沙《ごうがしゃ》	10000000000000000000000000000000000000000000000000000
阿僧祇《あそうぎ》	100000000000000000000000000000000000000000000000000000000
那由他《なゆた》	1000000000000000000000000000000000000000000000000000000000000
不可思議《ふかしぎ》	10000000000000000000000000000000000000000000000000000000000000000
無量大数《むりょうたいすう》	100000000000000000000000000000000000000000000000000000000000000000000

大きな数を作るにはゼロさえつければよい（しかし，読めるとは限らない）。インド・アラビア流とは異なって，漢数字では単位を先に想定して数を数える。逆に言うと，単位を作っておかないと数の表記が行えない。だから，どうしても最大の数「無量大数」を考える必要があった。しかし，いったん最大の数と言ってしまうと，その無量大数に1を加えたり，無量大数倍することはできなくなる。「かぐや姫」の物語はこの辺のことも踏まえているのであろう。

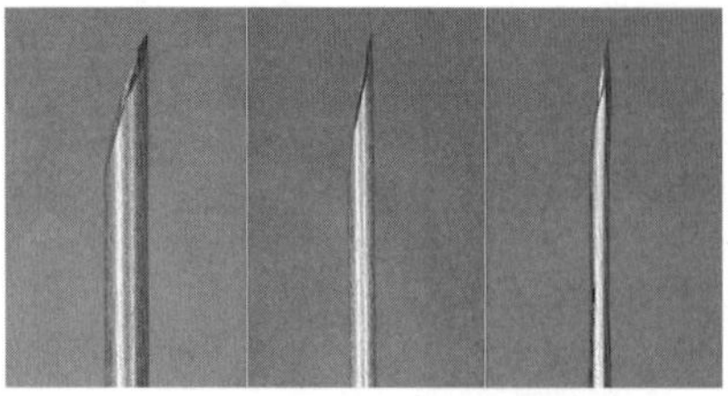

図1　注射針の拡大写真

これは，痛みの少ない注射針をめざして作られた。針の太さは，左より27ゲージ（0.4ミリ），31ゲージ（0.25ミリ），33ゲージ（0.2ミリ）となっている。
（テルモ㈱提供）

図 2　粉塵爆発の様子

(㈱環境衛生研究所提供)

6　テーマに関連したドリル

【問題 1】

(1)　一辺が 1 センチの角砂糖の表面積はいくらか。これを，一辺 5 ミリの立方体に分割したときの表面積の合計はいくらか，また，それは元の角砂糖に比べて何倍か。

(2)　角砂糖を構成している砂糖の粒が一辺$\frac{1}{16}$センチの立方体だったとすれば，その表面積の合計はどれくらいか。

(3)　角砂糖を粉にして，一辺が$\frac{1}{1024}$センチの立方体を作ったとしたら，表面積はどれくらいか？

【問題 1 の解答】

(1)　6×1 平方センチ，$8 \times 6 \times \frac{1}{4} = 12$ 平方センチ

(2)　$12 \div 6 = 2$ 倍，これは個数が 8 倍，面積 4 分の 1 からも導ける。
　$6 \times 16 = 96$ 平方センチ

(3)　$6 \times 1024 =$ 約6000平方センチ＝0.6平米＝小型の座布団 1 枚くらい

文献ナビ

①　田中保隆（1992）『古典文学全集 3　竹取・落窪物語』ポプラ社
　現代語訳された竹取物語が掲載されている。

②　四方義啓（2003）『数学をなぜ学ぶのか』中公新書
　数学が日常生活のいろいろな場面で使われていることや，数の発達の歴史などが，具体例を挙げながら親しみやすく書かれている。

③　テルモ株式会社のホームページ，http://www.terumo.co.jp/press/2005/009.html，2005年12月 4 日検索
　世界一極細のインスリン用注射針「ナノパス33」が紹介されている。

④　株式会社環境衛生研究所のホームページ，http://www.amano.co.jp/kanken/kanken-index_funjinbakuhatsujirei.html，2005年12月 4 日検索
　粉塵爆発事故例を紹介している。

（四方義啓・四方絢子・満嶌夏美）

題材 2

うっかり「他店より必ず」というと……

数学的帰納法と公取委

1 学習指導要領とのつながり

高等学校数学Ⅰ　(1) 方程式と不等式　ア　数と式　(ア) 実数
高等学校数学Ⅰ　(2) 二次関数　イ　二次関数の値の変化　(ア) 二次関数の最大・最小
高等学校数学A　(3) 場合の数と確率　イ　確率とその基本的な法則
高等学校数学A　(3) 場合の数と確率　ウ　独立な試行と確率
高等学校数学B　(1) 数列　ア　数列とその和　(イ) いろいろな数列
（中学校数学　第1学年　A　数と式）

2 題材と日常現実社会のなかでの活用場面—産業・人とのつながり—

最近スーパーや電気店などの値引き競争が激しい。ある店は「他店より必ず安くします」「1円でも値引きします」などと宣伝していて，公正取引委員会から注意を受けた。それ以来，この店の宣伝文句は，「他店より高いものがあればお申し出でください」「ポイントで還元いたします」になっている（図1参照）。

委員会の注意は，実は数学的帰納法に代表される自然数の性質に基づいている。というのは，仮に，10円の品物があったとして，11軒の店がそれを「他店より1円でも安く」売っていたとすると，数学的帰納法によって，少なくとも最後の店ではただで売らなければならないことが証明されるからである。

実際，最初の店が10円で売っている品物を，2軒目の店で考えると，ここでの売値は10円以下，したがって9円＝11－2円（2軒目の2と合わせるために，11から引いている)，またはそれ以下でなければならない。一般にn軒目の売値を，$11-n$またはそれ以下とすると，$n+1$軒目での売値は，それから1円でも安いなら，$11-n-1$円＝$11-(n+1)$円またはそれ以下でなければならない。

よって11軒目の店では，$11-(11)=0$円またはそれ以下で売ることになってしまう。

11軒の店でなく，2軒の店が競いあっているだけでも，同じことが起こるし，1円の代わりに，1銭と言っても同じことになる。また，1割引，1％引きと言っても，最小単位がある限り，本質的には変わりがない。

これらは自然数の基本的な性質に基づいている。最初は1円，次は$\frac{1}{2}$円，その次は$\frac{1}{4}$円……というように（自然数の世界からはみ出して）割り引いていった場合には，2円以下の割引で済んでしまうので変なことは起こらない。

このほかにも「どんどん子ネズミを増やして儲ける（実は騙す)」ネズミ講などもあるように，「(ぼんやりと）何度も同じやり方を繰り返していると」最後には常識では考えられないことが起こってしまうことがある。ネズミ講を規制する無限連鎖講の防止に関する法律も，元はといえば数学的帰納法に基づいている。

だから，公取委でなくても，同じことを1回，2回……と繰り返して，どんどん先へいくとどうなるかを厳密に計算しておく必要がある。これを行うのが数学的帰納法や数列の極限の学習である。このように，自然数の性質，特に数学帰納法，そして極限などの学習は日常の生活に活用されている。

3　題材の解説

数学的帰納法は，自然数の作られ方と密接な関係を持っている。自然数は，「１」（または「０」）から始まって，その次の「２」，またその次の「３」……という具合に「飛び飛びに」続いていき，その間に自然数はない。３と４の間にある3.14……などは自然数ではない。

自然数がどこまでも続いていくということは，どの自然数nも「その次の数$n+$」をもっていることである。「$n+$」は，「$n+1$」のミスプリントではなく，自然数の基礎理論を作ったペアノによって「nの次の数」という意味で使われた。もちろん，現実には，「$n+$」は「$n+1$」に等しい。実は，このことが，「ある命題が自然数ｎに対して成り立つことを仮定したとき，その命題がｎの次の数である$n+1$に対しても成立するならば，その命題は全ての自然数に対して成り立つ」という数学的帰納法の基本原理となっている。

要するに，自然数は一つ一つ次々にどこまでも数え上げていけるし，それによってその全てを尽くすことができるのだから，次々に成り立っていく命題は，自然数全てに対して成り立つということができるのである。

上の題材について言えば，

命題：「全てのnについて，第nの店の売値$P(n)$は$11-n$またはそれ以下である」

が，

命題１：「第一の店での売値は10円である」＝「$P(1)=10=11-1$」

および，次々に成り立つ

条件「$n \to n+1$」：「第$n+1$の店の売値$P(n+1)$は，第nの店の売値$P(n)$よりも安い」

＝「$P(n+1)<P(n)$」（ただし$P(n)$は整数）

から導かれるということになる。

これが証明されれば，この命題は全ての自然数nに対して成立するのだから，nを例えば11として，

$P(11)=0$

となって矛盾，公取委はここをついたのである。

これを厳格に証明するために，

命題n：「第nの店の売値$P(n)$は$11-n$またはそれ以下である」＝「$P(n) \leqq 11-n$」

とおく，ただし$P(n)$は整数である。

すると，条件から，$P(n+1)<P(n)$。ところが，$P(n)$は全て整数だったから，本当に小さい「$<$」ということは，１以上の差を持っている：

$P(n+1) \leqq P(n)-1$　（＊）

そして，命題nと併せて，

$P(n+1) \leqq P(n)-1 \leqq 11-n-1=11-(n+1)$

が得られる。これは，命題nが正しければ，その次の自然数「$n+1$」に対する命題$n+1$も正しいことを示している。だから命題１から出発して，次々に進んでいくことによって，結局全ての自然数nについて命題nが成立することが分かる。これが数学的帰納法である。

証明の途中，（＊）において，１円という最小単位があるために，「他店より安い」という条件が，「他店より１円引きまたはそれ以下」を意味することを利用しているが，これも自然数が「飛び飛び」だからである。だから，自然数の世界から有理数・分数や，実数の世界へはみだしていいのなら，（＊）式は成り立たなくなって，状況は全く異なってしまう（テーマに関連したトピック6参照）。

4　学習内容のポイント

1．隣りあうスーパーの値引き合戦を例に，次々に値引きしていった結果を考える。
2．その値段を「値引き回数n」を含んだ式で表現する。
3．「次々に」の表現において，自然数の帰納的表現および最小単位の存在を見る。
4．数学的帰納法によって，③の結果を確認する。
5．自然数の性質，その作られ方に注意する。

5　授業に役立つ図・表

図1　チラシの例

6　テーマに関連したトピック～いろいろな値引き～

Ⅰ）題材では，11軒の店が，最低1円ずつ値引きしていくものと考えたが，同じようなことは，競合する2軒の店A，Bがあって，同じ商品に関してその値段を最低10円ないし1割ずつ引いていくような場合にも起こる。

ある日，A店が，ある商品を相手の店・B店の10円引き，ないし1割で売ることにした。すると，客足はA店の方へ流れ，B店の売り上げが激減した。困ったB店では，A店の値段の10円引き，ないし1割で売ることにした。すると，客足はA店からB店へと向かった。これに困ったA店では……。このようにして，「10円引き，ないし1割にする」をどんどん続けていくと，商品の値段は，ついには1円以下になり，（1円以下の値段は認めないとすると）ただで，お客に差し上げることになってしまう。

10円引きの場合は，題材における1円引きと同じであるが，「1割にする・9割引」でも，ほぼ同様である。実際，最初の値段をP，値引き合戦がn回行われた後の値段を$P(n)$とすると，

$$P(n+1)=P(n)-10,\ \text{ないし}$$

$$P(n+1)=\frac{P(n)}{10}$$

が成立する。よって

$$P(n+1)=P(n)-10n,\ \text{ないし}$$

$$P(n+1)=\frac{P}{10^n}$$

だから，例えば1000円の商品なら，101回目ないし4回目にはただ同然になってしまう。これは，任意の自然数kに対して，k円引き，ないしk%引きとしても同様である。

Ⅱ）上の例Ⅰ）では，ある定まった数kに対する値引き，「k円・k%引き」を考えたが，kが自然数の世界からはみ出して変動する場合などには事情は異なってくる。

Ⅱ－1）例えば，最初は1円引き，次は$\frac{1}{2}$円引き，その次は$\frac{1}{4}$円引き……n回目は

$\left(\frac{1}{2}\right)^{n-1}$円引きというように半分半分の値引きを続けていく場合を考える：

n回値引きした後の値段$P(n+1)$は，最初の売値をPとすると

$$p(n+1)=p(n)-\left(\frac{1}{2}\right)^{n}$$

から帰納的に

$$P(n+1)=P-\{1+\left(\frac{1}{2}\right)^{1}+\left(\frac{1}{4}\right)^{2}\cdots\cdots\left(\frac{1}{2}\right)^{n}\}$$

を得る。{　} 内は公比$\frac{1}{2}$の等比級数だから，

$$=P-\frac{1-\left(\frac{1}{2}\right)^{n+1}}{1-\frac{1}{2}}$$

$$=P-2\{1-\left(\frac{1}{2}\right)^{n+1}\}$$

$$=P-\{2-\left(\frac{1}{2}\right)^{n}\}=P-2+\left(\frac{1}{2}\right)^{n}$$

$$>P-2$$

よって，nがいくつであっても，すなわち何度値引きを繰り返しても，たかだか2円引き程度にしかならない。

Ⅱ－2）割合で値引きする場合を考える：

例えば，最初はPから10%引き，すなわち$P(1)=0.9P$，次はこれにルート0.9をかけて値段をつける，すなわち，

$$P(2)=0.9^{\frac{1}{2}}P(1),$$

その次は$P(2)$にルート0.9をさらにルートした$0.9^{\frac{1}{4}}$をかける……という形の値引きを続けていくと，n回目は$P(n)$に$(0.9^{\frac{1}{2}})^{n}$をかけることになる。すると

$$P(n+1)=P\cdot 0.9^{\{1+\left(\frac{1}{2}\right)^{1}+\left(\frac{1}{4}\right)^{2}\cdots\cdots\left(\frac{1}{2}\right)^{n}\}}$$

$$=P\cdot 0.9^{\{2-\left(\frac{1}{2}\right)^{n}\}}>P\cdot 0.9^{2}=0.81P$$

よって，nがいくつであっても，すなわち何度値引きを繰り返しても，たかだか2割引き程度にしかならない。

Ⅲ）　以上の例では，実際に値引きするとしたが，お客が，「この店は値引きするだろうと考えて」購入を見合わせるという場合もある。特に不景気のときに，この現象が見られるとされ，

不景気→購入見合わせ→消費低迷→より不景気→……

と景気が悪くなる方向へ進んでいくことが考えられる。これが経済学で言うデフレスパイラルである。メディアなどで，デフレスパイラルが続くと，「景気の底が抜ける」など極端な表現がなされることがあるが，これは，景気の縮小が，一定の比率で行われることを暗黙の前提としていることが多い。これは，上記Ⅰの場合であり，確かに最後には変なことが起こる。しかし，景気の縮小比率が一定でなければ，上記Ⅱの場合に当たり，最後までいっても，縮小して安定する・縮小均衡するくらいで，そんなにドラスティックなことは起こらない。

文献ナビ

① 「無限連鎖講」Wikipedia
無限連鎖講とその規制について書かれている。リンクで飛べば，総務省所轄の規制法に入れる。

② http://sun.s15.xrea.com
経済学で言うデフレスパイラルについて書かれている。

（四方義啓・後藤恭介）

題材

3 昔話の中に隠れた数学2　わらしべ長者の物語

マイナスのマイナスはなぜプラス

1　学習指導要領とのつながり

中学校数学　第1学年　A 数と式 (1) 正の数と負の数
中学校数学　第1学年　A 数と式 (3) 一元一次方程式
高等学校数学Ⅰ　(1) 方程式と不等式　ア 数と式

2　題材と日常現実社会のなかでの活用場面―産業・人とのつながり―

磁石のN極とN極は反発し合う。片方に同じ磁石をもう一つ置くと，反発力は倍になる。だから，磁石同士の反発力は磁石の強さの積に比例していると考えられる：

反発力＝k（磁石Aの強さ×磁石Bの強さ），kは比例定数

磁石をともに裏返して，S極とS極を近づけても同じ反発力が働く。これらを数字で表すことにして，例えば，N極の強さをプラス500としたのなら，同じ磁石のS極はマイナス500のはずである。したがって，上の式は，S極については

反発力＝k（マイナス500×マイナス500），

となる。N極については反発力＝k（プラス500×プラス500）であり，反発力は等しいから，

反発力＝k（プラス500×プラス500）＝k（マイナス500×マイナス500）

そこで，反発力をプラス，引力をマイナスで表すと

プラス×プラス＝マイナス×マイナス＝プラス・反発
プラス×マイナス＝マイナス×プラス＝マイナス・引力

となって非常に便利である。

だが，昔はこれを「持っているお金はプラス，借金はマイナス」，「マイナスとマイナスを掛けたらプラス」と表現してしまって，「じゃ借金をマイナス2回したら，倍のお金が持てるのか？」「そんなことは考えられない，だからマイナスの数なんてインチキだ」と偉い学者に笑われてしまったという。

しかし，数学は，式の計算や方程式という道具を使って，誰が見ても納得するような方法で，マイナスの数を作り上げた。こうしてマイナスの数やその裏にある式の計算や方程式は，磁気や電気の計算になくてはならないものとなり，この考え方は物理学・工学を越えて，買い物など経済や，化学，そして最近では生物・生理学にまで使われるようになった。

このように，式の計算，方程式の知識，マイナスの数などの学習は日常生活に活用されている。

3　題材の解説

いま，プラスの数だけしか知らないことにして，そこからマイナスの数を数学的に作ってみることにする。しかし，多少難しいこの作業自身は少し後回しにして，まずマイナスのマイナスをどう理解するかについて考える。例えば，マイナス2は（ホントは何か知らないが），「プラス2と足してゼロになる数である，言い換えれば　$x+2=0$　を満たすものである」と考えることにする。これは，方程式　$x+2=5$　などを解くときに，「2」を移項して，5「マイナス2」にするという考え方

と同じである。この場合$5-2=3$だから，新しい数を作らないで済むが，相手が0で，それから2を引けないとなると，「マイナス2」という数を新しく作り直さなければならないということになる。だからマイナスの数は自然数の中では解けない方程式を解こうとして作られたものだとも言える。

仮にマイナスの数があって，方程式$x+2=0$が解けたとする，すなわちxが

$x+2=0$……①，同じことだが，$2+x=0$……②

を満たすものとする。これをよく見ると，「xが「マイナス2」である（①）」ということと同時に，「「xのマイナス」が2である（②）」ことも意味している。

すなわち，$x=-2$　および　$2=-x$
したがって，$2=-x=-(-2)$

というわけで，「マイナスがもしあれば」，「マイナス2のマイナスはプラス2」であることが示される。

さて，数学的にマイナスの数を作るために，2つの数x，yの自然数の組(x, y)を考える。ここで，自然数mに対して，(x, y)と$(x+m, y+m)$とは同じものと考えるところがミソである。例えば，$(1, 0)$と$(2, 1)$$(3, 2)$などは同じ，また$(0, 1)$と$(1, 2)$$(2, 3)$……などは同じものと見なす。最後になれば分かるように，$(1, 0)$などは，普通の数1と同じもの，一方$(0, 1)$などは，（自然数からみれば新しい数）マイナス1と同じものと考えることになる。

グラフで言えば（図1参照）傾き45度の直線の上の点は同じものと見なすのである。ただし，これからマイナスの数を作るのだから，グラフの第一象限しか考えてはいけない。（第一象限の）点(p, q)は，$p>q$なら，X軸との交点$(p-q, 0)$で代表させることができるし，$p<q$なら，Y軸との交点$(0, p-q)$で代表させることができる。もちろん$p=q$なら原点を通る直線であり，代表は$(0, 0)$である。これをゼロと呼んでも良いだろう。

これから推測できるとおり，X軸との交点$(p-q, 0)$で代表させる組$(p, q)$$(p>q)$が，普通のプラスの数$p-q$であり，Y軸との交点で代表されるものが，これから作ろうとしているマイナスの数$p-q$ $(p<q)$である。実際，これらの組に対して第一象限という制限を越えて直線を延長すると，X軸上のマイナスの数にたどり着く。

これらの組(m, n)と(k, l)の足し算は，

$(m, n)+(k, l)=(m+k, n+l)$

であると決める。また，引き算は$(m, n)+(x, y)=(k, l)$を満たす(x, y)のことであると決めておく。

すると，(m, n)と，それをひっくり返した(n, m)を足し算するとゼロ（と同じもの）になる：

$(m, n)+(n, m)=(m+n, m+n)=(0, 0)$……③

これの便利さは，(x, y)に関するどんな方程式

$(m, n)+(x, y)=(k, l)$

も，$(x, y)=(k, l)+(m, n)$によってたちどころに解けてしまうという点にある。

さて，足してゼロになるものがマイナスなのだから，③式は(m, n)のマイナスが(n, m)であることを示している。さらに，③式を逆に見ると，(n, m)のマイナスが(m, n)であることも分かる。まとめて書くと：

$(n, m)=-(m, n)$，$(m, n)=-(n, m)$

よって，

$(m, n)=-(n, m)=-\{-(m, n)\}$　：マイナスのマイナスはプラス

4 学習内容のポイント

1．マイナス２は，プラス２と足してゼロになる「もの＝x」と理解する：
　$x+2=0$ の答えが「マイナス２」「$x=-2$」
2．これを逆に読むと，x のマイナスが（プラス）２：
　「２」＋x＝０の答えが「マイナスx」「「２」＝－x」
3．１・２を続けて：
　２＝—x＝－（—２）：マイナスのマイナスはプラス
4．マイナス（に限らず）数は（この場合は磁気や電気の必要から）作られるものである。

5 授業に役立つ図・表

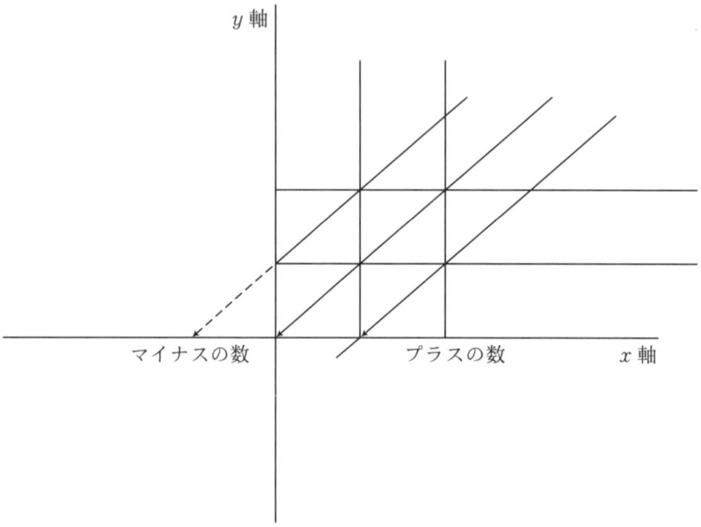

図１　マイナスの数の作り方

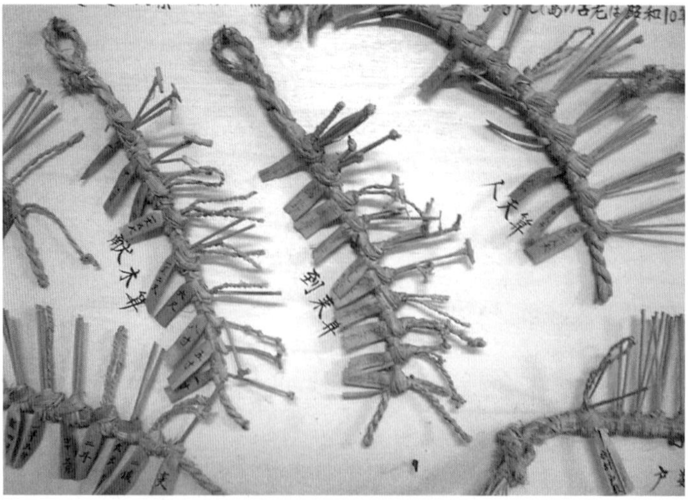

図２　わらしべの結び目で数を数えた

（全国竹富島文化協会提供）

6 テーマに関連したトピック　～マイナスの数と分数，そして「わらしべ長者」～

トピックⅠ　2分の1で割るとき，なぜ2を掛ける

マイナスの数が自然数では解けない方程式を解こうとして作られたように，分数も自然数では解けない方程式 $2x=5$ などを解こうとして作られた。マイナスの場合と同じように，もし分数というものがあるとすれば $2x=1$ は2通りに読める：

i）x は2と掛けて1になる数である：これを $x=\dfrac{1}{2}$ と書く

ii）2は x と掛けて1になる数である：これを $2=\dfrac{1}{x}$ と書く

上の2つの式から

$$2=\frac{1}{x}=\frac{1}{\frac{1}{2}}$$

となって，$\dfrac{1}{2}$ で割るのは，2倍することと同じだということが分かる。

トピックⅡ　「わらしべ長者」のお話は数の発展物語？

「わらしべ」長者のお話は，「わらしべ」1本を持って旅に出た若者が，「わらしべ」に場合に応じた付加価値をつけ，それによって，「わらしべ」を蜜柑，反物，そしていったんは死んだ馬と取り替え，それを生き返らせる。こうして，最後は大金持ちになるという筋立てである。

（多少こじつけかもしれないが）「わらしべ」が自然数を象徴するものと考えれば，「わらしべ」長者は，分数，マイナスの数と続く数の発達物語と平行しているとも読める。

自然数は「わらしべ」のように，「もの」を1つ，2つ，3つ……と数えるための，順序をもった集合である。実際，「授業に役立つ図」に掲げたように，「わらしべ」につけた結び目によって数を数えることもあったという。

インド文化は，この上に，まず「足し算」を付け加えて，1足す1，2足す2……を考え，ついで，2を2回足す，3回足す……すなわち2倍，3倍など掛け算を導入した。これは，「わらしべ」が，必要に応じた付加価値をつけて「おいしい蜜柑」になり，「反物」になったのと対応する。

ただ，自然数の中だけでは，引き算，割り算は，必ずしもうまくいかない。また二乗はできても，平方はできないこともある。そこで，数学は，いったん死んだ馬を（あの世で）生き返らせたように，自然数の中にはない「マイナス」や「分数」，そして「平方根」を付け加えたのではなかったろうか？

その結果，例えば，位置や方向を知るために立てた二次方程式が，マイナスや分数，そして平方根を用いて見事に解けることになり，これを利用してシルクロードやインド洋を乗り切った商人たちばかりでなく，その後の人類も，豊かな生活が送れるようになったのである。

文献ナビ

① 木下順二・作，赤羽末吉・画（2000）『わらしべ長者』岩波書店

② http://www.napcoti.com/culture/kihouin01.htm，2005年12月6日検索
わらを使って様々な事柄を記録しておく「藁算」について解説している。

③ http://www.geocities.jp/hiroyuki0620785/k4housoku/culomb.htm
磁気・電気の共通性質としてのクーロンの法則について述べられている。これは，符号を変えるだけで，N，S極の磁場，プラス・マイナスの電気などについて共通に成り立つ式で表される。

（四方義啓・満嶌夏美）

題材 4

3㎝のなかの情報量

バーコードのなかにある倍数

1 学習指導要領とのつながり

小学校算数　第6学年　A 数と計算　(1) 約数，倍数
（中学校数学　第1学年　A 数と式）

2 題材と日常現実社会のなかでの活用場面―産業・人とのつながり―

バーコードは，今ではほとんどの商品につけられている。レジなどで，専用機を使えば，この中に盛り込まれている多くの情報を一瞬のうちに読み取ることができる。

このバーコードの中には，多くの数学的な内容が活用されている。例えば，バーコードの下にかかれている数字には，その商品を分類・整理するためのコードの考えが使われている。また，その数字の中には，チェックデジット（Check Digit　通称CD）という，盛り込まれた情報が正確に読み取られたかをチェックするためのものがあり，そこでは倍数という数の見方が使われている。

数の見方や数そのもののもつ性質は，バーコードにみられるように，日常のごく身近な生活のなかで活かされているのである。

3 題材の解説

1　バーコードの下にかかれている数字の意味を知る

バーコードの下にかかれている数字にはどんな意味があるのか。

バーコードには，いくつかの種類がある。コンビニなどにある商品でよく目にするバーコードは，JANコード（EANコード）と呼ばれるものである。バーコードの標準タイプは13桁の数字で表されたものである。ただし，短縮タイプのものもあり，それは8桁のものである。それぞれの数字が意味をもち，その数字によって商品に関する情報が盛り込まれている。

その情報とは，その商品を製作したメーカー名（メーカーコード），その商品名（商品アイテムコード），そしてチェックデジットと呼ばれるものである。

バーコードのタイプ	標準タイプ（13桁）		短縮タイプ（8桁）
	9桁バージョン	7桁バージョン	
バーコード例	4 569951 116179 ①　②③	4 912345 678904 ①　②③	4996 8712 ①　②③
数字の意味	①　メーカーコード　②　商品アイテムコード ③　チェックデジット		

①のメーカーコードのうち，上2桁の49は製造された国名を表している。ちなみに，45または49は日本で，アメリカやカナダならば0～9，イギリスは50，フランスは30～37，韓国88となる。残りの

数字は製造したメーカー名を表している。②の商品アイテムコードは，その商品名を表している。

2　チェックデジットの意味を知る

③はチェックデジット（Check Digit　通称CD）と呼ばれるもので，バーコードに盛り込まれた情報が正しく読み取られたかどうかをチェックする役割を果たす数字である。バーコードにかかれた数字は，この最後のチェックデジットをのぞいて，以下のような計算式に当てはめられる。

（奇数順の数字の和）＋３×（偶数順の数字の和）

この計算結果が「必ず10の倍数になる」ように，チェックデジットが決められる。前記の標準タイプの９桁バージョンの例では，チェックデジットをのぞいた数字は次のような計算になる。

（４＋６＋９＋１＋１＋１）＋３×（５＋９＋５＋１＋６＋７）＝121

この121が10の倍数になるためには，あと９を加えればよい。そこで，最後の数字が９となる。レジなどで専用機を通すとき，「ピッ！」と音が鳴った瞬間に上の計算を行い，それが10の倍数であることをもって「正常に読みとれた」と判断するわけである。

チェックデジットは，書籍や雑誌などに見られるバーコードにも使われている。例えば，書籍のJANコードは２段になっている。上段は，国名や出版社等を示すISBNコードと呼ばれるもので，国際標準となっている。下段は，本の分類や価格を示すもので，これは国内独自のコードである。２つのコードとも，末尾にはチェックデジットが設定されている。チェックデジット以外の数字についての計算式は異なるが，読み取った際にその計算結果が必ず11の倍数になるように設定されている。

4　学習内容のポイント

・標準タイプ（13桁）・９桁バージョン

4 569951 116179

（４＋６＋９＋１＋１＋１）＋３×（５＋９＋５＋１＋６＋７）
＝22＋99
＝121　　130－121＝９……CD

・標準タイプ（13桁）・７桁バージョン

4 901234 567894

（４＋０＋２＋４＋６＋８）＋３×（９＋１＋３＋５＋７＋９）
＝24＋102
＝126　　130－126＝４……CD

・短縮タイプ（８桁）

4996 8712

（４＋９＋８＋１）＋３×（９＋６＋７）
＝22＋66
＝88　　90－88＝２……CD

5 授業に役立つ図・表

表1　JANコードの国コード一覧

69.0～69.1	中華人民共和国	80～83	イタリア
70	ノルウェー	84	スペイン
72.9	イスラエル	85	キューバ
73	スウェーデン	86.9	トルコ
75	メキシコ	87	オランダ
75.9	ベネズエラ	88	大韓民国
76	スイス	88.5	タイ
77	コロンビア	88.8	シンガポール
77.3	ウルグアイ	89.9	インドネシア
77.5	ペルー	90～91	オーストリア
77.9	アルゼンチン	93	オーストラリア
78	チリ	94	ニュージーランド
78.9	ブラジル	95.5	マレーシア

表2　いろいろなバーコード

0 00001 12345 6 UPCコード	・数字（0～9）のみ使用。共通商品コードとして米国で使われている。
0100000016 ITF	・数字（0～9）のみ使用。物流分野（梱包箱）での利用，ビデオのバーコード予約などで使われている。CDはJANコードと同じ10の倍数にしている。
a 1 2 3 4 5 a NW－7（CODABAR）	・数字（0～9），記号（—，$，：，／，＋，.），スタート・ストップコード（A～D）を使用。宅急便の荷札・DPE（写真プリント）用封筒で使われている。CDは倍数ではなく，専用の換算表で数値化したものを16で割った余りを再び換算する。
* 1 2 3 A B C * CODE39	・数字（0～9），記号（—，スペース，$，／，＋，%，.），アルファベット（A～Z），スタート・ストップコード（*）を使用。・米国自動車工業会（AIAG），米国電子部品工業会（EIA）などで使われている。CDは倍数ではなく，専用の換算表で数値化したものを43で割った余りを再び換算する。
QBコード	・携帯電話での活用で有名。小さいが大容量の情報が盛り込める。

6 テーマに関連したドリル

【問題１】

書籍などについているバーコードの数字はどのような意味をもっているのだろう。

【問題２】

バーコードの縞模様には，太い線のものと細い線のものとがある。これらは，どのような意味があるのか。

【問題１の解答】

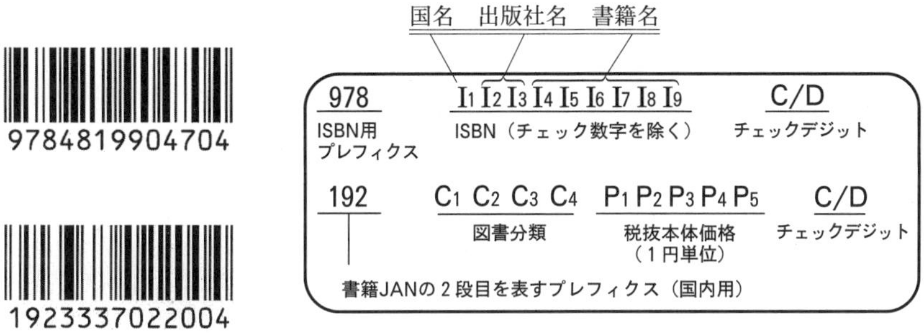

図２　書籍JANコードとそのしくみ

計算式は，次のとおりである。

$$1\times C_1+2\times C_2+3\times C_3+4\times C_4+5\times P_1+6\times P_2+7\times P_3+8\times P_4+9\times P_5$$

この計算結果が11の倍数になるように，チェックデジットが設定されている。

【問題２の解答】

この縞模様は，それぞれバーコードの下にかかれている数字を表している。

数字１つを，７つの幅（７モジュール）の縞模様で表している。

詳細については，例えば次の文献などが参考になる。

西山豊（1991）「バーコードシンボル」『サイエンスの香り』日本評論社

文献ナビ

① 芳沢光雄（2000）『高校「数学基礎」からの市民の数学』pp. 17－20，日本評論社

数学の学習内容が日常生活の中でどのように活用されたり，あるいはその可能性をもっているのかが，具体的な事例を交えながら興味深く紹介されている。

② 財団法人流通システム開発センターのホームページhttp://www.dsri.jp/company/01/jan/02.htm，2004年10月14日検索

バーコードに関する多くの内容が掲載されている。

（山崎浩二）

題 材
5

バーコードを解読してみよう！

バーコードに隠された数字の秘密！

1　学習指導要領とのつながり

高等学校数学Ⅰ　(1) 方程式と不等式　ア　数と式
（中学校数学　第1学年　A　数と式　(3) 一元一次方程式）

2　題材と日常現実社会のなかでの活用場面―産業・人とのつながり―

お店でレジに並ぶと，「ピッ，ピッ」という音が聞こえるのが当たり前になった。バーコードの付いていない商品を探すほうが大変なくらい，ほとんどの商品にバーコードが付いている。バーコードはその商品の情報を数値化し，それをバーコードリーダーで瞬時に読み取ることで，手で入力することなく，商品をレジに打ち込めるという，大変利便性に富んだシステムである。しかし，機械で読み取るとはいえ，時には読み取りミスが起きることもある。しかし，バーコードには，読み取りミスを自ら発見するようなシステムが備わっている。この方法によって，読み取りミスを防止することができるのである。実は，ここに数字の性質が見事に使われている。

この考え方は，バーコードだけではなく，銀行の暗証番号の入力ミス防止や，書籍についているISBNコードなどにも利用されており，その他のさまざまな場面で情報を正しく認識する方法として広く使われている。最近では，このバーコードをさらに進歩させた，2次元バーコード「QRコード」も一般的になってきた。このように数と式の学習は日常現実社会のなかで情報の数値化の基本原理として活用されている。

3　題材の解説

右は，ある商品のバーコードである。

このバーコードには，「4901777044838」という数字が並んでいるが，この数字を説明すると，最初の2桁「49」は国籍（日本）を表し，次の5桁「01777」はメーカーを表し，さらに，次の5桁「04483」は商品自体につけられた番号を表している。では，最後の「8」はいったい何の番号なのか。この番号は一般に「チェックディジット」と呼ばれ，誤りを見つけるためにつけられた数字である。たった一つの数字であるにもかかわらず，なぜ誤りを発見できるのだろうか。実は，次のようにチェックディジットは作られるのである。

①まず，国籍（日本は49），商品のメーカー，商品番号，に従って，12桁の数字を並べ，13桁目だけ空欄にしておく。（ここでは，空欄の代わりにxという記号を使うことにする。）

4　9　0　1　7　7　7　0　4　4　8　3　x

②次に，それぞれの数字の下に1，3，1，3，1，3，…というように，1と3を交互に書いていく。

4　9　0　1　7　7　7　0　4　4　8　3　x
1　3　1　3　1　3　1　3　1　3　1　3　1

③上下の数字をかける。

	4	9	0	1	7	7	7	0	4	4	8	3	x
×)	1	3	1	3	1	3	1	3	1	3	1	3	1
	4	27	0	3	7	21	7	0	4	12	8	9	x

④かけた数字をたす。

	4	9	0	1	7	7	7	0	4	4	8	3	x
×)	1	3	1	3	1	3	1	3	1	3	1	3	1

$$4+27+0+3+7+21+7+0+4+12+8+9+x=102+x$$

⑤たした結果が10の倍数になるように，x に値を代入する。ただし，$0 \leqq x \leqq 9$

$102+x=10k\ (k \in Z)$

$\therefore x=8$

したがって，このバーコードの場合は13桁目に８という数字が入っているわけである。

すると，バーコードリーダーは，読み込んだ数字「4901777044838」をそのまま鵜呑みにするのではなく，すぐに，$4 \cdot 1+9 \cdot 3+0 \cdot 1+1 \cdot 3+7 \cdot 1+7 \cdot 3+7 \cdot 1+0 \cdot 3+4 \cdot 1+4 \cdot 3+8 \cdot 1+3 \cdot 3+8 \cdot 1$ を計算する。この結果が10の倍数になれば，読み込んだ数字は正しいと言えるが，もし，10の倍数にならなければ，読み込んだ数字は間違っていることが分かる。したがって，コンピュータはその数字は認識しないのである。

では，読み込んだ数が１文字違っていた場合，本当に10の倍数にならないことを確認しておく。

いま，「$a_1 a_2 a_3 a_4 \cdots a_{12} a_{13}$」（$0 \leqq a_i \leqq 9 \quad i=1,2,\cdots,13$）というバーコードがあり，このうち，$a_j$ を誤って β（$a_j \neq \beta$）と読んでしまい，その他の a_k（$k \neq j$）は正しく a_k と読んだとする。

$0 \leqq a_1, a_2, \cdots, a_{13}, \beta \leqq 9$ より，$\beta - a_j \neq 10\ell$（$\ell \in Z$）

また，$(3, 10)=1$（$\Leftrightarrow$ 3と10は互いに素）より，$3\beta - 3a_j = 3(\beta - a_j) \neq 10m$（$m \in Z$）

したがって，$3(a_2+a_4+\cdots+a_{12})+(a_1+a_3+\cdots+a_{13}) \neq 10n$（$n \in Z$）

これによって，１文字違うことによって，10の倍数にならないことが分かる。

この方法のポイントは，３と10は互いに素という性質を用い，０から９までの数と３の積は，０，３，６，９，12，15，18，21，24，27というように末尾に０から９のすべての値が出てくることをうまく利用している。

4　学習内容のポイント

1．バーコードの数字を解析すると，最後の一文字がチェックディジットであることに気づく。

2．チェックディジットの計算方法を知る。

3．チェックディジットをつけることによって，読み取りミスを自分の力で発見できるシステムを作ることができることが分かる。

4．２文字の読み取りミスが起きる確率は，限りなく小さいため，これでバーコードの信頼性が格段にあがる。

5　授業に役立つ図・表

0 1 2 3 4 5 6 7 8 9

□0123456789ABCDEFGHIJKLMNOPQRG$□

0123456789BARCODE-Ver.22

0　12345　67899　8

図1　いろいろな場面で活用されるバーコード

9784883993314

1920030014008

ISBN4-88399-331-0

C0030 ¥1400E

定価：本体1400円（+税）

図2　書籍についているISBNコード

図3　最近話題のＱＲコード

6　テーマに関連したドリル

【問題1】

書籍などについている**ISBN4-88399-331-0**のようなISBNコードは，バーコードと同じく，ある法則に従って，英字と数字を並べている。最初の「ISBN」はISBNコードであることを知らせるためのものである。その後に並んでいる数字は，どのような法則に従って並んでいるのだろう。その法則を調べてみよう。

【問題2】

右のQRコードにはメッセージが入っている。QRコードの読める携帯電話などを使って，何が書いてあるか読んでみよう。

【問題1の解答】

ISBNコード**ISBN4-88399-331-0**には，「ISBN4-88399-331-0」数字が並んでいるが，この数字を説明すると，最初の2桁「4」は国籍（日本）を表し，次の5桁「88399」はメーカーを表し，さらに，次の3桁「331」は書籍自体につけられた番号を表している。そして，最後の「0」はチェックディジットである。

ISBNコードのチェックディジットは次のように作られている。

①国籍（日本は4），書籍のメーカー，書籍番号に従って，10桁の数字を並べ，11桁目だけ空欄にしておく。（ここでは，空欄の代わりにxという記号を使うことにする。）
②次に，それぞれの数字の下に10，9，8，7，6，5，…というように，10から順番に1ずつ小さくした数字を書いていく。
③上下の数字をかける。
④かけた数字をたす。
⑤たした結果が11の倍数になるように，xに値を代入する。ただし，$0 \leqq x \leqq 10$

$$4\cdot10+8\cdot9+8\cdot8+3\cdot7+9\cdot6+9\cdot5+3\cdot4+3\cdot3+1\cdot2+x\cdot1 = 319+x$$
$$319+x = 11k \quad (k \in Z)$$
$$\therefore x = 0$$

よって，「0」がチェックディジットになる。

（注）　2007年1月1日より13桁のISBNコードが用いられることになり，チェックディジットの計算式も変更される（日本図書コード管理センターのホームページ参照）。

【問題2の解答】

解答は省略。実際に読んでみてください。

文献ナビ

① 芳沢光雄（2001）『生活じょうずは数学じょうず』pp. 116－119，学研
何気ない日常場面に数学が使われていることを教えてくれる一冊。
② 小林吹代webサイト「12算数34数学5Go」http://www.hokuriku.ne.jp/hukiyo.math.html
現職の高校数学教師による数学の面白さを示した意欲的なwebサイト。

（竹内英人）

題材

6 占い？にも使われる数学

誕生日は何曜日？　仲のよい月・悪い月

1　学習指導要領とのつながり

中学校数学　第３学年　A 数と式 (2) 因数分解
（中学校数学　第２学年　C 数量関係 (1) 一次関数）
（高等学校数学II (3) いろいろな関数　ア 三角関数）

2　題材と日常現実社会のなかでの活用場面—産業・人とのつながり—

どの年のカレンダーを見ても，４月と７月，９月と12月のどの日も，まったく同じ曜日になっている。例えば４月１日が金曜日なら７月１日も金曜日，９月１日が木曜日なら12月１日も木曜日という具合である。これは，例えば，４月，５月，６月の日数30，31，30の和91が，１週間の日数７で整除されるからである。

また，365を７で割ると１余るから，その年と次の年がともに閏年でなければ，次の年の曜日とその年の曜日とは１つだけずれている。これを利用して，現在のカレンダーから自分の生まれた日が何曜日かを計算することもできる。だから，もし，誕生曜日占いを信じるとすれば自分の運勢が整数の理論によって占えることになる。

整数問題は，暦や占いと関連して，古くから意識されてきた。暦が重要とされたのは，農作物や水産物の生育や収穫量などが太陽や月の運行と密接な関連があり，これらがいろいろな周期性を持つことが大きい理由である。

このように，整数問題は最古の数学の一つとして，暦，占いばかりでなく，経済予測（テーマに関連したトピック参照）や，地震予知など，ある種の周期性が仮定できるような現象に対して，予測の有力な手段として日常生活に活用されている。

3　題材の解説

整数問題は，
1）整除する
2）因数分解する
3）余りを考える
4）ガウスの記号として知られるような，ある数 x を超えない整数 $[x]$ を考える
などの方法を通して様々な場面で取り上げられている。特に，３）はmod（モジュロ）の計算とも呼ばれ，時計の文字盤の読み方が典型的である。これは13時，37時……などを12（ないし24）で割った余りを考えて，午後１時に等しいとするものである。また曜日を求めるにあたっても，今日 x 日の曜日と，今日から７日後の $x+7$ 日の曜日は同じ，そして14日後の $x+14$ 日……も同じだから，結局７で割った余りだけが重要であるなどという計算が行われる。上に述べた題材は，これを利用したものである。実際，４月は30日，５月は31日，６月は30日だから合計91日，これは７で割りきれるから，４月の七曜表は７月のそれに同じということになる。

しかし，今年の誕生日の曜日を知って，生まれた年の誕生日の曜日を求めたいというような場合な

どでは，「少しずつ，ずれてゆく周期」を考えなければならない。閏年でない1年は365日で，これは7で割ると1余るのである。したがって，1年ごとに曜日は1つずれることになる。また，閏年では2つずれる。だから，単なる余りの計算ではなく，「1年で1つ」「2年で2つ」「3年で3つ」「閏年の4年で5つ」……のように「ずれ」てゆく計算をしなければならない。このような場合にはガウスの記号［x］が有効になる。ここで，ガウスの記号とは，$[0.99]=0$, $[1.01]=1$のように，xを超えない整数を表す記号である（要するに，小数点以下を無視したと考えればよい）。

ガウスの記号によってxの関数yを次のように定義する：

$y=[5x/4]$

言い換えれば，yは「xに，1.25を掛けて，小数部分を無視したもの」である。

これに　$x=1, 2, 3, 4$……を代入すると，

それぞれ，$y=1, 2, 3, 5$……

となるので，これによって，年数で測った「ズレ」xが閏年を考慮した曜日で測った「ズレ」に換算されることになる（ただし，100年・1000年ごとに来る閏年の特例は除外している）。

よって，生まれた年の誕生日の曜日と現在の曜日とのズレは，次の式で表される：

［1.25×(現在の西暦－生まれた年の西暦)］（ただし100歳以上の人は除く）

閏年のようなズレが導入されたのは，地球が太陽の周りを回る公転周期が365日から少しだけずれているからである。また，1ヶ月がほぼ30日に設定されたのは，月が地球の周りを回る公転周期がほぼ30日だからである。さらに人間は，ほぼ1日24時間（地球の自転周期），そして7日，30日の周期を持っているとも言われている。現在世界標準となっているグレゴリオ暦に止まらず，各種の暦（そして占い）は，これらの周期性を，なんとか一つにまとめようとして編纂されてきた。和算家として知られる関孝和なども天文や暦の研究を行ったと言われている。

実は，生体のホルモンの合成や分泌などには，これら自然の周期に一致した周期性が認められ，それに支配される生物の行動や生理，人間の場合は，その心理にも（少しズレを持ってはいるが）暦に一致した周期性があると言われている。したがって生物の行動や人間の感情も，ある程度の周期性を持つと予想される。この計算には普通の$1+1=2$ではなく，（時間の）12や（曜日の）7，そして（月の）30，または（年の）365で割った余りを考える計算が適している。

こうした計算が占いに利用されたとしても不思議ではないのである。

4　学習内容のポイント

1．仲のよい月とは，その間の日数が7で割り切れる場合，仲が悪い月とは，その間の日数が一定しない，ないし7で割れない場合である。

2．割り算の商より，余りが重視される場合がある，それが「mod計算」であり，曜日の計算，時刻の計算に便利である。

3．「mod計算」の概念は，周期性を持つ現象の把握，解析に多用される。時刻，曜日などはその例である

4．周期がキッチリ決まっている場合はよいが，一定のズレを持つ場合もある。数式によってこれを記述するには，ガウスの記号が有利である。

5．暦はいくつかの重要な周期を何とか一つにまとめて作り上げられたものである。

5 授業に役立つ図・表

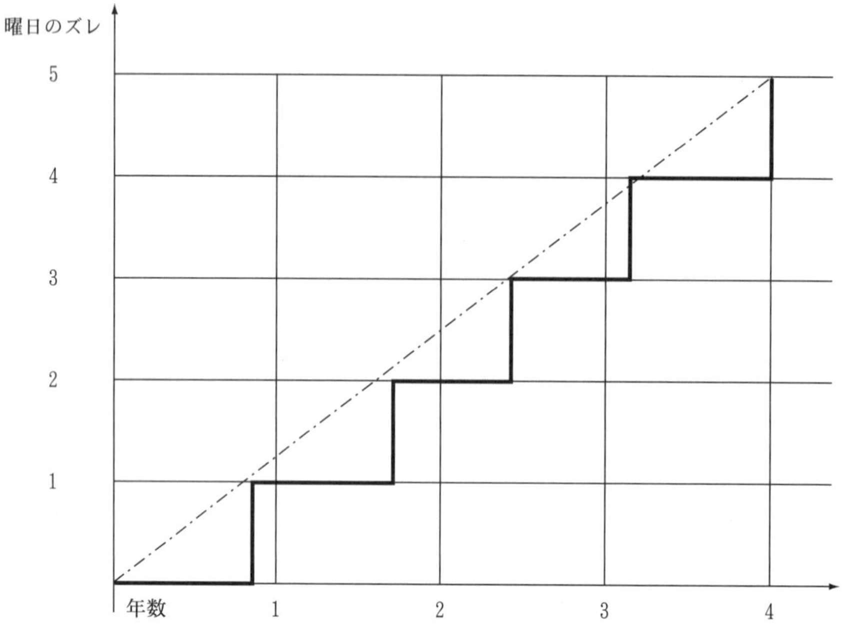

図1　ガウス記号のグラフと，$y = \frac{5}{4}x$ の関数のグラフ

表1　ミャンマー文化　八曜日占い

曜日	日曜日	月曜日	火曜日	水曜日（午前）	水曜日（午後）	木曜日	金曜日	土曜日
動物	トリ（ガルーダ）	トラ	ライオン	象（牙あり）	象（牙なし）	ネズミ	モグラ	ヘビ
方位	北東	東	南東	南	北西	西	北	南西

6 テーマに関連したトピック　～経済周期と三角関数～

時間 t に関して，それぞれ m，n の周期をもつ現象 f，g があった場合，これらを加えて合成した現象 $f+g$ の周期は，m，n の最小公倍数を周期とする周期運動となる。また，最大公約数を単位として時間をはかると，それの整数倍で各々の現象が起きるように見え，合成 $f+g$ も同じ単位ではかることができる。

例えば，経済学では，景気循環に，40ヶ月の周期を持つキチン循環，10年周期のジュグラー循環，20年周期のクズネッツ循環，そして60年周期のコンドラチェフ循環が見られると言われている。

これら周期の最大公約数は40ヶ月であるから，数学的には，コンドラチェフの大きい周期の上に，$\frac{1}{3}$ の周期を持つクズネッツ，そして $\frac{1}{6}$ 周期のジュグラー，最後に40ヶ月最小単位のキチン，キチン周期を30個重ねて記述されるジュグラー，さらにそれを60個重ねたクズネッツなどの周期が乗っていると考えて，三角関数の和で近似することもできる。

$$景気 = a\sin\left(2\pi\frac{x-\mathrm{A}}{60}\right)+b\sin\left(6\pi\frac{x-\mathrm{B}}{60}\right)+c\sin\left(12\pi\frac{x-\mathrm{C}}{60}\right)+d\sin\left(36\pi\frac{x-\mathrm{D}}{60}\right)$$

（60年を1単位としているのが第一項，例えば第四項は，それを18倍してキチン周期を考えることにあたる。）

これを少し変更して，実際に次のような関数も考えられている：

（www.hat77.net/~sentora/boki/suugaku/sankaku_01.html）

$$y = 3\sin\left(2\pi\frac{x-8}{50}\right)+2\sin\left(2\pi\frac{x-8}{10}\right)+\sin\left(2\pi\frac{x-8}{3}\right)+0.02(x-1750)$$

横軸に西暦年，縦軸に関数の値をとってグラフに表したものが下図である：

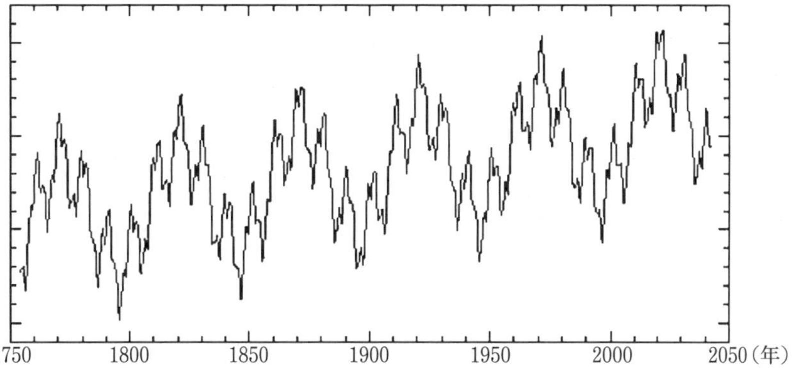

図2　世紀の景気変動近似

このグラフは，確かに，景気の変動をかなりよく近似している，しかし，これを鵜呑みにして，これからの景気がこのとおりとしてしまうのには危険が伴う。これからの社会情勢には，どんな急激な変化が待ち受けているか分からないのである。

文献ナビ

① http://www6.ocn.ne.jp/~tonal/3_Kondratief_wave.htm，2006年4月9日検索
戦後の日本の経済をコンドラチェフ波動を用いて，分析してある。

② http://www.hh.iij4u.or.jp/~yura/sb_20020120.htm，2006年4月9日検索
"Softbank Corp Elliott Wave Analysis No.15 (The end of the submarine voyage)"

③ http://www2.tba.t-com.ne.jp/dappan/fujiwara/library/petro/05.htm，2006年4月9日検索
文明の変革期について述べてある。

④ http://cruel.org/econthought/schools/business.html，2006年4月9日検索
ビジネスサイクル理論に関わった人物が紹介されている。

⑤ http://www.yangonow.com/jpn/culture/day_and_destiny/destiny.html，2006年4月9日検索
ミャンマー文化の紹介として，八曜日占いが掲載されている。

⑥ http://www6.ocn.ne.jp/~tonal/3_bssns_cycl_theory_1.htm，2006年9月14日検索

⑦ http://www.geocities.co.jp/WallStreet/1184/environ.html，2006年9月14日検索

（四方絢子・四方義啓）

題材 7

新幹線の2列・3列シートの素敵な利用法

2列・3列・5列シートにひそむ数の性質

1 学習指導要領とのつながり

高等学校数学Ⅰ　⑴ 方程式と不等式　ア 数と式

（高等学校数学B　⑴ 数列　イ 漸化式と数学的帰納法　㈠ 数学的帰納法）

（中学校数学　第1学年　A 数と式）

2 題材と日常現実社会のなかでの活用場面─産業・人とのつながり─

新幹線や飛行機では，乗っている時間が長い。できるだけ気持ちよくその時間を過ごしてもらうため，数学が利用されることがある。

新幹線のシートは通路を挟んで2列・3列になっているし，ジェット機では，2本の通路を挟んで，2列・5列・2列になっていることが多い。これを利用して，どんな人数の団体でも，いくつかのシートに過不足なく，キッチリ納めてしまうことが可能なのである（団体は，2人または4人以上とする）。こうすると，その団体に属している人は，隣に座った人が見知らぬ人だったということはなくなるし，団体に属していない人は，団体の人とは隣り合わさないで，静かな旅行を楽しむことができる。

これが可能なのは，2と3または2と5が「互いに素」だからである。このように「数の理論」の学習は，日常生活の何気ない場面で活用されている。

3 題材の解説

次は整数論の基本的な定理である。

(＊)a, b が互いに素の整数とする。

このとき，$(a-1)(b-1)$ 以上の任意の整数は，$ma+nb$（m, n は0以上の整数）の形で表すことができる。

この定理において，$a=2$, $b=3$ としてみると

「$(2-1)(3-1)=2$　以上の整数は，0以上の整数 m, n によって

$ma+nb=2m+3n$

と表せる」ということになる。

これを2列，3列シートの新幹線の座席に当てはめてみる。すると，この定理は，「2人以上の団体さんなら，この団体さんにうまく座席を割り振って，どの座席も過不足がないようにできますよ」と主張していることになる。

例えば，団体さんが2人なら，$(m, n)=(1, 0)$，ゆえに2列シート1つだけ，

3人なら，$(m, n)=(0, 1)$，ゆえに3列シート1つ，

4人なら，$(m, n)=(2, 0)$，ゆえに，2列シート2つ

5人なら，$(m, n)=(1, 1)$，ゆえに，2列シート，3列シートおのおの1つずつ……

と割り振ってゆけばよい。これは何人の団体さんでも大丈夫である。そして，これこそが，新幹線シートが2列2列の対称形の美しい形でなく，あえて重心がずれるのも構わずに2列3列にした一つの理由であるとも言われている。

「(2人以上）何人の団体さんでも大丈夫か？」という問題は，次のように翻訳することができる。
<問> 2人以上のすべての整数に対し，$2x+3y=n$ を満たす整数の組 (x, y) は必ず存在する。
<証明>

(Ⅰ)　$n=2$ のとき

$2\cdot1+3\cdot0=2$ より，$(x, y)=(1, 0)$ が存在する。

(Ⅱ)　$n=k$ のとき，$2x+3y=k$ を満たす (x, y) が存在すると仮定する。

その値を $(x, y)=(a, b)$ とすると，

$$2a+3b=k$$

両辺に1を足すと，

$$2a+3b+1=k+1$$

$$2(a-1)+3(b+1)=k+1$$

よって，$n=k+1$ のとき，$(x, y)=(a-1, b+1)$ が存在する。

つまり，$n=k+1$ のときも，題意が成り立つ。

(Ⅰ)，(Ⅱ)より，数学的帰納法の原理より，題意が成り立つ。

<別証>

$n=2$ のときは，$(x, y)=(1, 0)$，$n=3$ のときは，$(x, y)=(0, 1)$ となるから，すべての自然数 n について成り立つ。

次に，$n \geqq 4$ の場合について考えてみると，$n=4$ の場合は，$n=2$ の場合に2を加えれば成り立ち，$n=5$ の場合は，$n=3$ の場合に2を加えれば成り立つことが分かる。さらに，$n=6$ の場合は，$n=4$ の場合に2を加えれば良い……というように，結局，$n=2$ と，$n=3$ が成り立てば，すべての自然数 n について成り立つことが分かる。

これは，自然数が偶数か奇数かに分けられることに注目し，周期性を利用している。

4　学習内容のポイント

電車の座席

①地下鉄……壁にくっついている（ほとんどの人が立っている）

②私鉄………2列・2列の電車が多い

③新幹線……2列・3列の電車が多い

↓

座席を2列・3列にするメリットは？

→　2人以上の電車旅で，知らない人と隣どうしになることがなくなる！

↓

具体的な実験で確かめる。

↓

これを数学的帰納法を用いて証明する。

5　授業に役立つ図・表

図１　新幹線の概観（上）と車内の座席（下）

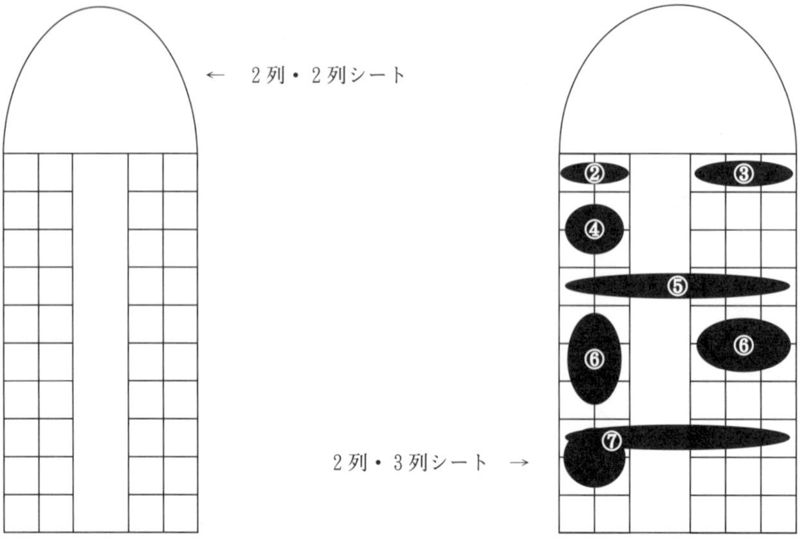

図２　２列・２列シートと２列・３列シート

実際に，旅行会社の方に話を聞いたところ，「２列・３列シートのおかげで新幹線と飛行機の席の予約がずいぶん楽になりました。」という意見があった。

6 テーマに関連したドリル

【問題１】

座席配列が，（日本エアシステムの777ジェットのように）２列５列になっている場合はどうか。

【問題２】

３セントと５セントの２種類の切手がある。この２種類の切手を用いて，８セント以上の全ての郵便料金を支払うことができることを示せ。

【問題３】

a, b が互いに素の整数とする。このとき，$(a-1)(b-1)$ 以上の任意の整数は，$ma+nb$（m, n は０以上の整数）の形で表すことができることを示せ。

【問題１の解答】

省略・ほぼ２列・３列シートの場合に準じる。

【問題２の解答】

$$8 = 3\times1+5\times1,\ 9 = 3\times3,\ 10 = 5\times2$$

により，８，９，10セントの支払いが可能で，それらの支払い方法に３セント切手を１枚ずつ加えることによって，11，12，13セントの支払いが可能である。

さらに３セント切手を加え続けていくことによって，

14，15，16セント，17，18，19セント，……

の支払い，すなわち，８セント以上のすべての支払いが可能である。

【問題３の解答】

（証明）

$2 \leqq b < a$ とする。

$n \geqq (a-1)(b-1)$ である整数 n に対して，b 個の整数

$$n-a\cdot0,\ n-a\cdot1,\ n-a\cdot2,\ \cdots\cdots,\ n-a\cdot(b-1)$$

を考えると，これらのどの２数の差も b で割り切れないから，これらを b で割ったあまりはすべて異なる。

よって，この中に少なくとも一つ b で割り切れるものがある。それを $n-a\cdot k$（k は０，１，２，……，$b-1$ のどれか）とし，$n-a\cdot k = bl$（l は整数）とおくと，$l \geqq 0$ ならば，$n = bl+ak$ で n を表すことができる。ここで，

$$bl \geqq (a-1)(b-1)-a(b-1) = -(b-1)$$

つまり，$l \geqq -\dfrac{b-1}{b} = \dfrac{1}{b}-1 \qquad \therefore l \geqq 0$

よって，題意は証明された。

文献ナビ

① 芳沢光雄（2001）『生活じょうずは数学じょうず』pp. 18－21，学研

何気ない日常場面に数学が使われていることを教えてくれる一冊。

② 東京出版編集部（1997）『大学への数学　新数学科スタンダード演習』pp. 9 －17，東京出版

大学受験問題集ではあるが，数学を様々な角度から柔軟に解説した良書。

（竹内英人）

題材 8

数あてマジックと暗号づくり

二項係数と素数の性質

1 学習指導要領とのつながり

高等学校数学Ⅰ (1) 方程式と不等式　ア 数と式 (イ) 式の展開と因数分解
高等学校数学B (4) 数値計算とコンピュータ　イ いろいろなアルゴリズム (ア) 整数の計算
（中学校数学　第１学年　A 数と式）

2 題材と日常現実社会のなかでの活用場面―産業・人とのつながり―

まず素数pを使ったマジックを紹介する。どんな素数でも良いので，仮に「$p=5$」とする。「p」から１を引いた「$p-1=4$」が，マジックの鍵になる。相手にp以下のゼロでない数，１，２，３，４のどれかを思い浮かべてもらい，それを$p-1$乗してから，pで割ってもらう。このとき，余りを計算して貰うのがミソである。実は，「(最初の素数pおよび相手が思った数には関係なく）余りは必ず１になる」。これがマジックである。

このマジックは，現在最も広く使われているＲＳＡ暗号の理論の基本部分にあたり，種明かしは二項係数を使って行われる。それは，次項に述べることにして，$p=5$ともう一つの素数$q=3$を組み合わせた新しいＲＳＡマジックを考える。このマジックは，$(p-1)(q-1)+1=9$を因数分解して得られる鍵を二つ，この場合は３と３を持っている。

マジシャンは見物客に，１から$p\cdot q=15$以下の整数を一つ考えて貰い，これを，（第一の鍵で）３乗してから，$p\cdot q=15$で割った余りを言って貰う。仮に$x=8$ならば，その３乗は512，これを15で割って，余りは２となる。実は，この数２を（第二の鍵で）３乗して15で割った余りが，見物客が考えた数になっている。この場合なら，$2^3=8$，これを15で割ると，０が立って余り「(見物客が考えた数）８」となる。

ＲＳＡマジックと言ったとおり，これは単なるマジックではなく，ＲＳＡ暗号による送信法と受信法そのものである。すなわち，特定の相手だけに，二番目の鍵「３」を知らせておいて，１から14までの数を，一番目の鍵である３を使って３乗して送るのである。こうして二番目の鍵を知っているものだけが，それを「３」乗して，元の値を知ることができるという仕掛けを作ることができる。

目立たないが，暗号がなければ，現代生活は成り立たないとも言われているくらいである。このような形ででも，二項係数や整数の学習は日常生活に活用されている。

3 題材の解説

「整数xを整数Sで割ったときの余りがRである」ことを

$x \equiv R \mod S$

と表現する。ここでmod$S$はモデュロSと読み，いわばSを単位として数えることを意味する。
例えば，（時計の）13時≡（時計の）１時　mod12と書かれる。

すると上の第一のマジックは，「どんな素数pに対しても$x^{p-1} \equiv 1 \mod p$が成り立つ」と表現される。この「種明かし＝証明」は，

$x^p \equiv x \mod p$

から導かれる。

これは，二項係数を使って，$(1+x)^p$を展開すると，1^pおよびx^p以外の項の係数は，みんなpで割り切れてしまうので，整数xに対して

$$(1+x)^p \equiv 1+x^p \mod p$$

となり，したがって，$x=1$なら，

$$2^p \equiv 1-1^p \equiv 2 \mod p$$

次に，$x=2$とおけば

$$3^p \equiv 1+2^p \equiv 1+2 \equiv 3 \mod p$$

……というわけで，どんな整数xに対しても

$$x^p \equiv x \mod p$$

となるからである。

さて第二のＲＳＡマジックだが，もし，二つの素数p，qに対して，$(p-1)(q-1)+1=\alpha\cdot\beta$となるような整数$\alpha$，$\beta$が見つかれば，上の第一のマジックから

$$(x^\alpha)^\beta \equiv x \mod p\cdot q$$

が導かれる。というのは，

$$(x^\alpha)^\beta = x^{\alpha\beta} = x^{(p-1)(q-1)+1} = x\cdot x^{(p-1)(q-1)}$$
$$= x\cdot(x^{(p-1)})^{(q-1)} \equiv x\cdot(1)^{q-1} \equiv x \mod p,\ p\text{がマジックの種の場合}$$
$$= x\cdot(x^{(q-1)})^{(p-1)} \equiv x\cdot(1)^{p-1} \equiv x \mod q,\ q\text{がマジックの種の場合}$$

このことから，

「$(x^\alpha)^\beta-x$は，素数pでもqでも割り切れる数である」ということになり，したがって，$(x^\alpha)^\beta-x$は，$p\cdot q$で割り切れる数ということになる。

これを式で書けば

$$(x^\alpha)^\beta \equiv x \mod p\cdot q$$

このことは，$p\cdot q$までの勝手な数xに対して，x^αを作って送信し，受信した方で，それをβ乗し，さらに$\alpha\cdot\beta$で割って余りを取れば，元のxに戻ることを意味する。これが題材の項に述べた，ＲＳＡ方式の暗号理論の基本である。上の題材において述べたものは，$p=5$，$q=3$，$\alpha=3$，$\beta=3$の場合である。

なお，ＲＳＡ方式が実際に使われる場合には，第一の鍵αと$p\cdot q$とを公開しておき，第二の鍵βは秘密にしておく。送信者は公開鍵を使って平文xを暗号化したもの，すなわちx^αモデュロ$p\cdot q$を送り，受信者は秘密の鍵βを使って，それを元に戻す。この方法を，特に公開鍵暗号と呼ぶ。

4　学習内容のポイント

1．整数同士の割り算では，余りを考えることも重要である。それをモデュロの計算という。

2．整数の性質の中には，マジックとして楽しめるようなものがある。

3．素数pについて，$x^p \equiv x \mod p$が成立する，また，これをxで割った$x^{p-1} \equiv 1 \mod p$などはその一つである。

4．二つの素数p，qについて，$(p-1)(q-1)+1=\alpha\cdot\beta$と因数分解すると，$x^\alpha \mod p\cdot q$をさらに$\beta$乗したものは，モデュロ$p\cdot q$で元の$x$に戻る。これがＲＳＡ方式暗号の基礎である。

5　授業に役立つ図・表

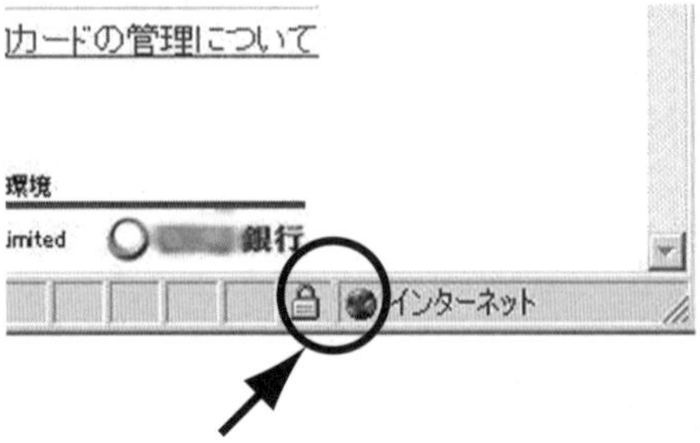

図１　サイトが暗号化されている様子

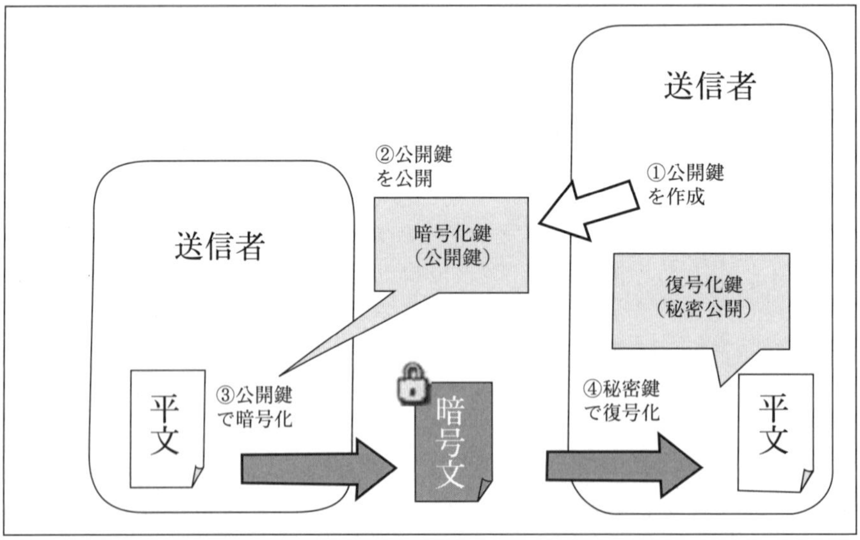

図２　公開鍵暗号を使った送信の手順

公開鍵暗号について

仮に，$p \cdot q = n$に対して，$(p-1)(q-1)+1$の異なる因数分解があったとする：

$(p-1)(q-1)+1 = \alpha \cdot \beta$

$(p-1)(q-1)+1 = \alpha' \cdot \beta'$

（α, βは$\alpha' \cdot \beta'$のいずれとも等しくない）

このとき，Ａさんにはαを，Ｂさんにはα'を教えて，それで暗号化して送信してもらうことにすると，Ａさんからの信号はβ乗，Ｂさんからの信号はβ'乗することによって，元の文章が分かる。

さらに，$(p-1)(q-1)+1$だけでなく，$2(p-1)(q-1)+1$, $3(p-1)(q-1)+1$などの因数分解$\gamma \cdot \delta$があったとしても，同じことが起こる。すなわち，

信号xをγ乗して秘密化して送信→それをδ乗すれば、モデュロ$p \cdot q$で元の信号xになる。

この方式なら，素数p, qに対していくつもの鍵を作ることができて，暗号化が非常に便利になる。

6 テーマに関連したドリル

【問題1】

(1) 公開鍵($\alpha = 3,\ n = 33$)を利用して，平文20を暗号化せよ。

(2) 求めた暗号を，秘密鍵($n = 33,\ \beta = 7$)を使って解読せよ。

【問題1の解答】

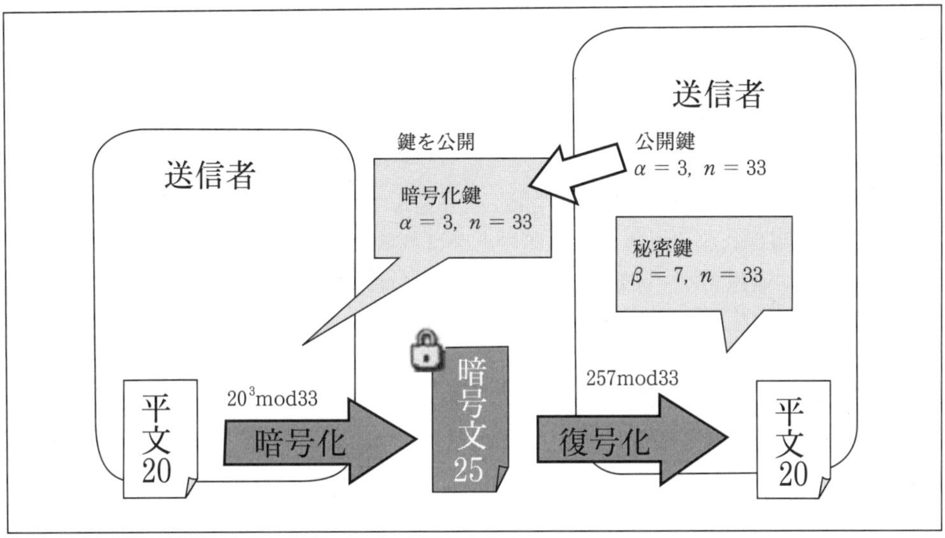

(1) 暗号化の操作

暗号文$= 20^3\mathrm{mod}33 = 8000\mathrm{mod}33 = 25$

(2) 解読の操作

平文$= 25^7\mathrm{mod}33 = 6103515625\mathrm{mod}33 = 20$

注意）整数のn乗の計算には，電卓を使うのが一番の早道だが，普通の電卓で，うっかり割り算までやらせてしまうと，答えが小数になって，余りが見えなくなる可能性がある。したがって，余りを計算するときは，それ用の特別な電卓を使うか，普通の電卓で，いったん割り算した答えの小数点以下を切り捨て，整数に直してから，除数倍して被除数から引き算する：

被除数―除数×[普通の電卓による割り算の答え]＝余り　ここに，[　] はガウスの記号

文献ナビ

① 吉田　武（1994）『素数夜曲』海鳴社

② 大田和夫・国広　昇『ほんとうに安全？　現代の暗号』岩波科学ライブラリー

③ 「公開鍵暗号方式について」http://c4t.jp/introduction/cryptography/cryptography04.html, 2005年7月29日検索

シーフォーテクノロジー，暗号入門：公開鍵暗号方式

（白戸健治・四方義啓）

題材

9 セミからキャッシュカードまで

日常に入り込んでいる素数

1 学習指導要領とのつながり

中学校数学　第3学年　A 数と式 (2) 文字式

2 題材と日常現実社会のなかでの活用場面―産業・人とのつながり―

素数は，数を構成するもととなる数であり，古代より数学の研究対象の一つであった。すべての自然数は素数の積で表すことができてしまう。

実は，この素数がわれわれの生活のなかに深く入り込んでいる。例えば，銀行のキャッシュカードなどには，他人に悪用されないためにRSA暗号と呼ばれる公開鍵暗号システムが使われているが，この暗号をつくり出す過程では，素数や素因数分解が使われている。

素数や素因数分解は，生物の世界や電子マネーの世界で活かされているのである。

3 題材の解説

1 素数と素因数分解の意味を知る

> 素数が暗号に使われているしくみについて調べてみよう。

自然数は，いろいろな観点で分類することができる。代表的なものは，2で割り切れるかどうかの観点で分類するものであり，割り切れる数は偶数と呼ばれ，1余る数は奇数となる。小学校で学習する約数という数の見方を用いるならば，ある数の約数の総和がその数そのものになる数を完全数といい，和がその数に満たないものは不足数，超えてしまうものは過剰数と呼ばれる。例えば28の約数は1，2，4，7，14，28であり，28以外の5つの数の和は28になる。つまり28は完全数である。ちなみに，26は不足数，30は過剰数である。

この約数について，その数が1つ，2つ，3つ以上という観点だと，1と素数と合成数に分類される。素数は1とその数自身の2つしか約数をもたない数である。この素数の研究は古代から知られ，ユークリッドが「素数は無限に存在する」ことを証明したのは有名である。

素数を学習することの意味の一つには，1以外のすべての自然数が素数の積で表すことができる，ということがある。いわゆる素因数分解と言われるもので，自然数の性質やその構成要素を調べるときなどに活用される。12は $2^2\times3$ に，18は 2×3^2 にと，それぞれ素因数分解され，ともに $2\times3=6$ を共通因数にもつことが分かる。アメリカには，13年ごとに，あるいは17年ごとに大量に発生するセミがいる。これは，マジシカダ（Magicicada）と呼ばれるセミで，日本では13と17が2つとも素数から「素数ゼミ」と呼ばれている。なぜ，13年あるいは17年ごとに発生するのかについては諸説があるが，有力とされるものの一つに，「素数との最小公倍数は大きくなる」という性質に関するものがある。つまり，天敵を避けて自分たちの子孫を守るための自然の摂理にも素数の存在がみられるのである。

ところで，コンピュータは，与えられた式を計算して答えを出すことは得意だが，逆にある数を素因数分解するには膨大な時間がかかる。もとの数の桁数が多くなれば，事実上不可能となるそうである。このことを利用して，銀行のキャッシュカードやインターネットでの買い物（いわゆる電子マネー）で使われているRSA暗号と呼ばれる公開鍵暗号システムがつくられている。

2　RSA暗号のしくみを知る

暗号とは，情報交換をする者どうしが，他の者に解読できないように，普通の文字や記号を一定の約束のもとに他の文字や記号に置き換えるものである。RSA暗号は，公開鍵暗号システムとも呼ばれ，他人に悪用されないために，カード番号等を暗号化する鍵とそれを解読するための鍵といった，2種類の暗号を用いる工夫が施されている。このRSA暗号には素数が用いられている。

RSA暗号で暗号化される2種類の鍵のうち，一つは「公開鍵」と呼ばれ，これは，クレジット番号やカード番号などを暗号化する際に使われ，一般的には誰でも知ることができる。もう一つは「秘密鍵」と呼ばれ，これは暗号を解読するために使うもので，使用する本人だけが暗証番号として知るものである。この2つの鍵となる数のうち，「公開鍵」には2つの大きな素数の積が用いられている。

暗号を解読するには，n がどのように素因数分解できるかが分からないとできないことにしてある。n が77のような小さい自然数ならば 7×11 と簡単にできるが，RSA暗号ではたいてい200桁程度の数が使われる。そのため，その数を素因数分解することは今のところコンピュータでは不可能である。つまり，「公開鍵」を知っていても解読できないのである。しかし，「秘密鍵」にあたる数を使えば，簡単に暗号は解読できることになる。「暗号化された数を b 乗して n で割った余り」がもとの数になる。

RSA暗号は，暗号化した文章を「秘密鍵」をもつ者だけが読むことができる，というシステムを可能にしている。その背景には大きな自然数の素因数分解があるというわけである。インターネットでの買い物などで使われる電子マネーはこのシステムが採用されている。だから「秘密鍵」は他人に知られないように管理しなければならないわけである。

4　学習内容のポイント

暗号例：「それぞれの数字はそれぞれ3を加えた数に置き換える」という暗号化の約束では，

「１２３４」　は　「４５６７」　となる。

このように，暗号は基本的に別の文字や数字に置き換えられる。

<RSA暗号による暗号化の手順>

①ある数（例：209）を素因数分解する。　　$209=11\times19$

②2つの素数5と11から1引いた数の積を素因数分解する。

$(11-1)(19-1)=180\quad 180=2^2\times3^2\times5$

③180と互いに素である数を選ぶ。

2か3か5で割り切れない数を選べばよいことになる。ここでは7とする。

④ $7\times b=180\times c+1$ を満たすような b を選ぶ。　ここでは13とする。

⑤7乗し，209で割った余りに置き換えるという約束で暗号化する。ここでは，46を暗号化してみる。

$46^7\div209$ の余りは84なので，「46」は「84」に置き換えられる。

暗号の受け手は，84が46になることを解き明かすためには，13という数をつきとめなければならない。そのためには209を 11×19 に素因数分解したところまでさかのぼる必要がある。

しかし，13という数を知っていると，84は次の手順で簡単に46になってしまう。

$84^{13}\div209$ の商の余りが46

つまり，この13が受け手側の鍵になる。

5 授業に役立つ図・表

（みずほ銀行提供）

図１　キャッシュカードやクレジットカード

図２　キャッシュディスペンサー　　（PANA通信社提供）

6 テーマに関連したドリル

【問題 1】

55をRAS暗号によって暗号化してみよう。

【問題 2】

さまざまな暗号やその歴史について調べてみよう。

【問題 1 の解答】

①55を素因数分解する。　　　　$55 = 5 \times 11$

② 2 つの素数 5 と11から 1 引いた数の積を素因数分解する。

$(5-1)(11-1) = 40 \quad 40 = 2^3 \times 5$

③40と互いに素である数を選ぶ。

2 か 5 で割り切れない数を選べばよいことになる。ここでは 7 とする。

④ $7 \times b = 40 \times c + 1$ を満たすような b を選ぶ。　ここでは23とする。

⑤ 7 乗し，55で割った余りに置き換えるという約束で暗号化する。ここでは，4 を暗号化してみる。

$4^7 \div 55 = 297$ 余り49なので，「 4 」は「49」に置き換えられる。

暗号の受け手は，49が 4 になることを解き明かすためには，7 という数をつきとめなければならない。そのためには 7 が55を 5×11 に素因数分解したところまでさかのぼる必要がある。

しかし，23という数を知っていると，49は次の手順で簡単に 4 になってしまう。

$49^{23} \div 55$ の商の余りが 4

この23が受け手側の鍵になる。

【問題 2 の解答】

古代より用いられている並べ替えによる暗号，第二次世界大戦で有名なエニグマ暗号文，のちのコンピュータの基礎となったチューリング・マシンなどがある。

文献ナビ

① 吉田武（2001）『はじめまして数学 1 』pp. 152－159，幻冬舎
② 小島寛之（2003）『数学の遺伝子』pp. 49－54，日本実業出版社
③ 「アスキーデジタル用語辞典」http://yougo.ascii24.com/gh/20/002012.html，2004年10月 7 日検索
④ 吉村仁（2005）『素数ゼミの謎』pp. 81－108，文藝春秋
⑤ カルヴィン・C・クロースン，好田順治訳（2005）『数学の不思議』pp. 187－258，青土社
⑥ 一松信（2005）『暗号の数理』pp. 162－212，講談社ブルーバックス
※ 上記 6 冊は，素数の面白さやそれが暗号に活用されているようすを興味深く紹介している。

（山崎浩二）

題材
10

外国為替を暗算しよう

概数の計算に乗法公式を利用する

1 学習指導要領とのつながり

中学校数学　第3学年　A 数と式　(2) 文字式　イ 式の展開と因数分解

2 題材と日常現実社会のなかでの活用場面―産業・人とのつながり―

銀行で外貨預金を申し込むときや，海外旅行で外貨に両替するときなど，円を米ドルやユーロなどに換えたときにいくらになるかすばやく計算したいときがある。また，レストランやスーパーで勘定が合っているかどうかチェックしたいときもある。出先でのことだから電卓で計算する余裕はないし，何円何銭（や何セント）の単位まで計算する必要もない。このようなとき，乗法公式などを利用すれば，およその値を暗算で求めることができ，たいへん便利である。このように，乗法公式の学習は，日常生活のなかで為替などの場面で活用されている。

3 題材の解説

小学校では，ある数を25でわるわり算は，4倍してから100でわればよいことを学習している。例えば，315÷25は，315の4倍，すなわち2倍の2倍，1260を100でわって，12.6であるということが暗算で求められる。また，小数のかけ算やわり算では分数に変換することで簡単に計算できるものがある。

（例1）　$36\times1.125=36\times\dfrac{9}{8}=9\times\dfrac{9}{2}=\dfrac{81}{2}=40.5$

（例2）　$26\div0.65=26\div\dfrac{13}{20}=26\times\dfrac{20}{13}=40$

このような計算のコツはたくさん存在する。

中学3年では，乗法公式として，$(a+b)(a-b)=a^2-b^2$ を学んでいる。この公式は，次のような数の計算などの際にたいへん有効であることが，よく知られている。

$$\begin{aligned}802\times798&=(800+2)\times(800-2)\\&=800^2-2^2\\&=64000-4\\&=63996\end{aligned}$$

このような計算のくふうを知っていると，外国為替の場面などにも役立つことがある。例えば，百万長者（millionaire）をめざして毎月20000円を米ドル（USD）で積み立て預金しようと思っている人がいる。この人は何年で百万長者になれるか計算してみよう。

1ドル＝110円のとき，20000円を両替すると何ドルになるかは，通常次のように計算する。

$20000\div110=181.81\cdots$(USD)

ただし，この計算を暗算で行うのはむずかしい。

しかし，乗法公式 $(a+b)(a-b)=a^2-b^2$ を用いれば，$1.1\times0.9=0.99$ であるから，やや乱暴ではあるが，これを $1.1\times0.9=0.99\approx1$ とみなして，

$$20000(yen) = \frac{20000}{100} \times 0.9 = 180(\text{USD})$$

これでも十分実用的であるが，さらに $1-0.99=0.01$ は1に対してちょうど1％であることが分かるので，これに1％を加えることでも，181.8(USD) とやはり求めることができる。乗法公式の威力絶大である。

また，もし，$1.1 \times 0.909 = 0.9999 \approx 1.0$ を知っていれば，

$$20000(yen) = \frac{20000}{100} \times 0.909 = 181.8(\text{USD})$$

と即座に求めることもできる。

ところで，百万長者になる話はどうなったかというと，毎月181.8ドルずつ貯蓄して1000000ドルになるには，$1000000 \div 181.8 \approx 5500$(ヶ月)，すなわち450年あまりかかることが分かり，計画の再考が必要なようである。

さて，ドル以外の通貨についても一例を挙げておこう。1ポンド（GBP)＝196円のとき，60000円を両替したとする。この場合も，やはり同じ乗法公式 $(a+b)(a-b)=a^2-b^2$ を利用し，

$$196 \times 204 = 200^2 - 4^2 = 40000 - 16 \approx 40000$$

として，

$$60000(yen) = \frac{60000}{40000} \times 204 = 1.5 \times 204 = 306(\text{GBP})$$

のように概算することができる。

ちなみに，このときの誤差を計算すると，16は40000の0.1％未満であることから，306ポンドの0.1％すなわち0.3ポンド未満となる。

4　学習内容のポイント

○25でわる計算

$$315 \div 25 = 315 \times 4 \div 100 = \frac{315 \times 2 \times 2}{100} = \frac{1260}{100} = 12.6$$

○乗法公式，$(a+b)(a-b)=a^2-b^2$ の利用

ここで示した例では，

$$1.1 \times 0.909 = 0.9999 \approx 1.0 \quad \text{（これの誤差は} \frac{1}{10000} = 0.0001\text{）}$$

$$196 \times 204 = 200^2 - 4^2 = 40000 - 16 \approx 40000 \quad \text{（これの誤差は} \frac{16}{40000} = 0.0004\text{）}$$

※　一般に，$a \gg b$ のときには，$(a+b)(a-b) \approx a^2$ として差し支えない。

5 授業に役立つ図・表

表１　各国通貨公示相場

		TTS （電信売り）	TTB （電信買い）
通貨	記号	円	円
米ドル	USD	113.19	111.19
英ポンド	GBP	202.52	194.52
ユーロ	EUR	138.32	135.32

広告の例

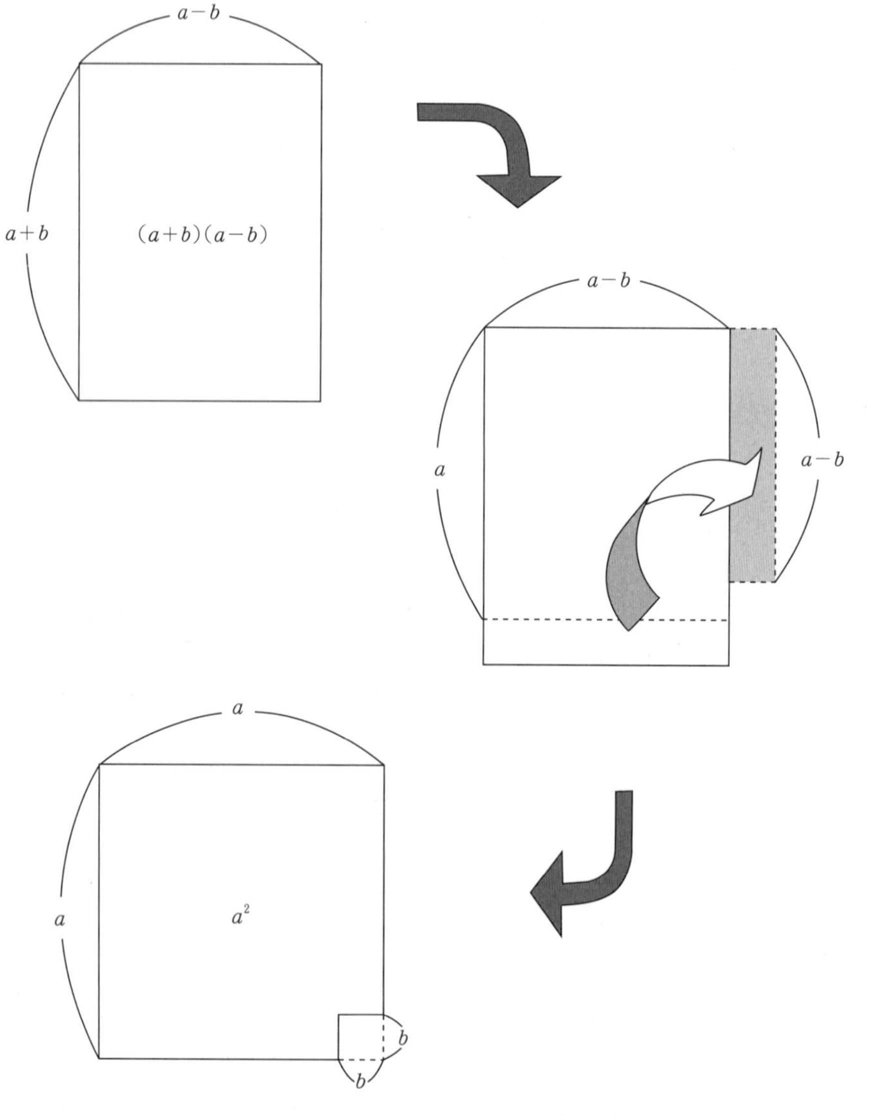

図１　$(a+b)(a-b) \approx a^2$

6 テーマに関連したドリル

【問題１】

「通常は３％ですが，今なら最初の１ヶ月は年利15％に優遇します」といった広告を目にすることがある。これに１年間預けるとすると，現在１ドル＝110円の為替レートが，１年後におよそいくらまでなら，元本割れを起こさないだろうか？

【問題１の解答】

この広告にある外貨預金に１年間預けるときの実質金利は，

$$0.15\times\frac{1}{12}+0.03\times\frac{11}{12}=0.04$$

となって，年利４％であることが分かる。

ところで，外貨預金には為替リスクがつきものである。例えば，110万円を預金すると考えると，現在１ドル＝110円であっても，１年後に１ドル＝100円になってしまうと，次のようになる。

（現在）　110万円＝１万ドル
（１年後）　１万ドル×1.04＝1.04万ドル
　1.04万ドル＝104万円

したがって，年利４％の利息を含めても，110万円が１年後には104万円となって，６万円も目減りしてしまう。

それでは，元本割れを起こす限界の為替レートを計算してみよう。今から１年後の為替レートを１ドル＝□円とすると，

$$\frac{110(\text{万円})}{110}\times1.04\times\square=110(\text{万円})$$

式を整理すると，

$$\frac{1.04\times\square}{110}=1$$

$$\therefore\square=\frac{110}{1.04}$$

この計算は本題で扱ったものと同様で，次のように概算することができる。

$$\square=\frac{110\times(1-0.04)}{(1+0.04)(1-0.04)}=\frac{110\times0.96}{1-0.04^2}\approx\frac{110\times0.96}{1}=96+9.6=105.6$$

したがって，１ドルが105円台半ばくらいまでは元本割れにならないことが分かる。

文献ナビ

① http://www.smbc.co.jp/，三井住友銀行，2005年８月検索
② http://www.mizuhobank.co.jp/，みずほ銀行，2005年８月検索

これら銀行のホームページには，外国為替の交換レートや外貨預金の金利などが掲載されている。

（石田唯之）

題材 11

ＣＴスキャンと宝捜しゲーム

先端医療でも遊びでも連立方程式は大活躍！

1 学習指導要領とのつながり

中学校数学　第2学年　A 数と式 ⑵ 連立二元一次方程式

高等学校数学Ⅰ ⑴ 方程式と不等式　ア 数と式

高等学校数学C ⑴ 行列とその応用　イ 行列の応用 ㈠ 連立一次方程式

2 題材と日常現実社会のなかでの活用場面─産業・人とのつながり─

現在，ＣＴスキャンは多くの病院で活用されている。しかし，その内部に数学が組み込まれていることはあまり知られていない。

ＣＴスキャンとは，簡単に言えば，いくつかの方向からX線を当てて，体の中を透視し，例えば腫瘍（癌）などを見つけだそうとするものである。もちろん，何回も当てればよいというものではない。当てすぎると，新たな腫瘍が出来る原因になる可能性があるし，少なすぎると腫瘍の位置が精密に測定できなくなる恐れがある。そこでX線を無駄なく通し，有効に検出する方法の開発にしのぎが削られた。ここに連立方程式（が発展したフーリエ変換など）が大活躍をする。

かなり複雑な構造を持つＣＴスキャンだが，その原理の根本には，このように連立方程式が横たわっている。連立方程式の学習は，ＣＴスキャンばかりでなく，ＭＲＩなどの先端医療にも幅広く活用されているのである。

3 題材の解説

いきなりＣＴスキャンの数学とか，フーリエ変換と言ってもその仕掛けは分かりにくい。これを理解するために「宝捜しゲーム」を考える。

「宝捜しゲーム」とは，泥棒役が砂場に宝を隠して逃げ，探偵役が，それを見つけだすというゲームである。この際，砂場は正方形で，泥棒は，これを4分割したマスの1つに宝を隠すことにする。探偵は泥棒を捕らえると，1本の棒を宝が隠された砂場に置いて「この下のマスの中に宝はあるか」と質問する。泥棒は正直に答えてから，逃げなければならない。探偵は，泥棒の答えをヒントに宝を見つけるのだが，より少ない質問回数で宝を見つけられた探偵の勝ちである。

数学探偵は方程式によってこれを行う。

各々のマスに図1のように名前をつける。簡単のために，これら4つのマスのどれか1つに宝があるものとする。一般の探偵がマスxとyの上に棒を置いて「この下に宝はいくつあるか」と訊ねることは，数学探偵にとっては

「$x+y$はいくつになるか」

と聞いていることになる(図2参照)。宝はvの下に1つあるのだから，泥棒は「ない」と答えることになるが，数学探偵にとっては，これは方程式

$x+y=0$ …①

と同じことである。次にvとwの上に棒を置いて，「この下に宝はいくつあるか」と訊ねると(図3参照)，方程式

$v+w=1$ …②

が得られる。x と v，y と w についても同様にして方程式

$x+v=1$ …③　$y+w=0$ …④

を得る。この連立方程式の解は，

$x=0,\ y=0,\ v=1,\ w=0$

であり，「v に宝がある」と読める。このように，数学探偵は，連立方程式の解として宝の場所を求めるのである。ただ，同じ数学探偵でも名探偵と迷探偵との差はある。この差は

「宝が１つだということが分かっている。だから x，y，v，w のどれか１つが１，残りはゼロ」

と考えられるかどうかにある。というのも，この４つの式は，

$x+y=0\quad v+w=1$

を加えても，

$x+v=1\quad y+w=0$

を加えても同じ結果，

$x+y+v+w=1$　⇔「宝は（全部あわせて）１つだけ」

になってしまうので，「$x+y$」の値から，すぐに，「$v+w$」は計算できることになり，「$v+w$」の式は必要ない。同様に，「$x+v$」が分かっていれば，「$y+w$」も必要ない。ここが１－「$x+y$」，や１－「$x+v$」以外の値になっていれば「連立方程式は不能」，「泥棒はうそをついた」ということになる。

また，「x，y，v，w の中のどれか２つを加えてゼロ」なら，「各々がゼロ」も分かる。こうすれば数学迷探偵のように，「この連立方程式は解けない（不定）……だから，どこに宝があるかは分からない」などと悩むこともなくなる。

このゲームの宝を腫瘍，棒をＸ線，正方形を人体と読み替えれば，そのままＸ線ＣＴスキャンの原理になる。もちろん，腫瘍の場合は１か所とは限らないし，また，人体を四分割して，腫瘍がそのどの部分にあるかを見つけだすだけでは，粗雑に過ぎて実際には使えない。

先のゲームでも，隠し場所が１か所と限らない場合，例えば「宝は２つ」，「その場所は，x と w」ならば（図４参照），次のようになる。

先ほどと同様に縦方向と横方向に棒をおいて，縦方向に２回，横方向に２回，計４回の質問をすると，次の４つの式が得られる。

$x+y=1,\ v+w=1,\ x+v=1,\ y+w=1$

しかし，この連立方程式の（自然数の）解は１つではなく，次のような二組も解になる。

「ホンモノの答え」：$x=1,\ y=0,\ v=0,\ w=1$

と，

「ニセの答え」：$x=0,\ y=1,\ v=1,\ w=0$

である。

これでは困るので，別の方程式を作らねばならない。そこで，斜めに棒を置くことを思いつく（図５参照）。それにより次のような新しい３つの式を得る。

$x=1$

$y+v=0$

$w=1$

この３つの式なら，$x,\ y,\ v,\ w \geqq 0$ という条件の下で一意に解くことができ，その解は，

「ホンモノの答え」：$x=1,\ y=0,\ v=0,\ w=1$

となる。つまり，「斜め方向に見て式を立てる」ことによって，正解を見つけだすことができたわけである。これは，ＣＴスキャンが回転する理由でもある（見かけは回転しないものもある）。

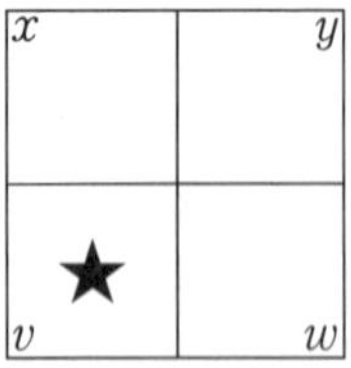

図1

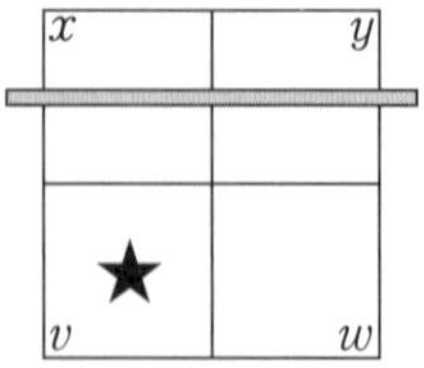

図2

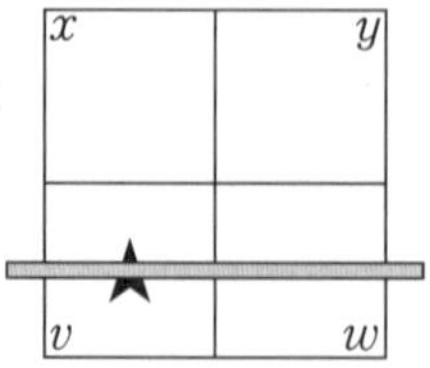

図3

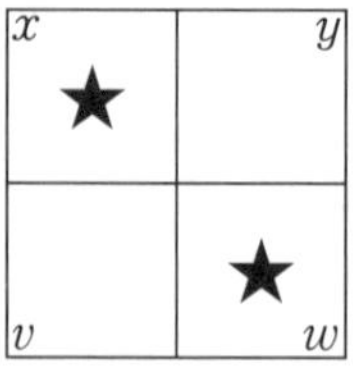

図4

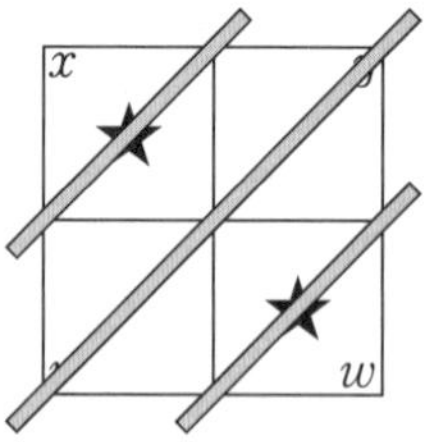

図5

4 学習内容のポイント

1．いきなり「ＣＴスキャン」と言わずに，「宝捜しゲーム」に置き換えて理解を助ける。

2．宝捜しゲームの質問「棒を置いて，この下にいくつある」を，「連立方程式」に置き換える。

3．連立方程式を解くには，それを「うまく立てること」と，「うまく解釈すること」が重要。

(1) 未知数の数と方程式の数が一致したからといって，方程式が必ず解けるわけではない。

→不定と不能

不定は，一見，別の方程式のように見えて，ほかから導かれるとき　→　無効な方程式

不能は，同じ方程式なのに，別の値をとっているもの　→　うそつき方程式

(2) 不定・不能をさけるためには，方程式をうまく立てねばならない。

これを棒を斜めに置くことで実感させる。

4．斜めの向きの角度を調節することにより，どのように置かれた宝も見つけることができる。数学ではこれをフーリエ変換という。

5．斜めに当てて宝を捜していくという動作は，ＣＴスキャンが回転しながら写真を撮影する動作と共通している。最近のものは回転しないが，これは内部で回転と同じことをさせているからである。

6．ＣＴスキャンは，回転しながら連立方程式を立てて，それを解いて内部の像を作る機器なのである。

5 授業に役立つ図・表

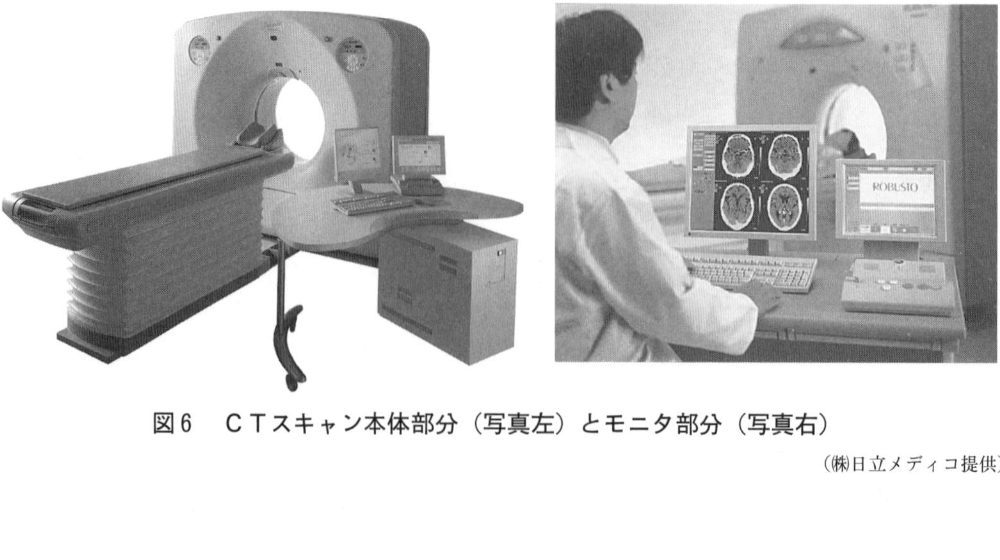

図6　ＣＴスキャン本体部分（写真左）とモニタ部分（写真右）

㈱日立メディコ提供）

6　テーマに関連したドリル

【問題1】

泥棒が右図のように宝を隠した。数学探偵になって連立方程式を解き，宝の場所と個数を求めよ。

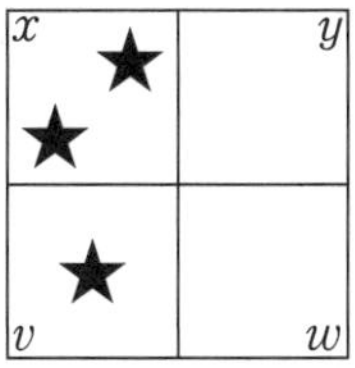

【問題2】

左の問題の解答にあたって，4つの方程式を利用した。この中に余計な方程式はあるか？

余計な方程式があれば，連立方程式はうまく解けないはずである。それなのにうまく解けた理由は何か？

【問題3】

これまでは，正方形を4つに分割してきたが，分割の数を増やして，例えば，9個（3×3分割）または16個（4×4分割）にしたときにはどうなるだろうか？

【問題1の解答】

棒を縦と横に置くとき，方程式は

$x+y=2$ …①

$v+w=1$ …②

$x+v=3$ …③

$y+w=0$ …④　となる。

題意より，x，y，v，$w \geqq 0$ であるから，

④より，$y=w=0$

①より，$x=2$

②より，$v=1$

【問題2の解答】

①＋②＝③なので，①と②と③の中の1つは余分である。4つの未知数に対して3つの方程式となって，連立方程式は解けないのだが，④から，2つの未知数が求まるので，うまく解けたのである。

【問題3の解答】

9分割，16分割と分割する数を増やしていくと，変数も増えてきて検証が難しくなるが，次に一つの例を参考として示す。

下図のa～iが次の等式を満たすとき，a～iの値を求める。ただし，それぞれのマスには★が「あるか」または「ないか」なので，a～iは1または0である。

a＋b＋c＝1 …①

d＋e＋f＝1 …②

g＋h＋i＝0 …③

a＋e＋i＝1 …④

c＋e＋g＝0 …⑤

f＋h＝1　…⑥

a	b	c
d	e	f
g	h	i

a～iは1または0なので，③，⑤から

c＝e＝g＝h＝i＝0

①はa＋b＝1

②はd＋f＝1

④はa＝1

⑥はf＝1

これより，b＝d＝0

よって★はaとfにあることがわかる。

ここで，「a～iは1または0」は方程式と同様に重要な条件となっている。

3×3分割では縦・横のほかに，45°，135°に棒を置くだけでよい。しかし，4×4分割では45°の半分である22.5°に置かなければならない場合がある。

文献ナビ

①　四方義啓（2003）『数学をなぜ学ぶのか』中公新書

（佐藤　功・満嶌夏美・四方義啓）

題材 12

ＧＰＳや地震・雷の中に隠れている数学

カーナビ（ゲーション）に利用されている連立方程式

1 学習指導要領とのつながり

中学校数学　第2学年　A 数と式 (2) 連立二元一次方程式

（高等学校数学Ⅱ (2) 図形と方程式　イ 円 (ア) 円の方程式）

2 題材と日常現実社会のなかでの活用場面―産業・人とのつながり―

その昔，砂漠をラクダで旅し，帆船で航海した時代はもちろん，つい20年位前までは，最新型の船で航海していても，飛行機で飛んでいても，自分がどのあたりにいるのか，どの方向に目的地があるのかを知ることは生死をかけた問題だった。船の航海士や飛行機のナビゲーターは星やラジオ灯台局を観測して，コンパスで円を描くか，または連立方程式を解いて自分の位置を割り出していた。この時代までは，「星やラジオ局を観測する技術」と「位置を割り出す数学」が，その航海の鍵を握っていたとも言える。現代では，人工衛星が，星やラジオ局に代わってデータを送ってくれるようになり，コンピュータが人間の代わりに計算して位置を教えてくれるようになった。これがGPSである。

GPSによる位置測定は，少なくとも3個，できれば4個の衛星から発射された時報電波を利用者が受信することから始まる（もし，利用者が正確な時計を持っていなかったら，もう一個の衛星からの電波が必要になる)。利用者の時計と衛星から送ってきた時報の間には，衛星からの時報電波が利用者に届くまでの誤差・ズレが生じる。これは衛星までの距離に比例するから，衛星までの距離が計算できる。その時の未知数は三次元の位置と受信機時計のズレ量の4つである。つまり，自分の位置を求めるためには4つの未知数を持つ連立方程式を解くことになる。

これと同じ考え方で，地震の震源地や雷の位置も求められる。また，ステレオ再生の秘密は，人間の聴覚に埋め込まれた位置を示す方程式を解く力だとも言われている。このように連立二次方程式の学習は日常実生活のなかで，いろいろなものの位置を特定するために活用されている。

3 題材の解説

① いくつかの衛星の位置とそれからの距離が与えられれば，自分の位置が数学的に分かる。このために連立二次方程式が利用される。ただし，ここでは，衛星の時計と利用者の時計の間にズレはないとしておく。

まず，おおよその理解をえるため，幾何学的な知識を借用することにし，平面上に与えられた二定点A，Bからの距離がa，bであるような点Pを考える。このような点Pは，点A，Bを中心とし，半径をa，bとする二円の交点として求められる。しかし，交点は一般に2つあるから，そのどちらになるかを言うには，もう一つの条件が必要になる。したがって，平面の場合は，3つの定点A，B，Cと，そこからの距離が必要だということが分かる。注意を要するのは，これらの点が一直線上に並んでいれば，（方程式は不定または不能になって）位置決めができないということである。

これが空間における点と，定点からの距離になった場合は，円を球面と言い換え，3つの定点の代わりに，（一平面上にはない）4つの定点をとれば，ほぼ同じ状況になる。

これをコンピュータに計算させるためには，連立方程式にして，数値的に把握しなければならない。そこでGPSが，どのような連立方程式を立てているのかを考える。3つの衛星の位置を

$S_1(x_1,\ y_1,\ z_1)$，$S_2(x_2,\ y_2,\ z_2)$，$S_3(x_3,\ y_3,\ z_3)$，$S_4(x_4,\ y_4,\ z_4)$

受信位置を $p(x_p,\ y_p,\ z_p)$ とおく。また，受信位置と衛星との距離を衛星ごとに R_1, R_2, R_3 とする（図1参照）。すると，ピタゴラスの定理より，次の4つの二次の連立方程式が導かれる。

$$R_1^2=(x_1-x_p)^2+(y_1-y_p)^2+(z_1-z_p)^2 \quad (1)$$
$$R_2^2=(x_2-x_p)^2+(y_2-y_p)^2+(z_2-z_p)^2 \quad (2)$$
$$R_3^2=(x_3-x_p)^2+(y_3-y_p)^2+(z_3-z_p)^2 \quad (3)$$
$$R_4^2=(x_4-x_p)^2+(y_4-y_p)^2+(z_4-z_p)^2 \quad (4)$$

これを解けば自分の位置 $p(x_p,\ y_p,\ z_p)$ を求めることができるのだが，二次の連立であるため，一般には複数個の答えがある上，コンピュータで解くには時間がかかる。それを逃れるために4つの衛星からの距離を測って，(1)引く(2)，……を考え，一次連立に直すのが普通である。

② 衛星から送ってくる時報と，利用者の時計との間の時間のズレが，衛星と利用者の距離に比例することは，物理学で習うところである。電波は，1秒間に地球を7回りするくらいのスピードをもっているのだが，それを大幅に上回る精度の時計で測るとズレが検出できる。現代の技術はそれを可能にしたのである。

なお，電波でも遠くへ飛ぶとズレが出ることは，例えば，アメリカとの衛星生中継などで，アメリカにいるレポーターとスタジオとの会話の間に一瞬のズレがあることを思い出せば実感できる（ただし，この場合は中継装置によるズレも混じっている）。

③ 雷の場合は，早く伝わってくる光・ピカッと，それから遅れて伝わってくる音・バリッ・ゴロゴロとの時間差を測れば，雷までの距離が計算できる。光ってから十まで数えられれば安心だと言われているのは，音の伝わる速度は大体1秒間に350メートルなので，この場合，雷は約3キロから4キロ離れているからだろう。

もちろん，離れて住んでいる友人4人から，光ってから何秒でゴロゴロが聞こえたかという報告をもらえば，計算によって雷の位置を三次元的に求めることができる。

④ 地震の場合は，早く伝わってくる縦波のP波と，それからわずかに遅れてくる横波のS波とのズレを観測すれば，震源までの距離が分かる。したがって，4点からの距離を観測すれば，震源位置が計算できることになる。

4　学習内容のポイント

1．GPSは衛星と受信位置との距離を時報のズレによって測定している。

2．3点からの距離がわかると，未知数3つの二次連立方程式3つを立てることができる。これを解くことにより，受信位置（自分の位置）を特定することができる。

3．それが二次連立であることから，未知数が3つだからといって，方程式が3つでよい（解が1つ）とは言えないことに注意する。またコンピュータで計算するには一次連立のほうが早い。

4．そのために，衛星を4つにして辺々引き算した連立一次を作っている。

5．地震でも雷でも，観測地点からの距離さえ分かれば同じことである。

6．（昔の）地震や雷の観測では，少々の誤差を許すことができたから，そんなに正確な時計は必要なかったが，時報のズレかメートル単位で距離を計算しようというGPSでは非常に正確な時計が必要とされる。

5 授業に役立つ図・表

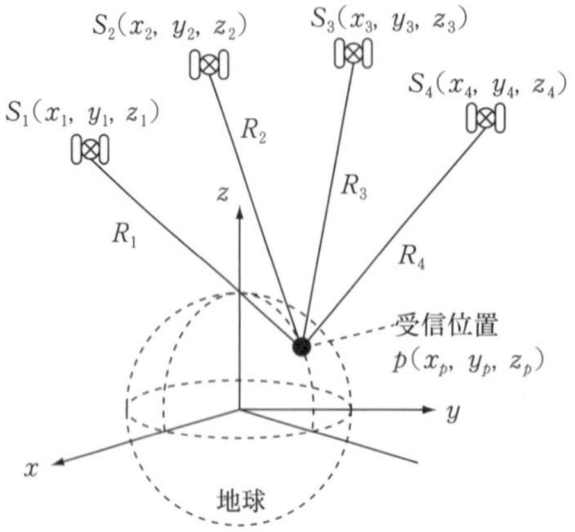

図1　人工衛星の距離と位置

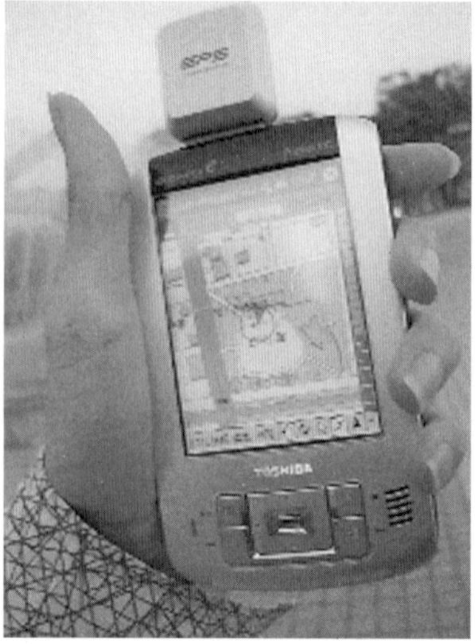

図2　PDA（携帯情報端末）+GPS

表1　GPS衛星の主要諸元

衛星個数	4個×6軌道面
衛星設計寿命	7.5年
軌道半径	26,561km
周回周期	12恒星時間（約11時間58分）
軌道傾斜角	55度
送信電力	L1：C/Aコード：約26W, Pコード：約13W L2：Pコード：約4W
搬送波周波数	L1=1,575.42MHz（10.23MHz×154） L2=1,227.6MHz（10.23MHz×120）
測距信号	C/Aコード：L1波で送信，民生用に解放 Pコード：L1，L2で送信，非公開
地上受信電力（仰角5度以上）	L1：C/Aコード>−160dBW, Pコード>−163dBW L2：Pコード>−166dBW
単独測位精度	C/Aコード：約100m（2drms：SA on） Pコード：約16m（2drms）

6 テーマに関連したドリル

【問題1】

二次元平面上のGPSを考える。そのとき必要な衛星は2つ（または3つ）なので，その座標を$S_1(17, 364)$，$S_2(17, 144)$とし，その受信位置との距離がそれぞれ365，145だったとする。受信位置$P(x, y)$を求めよ。

【問題2】

A，B，C君の住んでいる場所は，水平面上にあり，一辺2キロの正三角形を作る。雷が光ってから，雷鳴が聞こえるまでに，ABC君ともに10秒数えることができた。雷はどのあたりにいると考えられるか。

【問題1の解答】

ピタゴラスの定理より，

$(365)^2 = (17-x)^2+(364-y)^2$ －①

$(145)^2 = (17-x)^2+(144-y)^2$ －②

①から②を引くと，

①－②　→　$220 \cdot 510 = 220(508-2y)$

したがって，$y = -1$

これを①に代入すると，

$(365)^2 = (17-x)^2+(364+1)^2$

したがって，$x = 17$

よって，受信位置$P = (17, -1)$。この場合①，②で表される2つの円は接しているので，答えは1つ。

【問題2の解答】

ABC君の住んでいる正三角形の重心の真上，約3.3キロあたり。

文献ナビ

① 四方義啓（2003）『数学をなぜ学ぶのか』中公新書

数学が日常生活のいろいろな場面で使われていることや，数の発達の歴史などが，具体例を挙げながら親しみやすく書かれている。

② http://www.ieice.or.jp/jpn/books/kaishikiji/199912/19991201.html，2006年2月16日検索

電子情報通信学会誌から抜粋したもの。GPS衛星の現状からGPSの将来の展望まで，図や表を交えながら述べられている。

③ http://www.enri.go.jp/~fks442/K_MUSEN/3rd/3rd030625.pdf，2006年2月16日検索

GPS測位計算プログラム入門のホームページ。GPSの測位原理や，実際に連立方程式を用いた計算式などが掲載されている。

（四方義啓・満嶌夏美）

題材

13 スーパー値引き合戦

オペレーションズリサーチと値下げ戦略

1 学習指導要領とのつながり

高等学校数学Ⅰ　⑴ 方程式と不等式　ア 数と式　㋐ 実数
高等学校数学A　⑶ 場合の数と確率　イ 確率とその基本的な法則
高等学校数学A　⑶ 場合の数と確率　ウ 独立な試行と確率
高等学校数学B　⑴ 数列　ア 数列とその和　㋑ いろいろな数列
高等学校数学C　⑶ 確率分布　ア 確率の計算
（中学校数学　第2学年　C 数量関係　⑵ 確率）

2 題材と日常現実社会のなかでの活用場面―産業・人とのつながり―

オペレーションズリサーチという数学の分野がある。これは，その名のとおり「戦略」の研究から発生してきたもので，基本的には，与えられた条件の下で，敵のあらゆる出方と，味方のあらゆる武器・戦い方を「しらみつぶし」に調べて比較し，最も有利なものを選択するという数学である。この「しらみつぶし」探索には，樹形図が有効に使われる。

スーパーなどで値下げを行うにあたっても，このような考え方が使われている。ある食品会社によると，食品は作ったそのときの鮮度が高く，美味しい。商品価値が最も高いわけである。しかし，鮮度は徐々に落ちていくので，ある限度に達する所を賞味期限と定め，その商品価値はゼロになるものとみなして原則的には回収することになっている。

これを仕入れて売るスーパーとしては，商品価値が高いときはそれに見合った値段で売れば問題ないが，商品価値が下がってしまったときには，値段をそれに合わせてつけ直さなければ売れなくなってしまう。つまり，値引きに踏み切る。この値引きによって消費者の購入行動はかなりの影響を受ける。一般に値引率が高ければ高いほど，購入率は増えるが，値段を下げすぎると店側の儲けが少なくなってしまう。ここで最適化戦略の問題が出てくる。

例えば，6時開店，9時に閉店するあるスーパーで，値引きの時刻は，午後7時と8時の2回だけ，値引きの率は（今ついている価格の）3割引に定められていたとする。このとき，樹形図は次のようになる（題材の解説参照）。

これら4種類の方法，さらには，売れ残りが引き取ってもらえるかどうかまでを考慮に入れて，儲けが最大になるようにするのが戦略である。仮に，価格が仕入れ値の倍に設定されていたとして，値引きをしないで売ると，その商品は1時間当たり10個，3割引にすると1時間当たり20個，さらに，それから3割引にすると1時間当たり40個売れるというデータがあったとする。

売れ残った商品が仕入れ値で引き取ってもらえるとした場合，どのように値引きすれば，最も有利であるかという問題が，（オペレーションズリサーチ的な）値引き戦略の問題である。この場合なら値引きしないで売るのが最も儲けが大きい。

このように樹形図の学習，数え上げの学習は日常生活に活用されている。

3　題材の解説

樹形図自身の学習を目的とする独立した単元はないが，樹形図の学習は，数学A　(3) 場合の数と確率，数学Ⅰ　(1) 方程式と不等式　(2) 二次関数　などにおける問題解決の重要な手法として登場する。

また，値引き戦略の問題には，値引率を x としたときの予想利益 $f(x)$ を与えて，それを最大化するというタイプの問題もある。変数 x が連続であるので，それについての平方完成，ないし微分を考えるなどの手法が標準的である。

これに対し，本題材は，樹形図を利用して，全ての場合を数え上げて比較するという手法が主になっている。このような考え方はコンピュータにとっては有利なので，最近ではよく利用される。ただ，これを適用するためには，変数は「3 割値引きする・しない」のように離散的・とびとびであることが原則である。

現実の値下げ戦略に比べると，本題材自身は，単純すぎるかも知れないが，考え方としてはほぼ同じである。完全な樹形図を作るためには，「7 時，8 時という値引きする 2 つの時刻」，「値引きする・しない」という 2 種類の選択肢（二次元の選択肢といってもよい）をキチンと配置しなければならない。

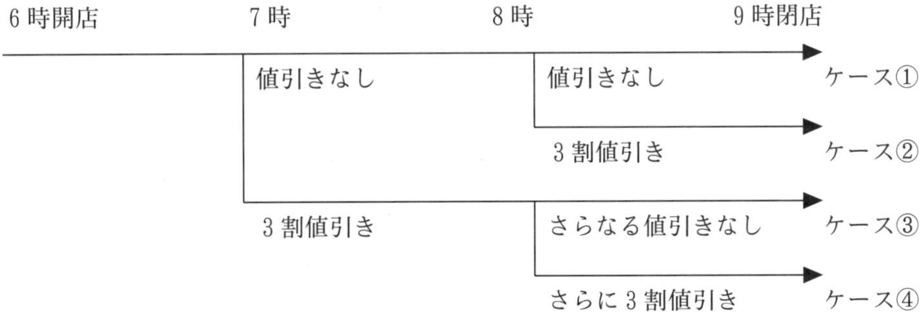

売り上げデータが与えられているから，樹形図にしたがってそのとおりに計算してゆくだけでよい。

原価が a 円だとすると，ケース①での売り上げは，$2a\times30=60a$,
ケース②では，$2a\times20+1.4a\times20=40a+28a=68a$
ケース③では，$2a\times10+1.4a\times40=76a$
ケース④では，$2a\times10+1.4a\times20+0.98a\times40=87.2a$
儲けはケース①から順に，

$$60a-30a,\ 68a-40a,\ 76a-50a,\ 87.2a-70a$$

となるので，値引きをしないケース①が最も儲かるということになる。

しかし，買い取り制（商品をある値段で買い取ってしまう，返品は利かない）の場合は商品の仕入れ数 N によって，樹形図の有効範囲が変わるので，下の表のように，さらに場合が分かれる。もちろんここに示したものは「与えられた経験的な売り上げデータ」に基づくものであって，本来ならば，ここに確率的な考え方が導入されねばならない。

下は仕入れ量 N が変化するときの各ケースに対する儲けを表にしたものである。簡単のために $a=1$ としている。なお「授業に役立つ図・表」も参照。

	ケース①	ケース②	ケース③	ケース④
$0 < N \leqq 10$	N	×	×	×
$10 < N \leqq 20$	N	×	$6+0.4N$	×
$20 < N \leqq 30$	N	$12+0.4N$	$6+0.4N$	×
$30 < N \leqq 40$	$60-N$	$12+0.4N$	$6+0.4N$	$18.6-0.02N$
$40 < N \leqq 50$	$60-N$	$68-N$	$6+0.4N$	$18.6-0.02N$
$50 < N \leqq 70$	$60-N$	$68-N$	$76-N$	$18.6-0.02N$
$70 < N$	$60-N$	$68-N$	$76-N$	$87.2-N$

この表から，仕入れ量が多ければ，早く値引きに踏み切った方が儲けが大きく，少なく仕入れたときはその逆であることが分かる。ただ，現実には，大量仕入れに対しては，例えばある数量を超えて仕入れる場合など，超過分に対しての割引が行われることがある。図1において，x 軸の下のグラフはこれを考慮するためである。この場合は30個を超えた分に対して，10から20パーセント程度の割引の例を示している。

4 学習内容のポイント

1．スーパーでの割引方法を例に，樹形図を使って数え上げを行う。
2．樹形図を順序よく作成するにあたって，データを正しく整理する。
3．作成した樹形図にしたがって，全ての場合を洩れなく計算する。
4．計算結果を比較し，最適なものを見つける。
5．条件が変化した場合は，樹形図ないし計算方法の適切な変更を行う。

5 授業に役立つ図・表

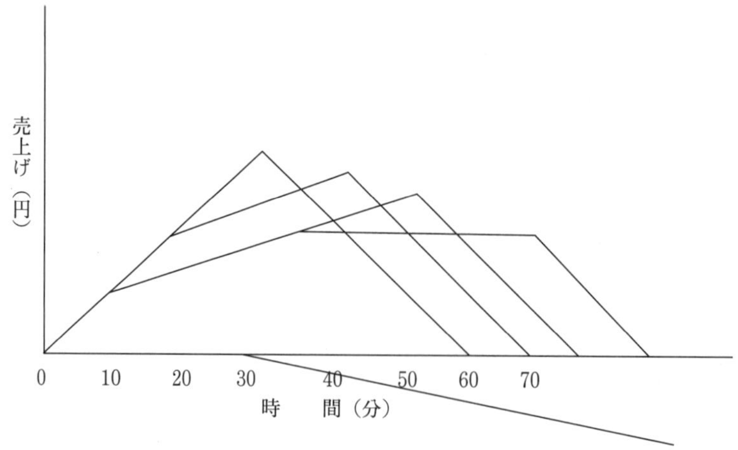

図1 値引きに踏み切る時間と売上げ

6 テーマに関連したドリル

題材の解説の項でも少し触れたが，オペレーションズリサーチでは，その理論を現実に近づけるために，通常は確率的な考え方をする。本題材の場合なら，購入確率と来店者数を与えるのが，オペレーションズリサーチの原理論により近いと言える。したがって本題材も，「定価で売れば購入確率20パーセント，ある時間帯の来店者数 5 名」のような表現にするべきであるが，「購入者数の期待値」を考えると，「ある時間帯における購入者の期待値0.2× 5 ＝ 1 名」としてよいことが示される。本題材では，これを単に「購入者 1 名」と表現した。

実際， 5 名の来店者があった場合，「誰も購入しない」「 1 人が購入」「 2 名が購入」……の 6 つの場合ができ，おのおのの確率は，二項係数を用いて，順に，

$(0.8)^5$，$5(0.8)^4(0.2)$，$10(0.8)^3(0.2)^2$ ……と書ける。

したがって，購入人数の期待値は

$$(0.8)^5+1\times 5(0.8)^4(0.2)+2\times 10(0.8)^3(0.2)^2\cdots\cdots$$

$$=\frac{d}{dx}\{(0.8)+(0.2)x\}^5 \text{において} x=1 \text{とおいたもの}$$

$$=5\{(0.8)+(0.2)\}\times(0.2)$$

$$=5\times(0.2)=1$$

【問題 1 】

値引きは，本題材と同じに，「しない」または「今ついている値段の 3 割引」，ただし値引きのチャンスは 3 回という条件に対応する樹形図を作成せよ。

【問題 1 の解答】

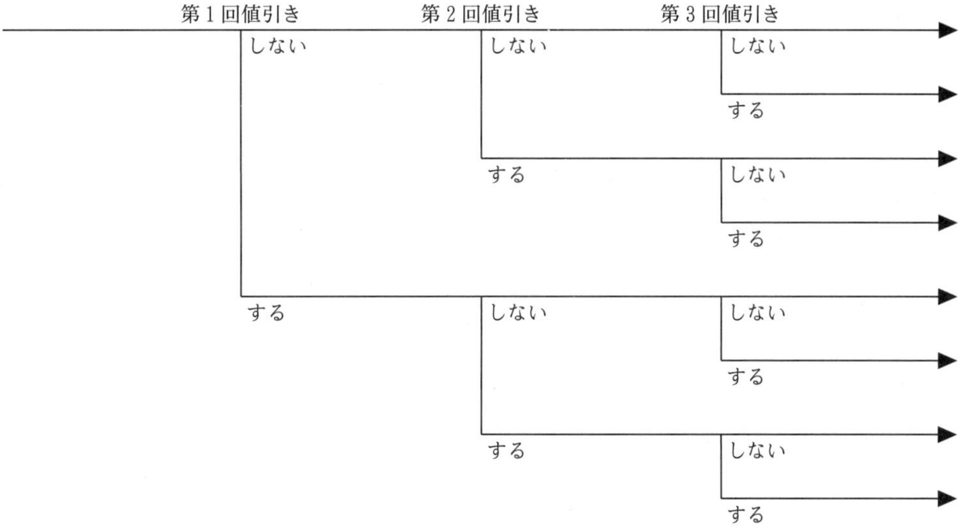

文献ナビ

① http://www.orsj.or.jp/whatisOR/whatisOR.htm，2006年 9 月14日検索
オペレーションズリサーチとは何かについて解説している。

（四方義啓・後藤恭介・橋本泰裕・土屋美晴）

⇨関連題材 15・45

題材 14

リサイクルは宝の山
一次不等式と資源の価格付け

1 学習指導要領とのつながり

高等学校数学Ⅰ (1) 方程式と不等式　イ 一次不等式
（高等学校数学基礎 (2) 社会生活における数理的な考察　イ 身近な事象の数理的な考察）
（中学校数学　第2学年　C 数量関係）

2 題材と日常現実社会のなかでの活用場面―産業・人とのつながり―

空き瓶，空き缶，古新聞，古雑誌など多くの資源が，家庭ゴミや産業廃棄物として捨てられることなく，再利用されている。一度捨てられたものであっても，利用価値があるものは再び値段が付けられ，資源として売買されるわけである。経済活動の基礎である「売買」は，数理的にひろく「双対」と呼ばれる，互いに補完する関係にある。すなわち，資源はその生み出す利益によって潜在的な価値が数量化され，適正な価格付けがなされている。ここでは一次不等式に関する例題を解くことによって，これらのリサイクル資源が市場でどのように価格付けされるかを考える。この学習は，市場調査による製品の価格付け，生産管理，製品や原料の輸送などに活用されている。

3 題材の解説

「バーゲンセールでの最も得な買い方」（題材15）では，お金や持込重量の制限のもとで，空港で最も得な買い物をするにはどうしたらよいかを考えた。では，商品や資源の値段はどのような基準でつけられているのだろうか。

例題：ザラ紙と上質紙をチップと古紙から作る。ザラ紙1kgはチップ1kgと古紙3kgから，上質紙1kgはチップ2kgと古紙1kgから作ることができ，それぞれ2千円と3千円で売却されるものとする。このとき，チップ20kgと古紙30kgから最大の売り上げを得るためにはザラ紙と上質紙をそれぞれいくら作ればよいか。また，これらのチップ20kgと古紙30kgは，資源としてそれぞれいくらで売ることができるか。

例題の解説：資源と製品の関係は表1のようになる。ザラ紙$q$kg，上質紙$r$kgが作られるための条件は，手持ちの資源の総量についての制約から

$q+2r \leq 20,\ 3q+r \leq 30$　(1)

であり，そのときの総売上げは

$s=2q+3r$　(2)

千円である。

$q-r$平面の第一象限において，(1)をみたす領域と直線(2)が交わるような最大のsは(2)が

$q+2r=20,\ 3q+r=30$

の交点(8, 6)を通るときであり，そのときの製品の総売上げは

$s=2\cdot 8+3\cdot 6=34$

千円である。したがって，sを最大にするためにはザラ紙を8kg，上質紙を6kg作ればよい（図1）。

次に，バイヤー（廃品回収業者）がチップを1kg当たりx千円，古紙を1kg当たりy千円で価格

付けしたとする。生産者にとって，製品を作るよりも資源をバイヤーに売却したほうが有利であるということが，売買が成立するための条件である。したがって，製品であるザラ紙と上質紙の価格より

$x+3y \leq 2,\ 2x+y \leq 3$　(3)

が得られる。このとき，資源の総売上げは

$t = 20x+30y$　(4)

千円である。すなわちチップ20kgと古紙30kgは，条件(3)のもとで t を最小とする価格で売買される。

$x-y$ 平面の第一象限において，(3)をみたす領域と直線(4)が交わるような最小の t は(4)が

$x+3y = 2,\ 2x+y = 3$

の交点（7/5, 1/5）を通るときであり，このときの価格は

$$t = 20\cdot\frac{7}{5}+30\cdot\frac{1}{5} = 34$$

千円である（図 2）。したがって，チップは $20\cdot\frac{7}{5} = 28$ 千円，古紙は $30\cdot\frac{1}{5} = 6$ 千円で売ることができる。

4　学習内容のポイント

1．例題の前半は定められた資源（材料）から，最大の利益をあげるためには，どの製品をどれだけ作ればよいかという生産計画の問題である。表の縦の関係を用いて，手持ちの資源の総量という制約のもとで，売り上げを最大にするように問題を定式化する。そこで買い物計画の解法を適用し，不等式の表す領域を図示することによって答えを得る。

2．後半の価格付けの問題では，資源の種類ごとに，単位量当たりの価格がいくらであるとして，文字 x，y を割り振る。製品は常に定められた価格で売却されることになっているので今度は表の横の関係を使う。これを用いると，廃品回収業者が提示する価格が，生産者にとって製品を作るより資源を売却したほうが有利となる条件(3)を与えることができる。これが売買が成立するための条件であるので，今度は(3)のもとで，廃品回収業者の買取総額 t を最小にするような価格（x, y）を求める。

3．図を描いてみると，直線 $3q+r = 30$，$x+3y = 2$ の傾きは互いに逆数で，直線 $q+2r = 20$，$2x+y = 3$ も同様であり，第一象限における（q, r）の存在域がこれらの直線の下側にあるのに対して（x, y）の存在域はこれらの直線の上側である。このことは，後半の問題と前半の問題は「双対的」な関係があることが分かる。また，資源から生み出される製品の総売上げ34千円は，バイヤーが価格付けした資源の総価格34千円と一致し，資源は全体としてその生み出す製品の価値によって価格付けされることがわかる。

5　授業に役立つ図・表

表1　資源と製品の関係（価格と総量）

	チップ	古　紙	製品の価格
ザラ紙（1 kg）	1 kg	3 kg	2 千円
上質紙（1 kg）	2 kg	1 kg	3 千円
資源の量	20kg	30kg	

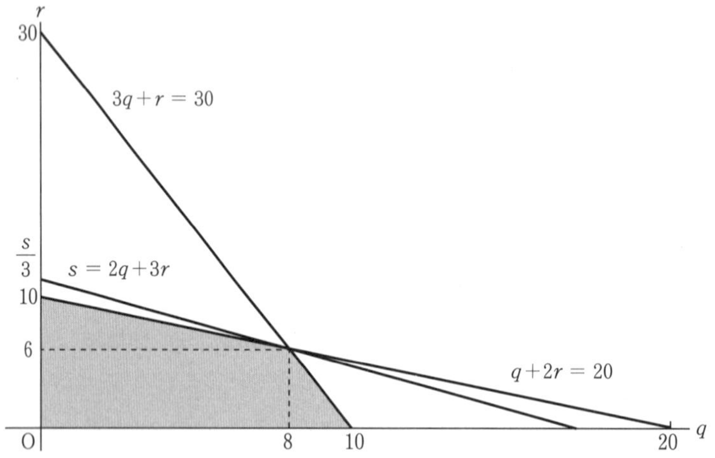

図1　生産計画

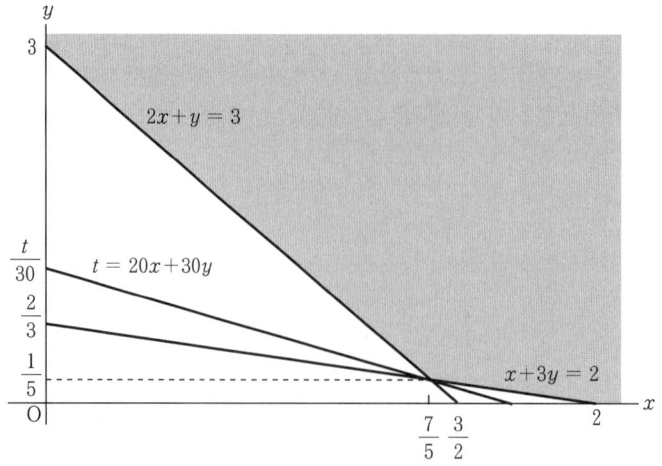

図2　価格付け

6 テーマに関連したトピック　～線形計画法～

勝方の得点と負方の失点の合計が常にゼロとなっているようなルールで行われるゲームを「ゼロサムゲーム」という。公正な売買は，資源や製品が移動するだけで全体としてはこれらの価値が変わらない，ゼロサムゲームである。

ベクトル $x,\ y$ に対して $x \geq y$ は各成分についてこの不等式が成り立つものとし，A を行列とする。与えられたベクトル $d,\ r$ に対して

（P）　$x \geq 0,\ Ax \geq d$ のもとで $r\cdot x$ を最小化

（P^*）　$q \geq 0,\ {}^tAq \leq r$ のもとで $q\cdot d$ を最大化

をそれぞれ線形計画法の主問題，双対問題という。ただし・はベクトルの内積で ${}^tA$ は A の転置行列である。この 2 つの問題が解 $\bar{x},\ \bar{q}$ を持つときは，これらの最小値，最大値は同じ値をとる。これを双対定理という。一方

$$L(x,\ q) = r\cdot x + q\cdot(d - Ax),\qquad x,\ q \geq 0$$

をラグランジュ関数といい，$(\bar{x},\ \bar{q})$ はその鞍点となる：

$$L(\bar{x},\ q) \leq L(\bar{x},\ \bar{q}) \leq L(x,\ \bar{q}),\qquad (x,\ q) \geq (0,\ 0)$$

このことを鞍点定理という。線形計画法はここで述べた生産計画（買い物計画・在庫管理）問題の他，栄養問題，輸送問題，セールスマン問題など，日常生活の多くの問題を解決するのに役立っている。

双対性は経済学における売手と買手のほか，観察者と対象，ウィルスと免疫系，場と粒子など社会科学や自然科学に広範囲に現れる数理的原理で，異質なものによる補完的な相互作用の様子を記述している。

文献ナビ

① G．ストラング，山口昌哉監訳・井上昭訳（1981）『線形代数とその応用』産業図書

マサチューセッツ工科大学で使われた線形代数の教科書。抽象的で無機質な「数学的」教科書とは全く異なるセンスで書かれ，日常生活や工学など，行列の理論を生み出した数々の問題を包括する空前の名著である。線形計画法とゲームの理論は本書の第 8 章で扱われている。

（鈴木　貴）

⇨関連題材 14

題材 15

バーゲンセールでの最も得な買い方

不等式の表す領域と最大・最小

1 学習指導要領とのつながり

高等学校数学Ⅱ ⑵ 図形と方程式 ア 点と直線 (イ) 直線の方程式
（中学校数学 第２学年 C 数量関係 ⑴ 一次関数）

2 題材と日常現実社会のなかでの活用場面―産業・人とのつながり―

週末になるとスーパーやデパートなどの折り込み広告が配達される新聞に入っている。また，通勤・通学の帰り道や旅先などで，予期せぬバーゲンセールに出会うこともある。これも安いが，あれも安い。Ａも買いたいがＢも買いたいといった経験はだれでもしたことがあるのではないだろうか。限られた資金で，いったい何をどれだけ買ったら一番得なのか。このようなとき，不等式と領域の知識があると，見事に解決することができる。図形と方程式の学習は日常の買い物の場面に活かされている。

3 題材の解説

具体例として，次のような場合を考えてみよう。

> 海外旅行の帰途，最後の空港で思わぬバーゲンに出会いました。化粧品のＡとＢの価格が日本と比べてかなり安くなっていました。ただし，所持金は残り少なく，持ち込める手荷物にも重量制限があります。どのように買ったら，最も得することができるでしょうか？
> 化粧品Ａは１個１kgで，通常１個5000円ですが，3000円で売られています。また，Ｂは１個２kgで，やはり通常１個4000円ですが，2000円で売られています。
> 所持金を見ると，30000円までなら使えそうです。また，機内には18 kgまでは持ち込むことができる規定があります。Ａ，Ｂそれぞれ何個ずつ買うのが，最も得な買い方でしょうか。

この問題のように，xとyがいくつかの一次不等式を満たす条件の下で，xとyの一次式の値の最大や最小を求めるものは数理計画法の問題と呼ばれている。線形計画法は経営や経済，金融などの分野で広く利用されている。

＜例題の解説＞

化粧品Ａをx個，Ｂをy個買ったと仮定すると，

商品の重さは，$x+2y$（kg）

支払額は　$3000x+2000y$（円）　となる。

ここで，機内へ持ち込む手荷物の重量についての条件から，

$x+2y \leq 18$……①

また，所持金の条件から，

$3000x+2000y \leq 30000$……②

このとき，いくら得になったかを考えると，通常の価格との差はＡ，Ｂとも１個あたり2000円なので，合計で

$2000x+2000y$（円）……③

この問題は，①，②の条件で，上記③の利益の最大値を求めることである。

①，②および$x \geq 0$, $y \geq 0$の条件を満たす領域を考える。

①より，$y \leq -\frac{1}{2}x+9$

②より，$y \leq -\frac{3}{2}x+15$

ここで，③より$2000x+2000y = k$とおくと，

$$y = -x+\frac{k}{2000}$$

これは，kのいろいろな値に対して，傾きが-1，y切片が$\frac{k}{2000}$の直線となる。

それらの直線の中で，上記の領域を通り，しかもkの値を最大にするものは，y切片が最大になるとき，すなわち，2直線①と②の交点を通るときにほかならない。

①と②の交点は（6, 6）なので，これを③に代入すると，国内で通常買ったときに比べて得した金額は次のように求められる。

$k = 2000\times6+2000\times6 = 24000$（円）

（答）Aを6個，Bを6個

4　学習内容のポイント

A，Bの個数をそれぞれx，yとすると，

重量の条件から，$x+2y \leq 18$……①

所持金の条件から，$3000x+2000y \leq 30000$……②

このとき，得した金額$2000x+2000y$（円）……③

一方，③の値をkとおくと，$y = -x+\frac{k}{2000}$となり，これは直線である。

それらの中で，①，②および$x \geq 0$, $y \geq 0$の条件を満たす領域を通り，しかもkの値を最大にするものは，2直線①と②の交点（6, 6）を通るときである。

（答）Aを6個，Bを6個

5 授業に役立つ図・表

商品	重さ（kg）	価格（円）	利益（円）
A	1	3000	2000
B	2	2000	2000

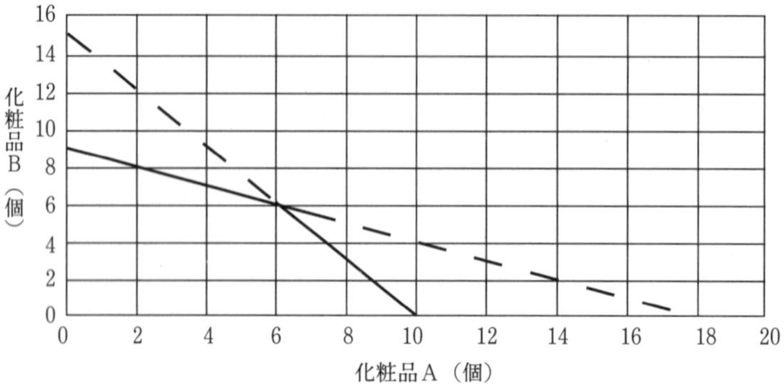

重さと支払額による購入限界

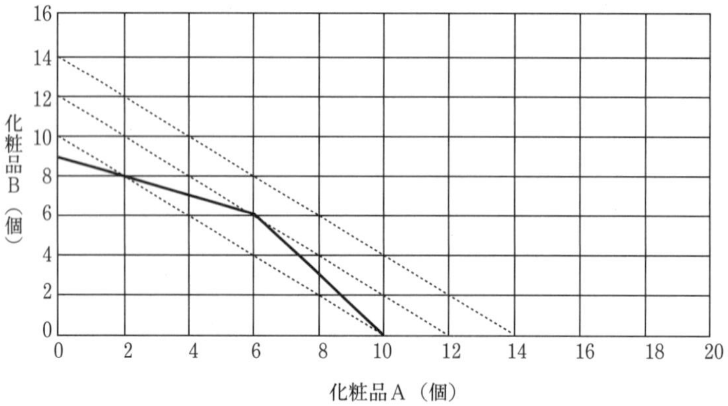

最も得をする買い方の決定

6　テーマに関連したドリル

【問題１】

ある工場では２種類の原料ＡとＢから，２種類の製品ＰとＱを作っている。

製品Ｐを１トン作るのに必要な原料はＡが６トン，Ｂが２トンである。製品Ｑを１トン作るにはＡが２トンとＢが４トン必要である。一方，売り上げの利益は，製品Ｐが１トンあたり20万円，製品Ｑは１トンあたり30万円である。今年の上半期に，この会社ではＡが1000トン，Ｂが500トンしか入手できない見込みとなった。

最大の利益を確保するためには，製品ＰとＱをそれぞれ何トンずつ生産すればよいか？

【問題１の解答】

Ｐをxトン，Ｑをyトン作ると仮定すると，必要な原料は，Ａ，Ｂそれぞれ，$6x+2y$，$2x+4y$（トン）である。ここで，原料の供給量についての条件から，

$6x+2y \leq 1000$……①
$2x+4y \leq 500$……②

商品	原料Ａ	原料Ｂ	利益（万円）
Ｐ	6	2	20
Ｑ	2	4	30

一方，売り上げの利益は$20x+30y$（万円）……③
①，②および$x \geq 0$，$y \geq 0$の条件を満たす領域は，

①より，$y \leq -3x+500$

②より，$y \leq -\frac{1}{2}x+125$

工場の生産計画

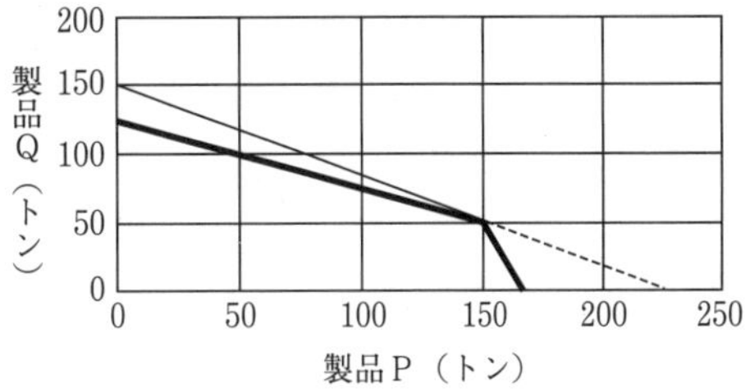

ここで，③より$20x+30y=k$とおくと，

$$y=-\frac{2}{3}x+\frac{k}{30}$$

これは，kのいろいろな値に対して，傾きが$-\frac{2}{3}$，y切片が$\frac{k}{30}$の直線となる。

それらの直線の中で，上図の領域を通り，しかもｋの値を最大にするものは，y切片が最大になるとき，すなわち，２直線①と②の交点を通るときにほかならない。

交点は（150，50）なので，これを③に代入して，最大利益は4500万円

（答）Ｐを150トン，Ｑを50トン

文献ナビ

①　平本巌，長谷彰（1973）『線形計画法』培風館

（石田唯之）

題材 16

日本とイギリスの壁を飛び越えよう
一次関数は海外旅行で大活躍！

1 学習指導要領とのつながり

中学校数学　第2学年　C 数量関係 (1) 一次関数
（高等学校数学Ⅲ (1) 極限　イ 関数とその極限 (ア) 合成関数と逆関数　合成関数）

2 題材と日常現実社会のなかでの活用場面—産業・人とのつながり—

海外では，為替レートはもちろん，長さや重さの単位なども日本とは違う。そのため，海外旅行をしたときなどには，単位の変換に悩まされることになる。

特に厄介なのは，靴を買うときである。例えば，イギリスに旅行して，気に入った靴を見つけたとしよう。しかし，イギリスの長さの単位は，センチメートルではなくインチである。したがって，まず自分の靴のサイズをセンチメートルからインチへ変換しなければならない。さらに，靴の大きさはイギリス独自のサイズで表示されているので，次はインチからイギリス独自のサイズへ変換しなければならない。

このような面倒な変換の裏に一次関数やその合成の概念が隠れている。

まず，センチメートルからインチへの変換は一次関数で表すことができる。同様に，インチからイギリス独自のサイズへの変換も（2つの）一次関数で表すことができる。さらに，この2つの関数を連立させる。つまりは，合成することにより，センチメートルからイギリス独自のサイズへ一気に変換することができるようになる。このように，一次関数や，その合成（そして場合分け）の学習は日常生活に活用されている。

3 題材の解説

では，イギリスの靴の大きさの表示について見ていこう。

イギリスの靴の長さについては，以前から大麦の粒（barleycorn）を使って表していたが，1324年，ときの国王エドワード二世が1インチ＝大麦3粒の長さと決めて，これが標準単位として使われるようになった。そこで，靴の長さは4インチを基準として，大麦1粒分すなわち$\frac{1}{3}$大きくなるごとにサイズを1，2，3，…と表す（下の表を参照）。そしてサイズが13に達すると，再度1から戻って表示する。すなわち，長さ8インチ(およそ20㎝）は，サイズ12，$8\frac{1}{3}$インチはサイズ13，そして$8\frac{2}{3}$インチは再びサイズ1ということになる。

同じサイズでも小さいものと大きいものとがあることは注意を要する点である。

ここで仮に，小さいサイズを子供用サイズ，大きいサイズを大人用と呼ぶことにすると，

子供用サイズ

サイズ	1	2	3	4	5	6	7	8	9	10	11	12	13
インチ	$4\frac{1}{3}$	$4\frac{2}{3}$	5	$5\frac{1}{3}$	$5\frac{2}{3}$	6	$6\frac{1}{3}$	$6\frac{2}{3}$	7	$7\frac{1}{3}$	$7\frac{2}{3}$	8	$8\frac{1}{3}$

大人用サイズ

サイズ	1	2	3	4	5	6	7	8	9	10	11	12	13
インチ	$8\frac{2}{3}$	9	$9\frac{1}{3}$	$9\frac{2}{3}$	10	$10\frac{1}{3}$	$10\frac{2}{3}$	11	$11\frac{1}{3}$	$11\frac{2}{3}$	12	$12\frac{1}{3}$	$12\frac{2}{3}$

この関係を数式で表すと，次のようになる。

イギリスの表示法による靴のサイズをxとしたときの長さをy（インチ）とすると，子供用サイズについては，

$$y=\frac{1}{3}x+4\text{（ただし，}1\leq x\leq 13\text{）}\cdots①$$

また，大人用サイズについては，

$$y=\frac{1}{3}x+8\frac{1}{3}\text{（ただし，}1\leq x\leq 13\text{）}\cdots②$$

となる。

長さxをcmに直して日本式に理解するには，1インチが約2.54cmであることを用いればよい。例えば，長さ10インチの靴は約25.4cmであるが，イギリス式表示ではサイズ5ということになる。

一般に，日本式のサイズz cmからイギリス式のサイズxへの変換を考える。1インチが約2.54cmであるので，yインチは，

$$z=2.54y$$

これを逆に解けば，

$$y=0.39z\cdots③$$

である。よって，

①の式：イギリスの長さの単位からイギリス独自の靴のサイズへの変換（子供用の場合）

③の式：日本の長さの単位からイギリスの長さの単位への変換

を連立させれば，日本からイギリスへ飛べることになる。

$$\begin{cases} y=\frac{1}{3}x+4 \leftarrow ① \\ y=0.39z \leftarrow ③ \end{cases}$$

具体的には，③を①へ代入する（2つの関数を合成する）。

$$\frac{1}{3}x+4=0.39z$$

となって，日本の靴のサイズ，z cmから，イギリスの靴のサイズ，xまで，一気に飛べる関数，

$$x=1.17z-12\cdots④$$

ができあがる。ただし，これは子供用の場合である。

これを，旅行用に少し簡単にして，

「イギリスでの靴のサイズ」＝「(「日本でのサイズ」マイナス10）の2割増し」

（日本の靴のサイズz cmに対するイギリスの靴のサイズxの変換を線型方程式で書くと，

$$x=1.2(z-10)$$

となる。）

とすることもできる。もちろん，これが成り立つのは子供用の靴のサイズ　z＜約23センチ　の場合までである。

4 学習内容のポイント

下の表のように，x の値が 1 増加するごとに y の値は $\frac{1}{3}$ ずつ増加することが分かる。

x	1	2	3	4	5	6	7	8	9	10	11	12	13
y	$4\frac{1}{3}$	$4\frac{2}{3}$	5	$5\frac{1}{3}$	$5\frac{2}{3}$	6	$6\frac{1}{3}$	$6\frac{2}{3}$	7	$7\frac{1}{3}$	$7\frac{2}{3}$	8	$8\frac{1}{3}$

y の増分　$\frac{1}{3}$　$\frac{1}{3}$　$\frac{1}{3}$　$\frac{1}{3}$　$\frac{1}{3}$　$\frac{1}{3}$　$\frac{1}{3}$　$\frac{1}{3}$　$\frac{1}{3}$　$\frac{1}{3}$　$\frac{1}{3}$　$\frac{1}{3}$

このことから，y は x の一次関数である。そこで，$y=\frac{1}{3}x+b$ …①と表すことができる。

また，$x=3$ のとき，$y=5$ であるから，①に代入して，$b=4$ を得る。

よって，$y=\frac{1}{3}x+4$ である。

大人用のサイズの表についても同様にして，次を求めることができる。

$$y=\frac{1}{3}x+8\frac{1}{3}$$

日本の靴のサイズ，z cmから，イギリスの靴のサイズ，x まで，一気に飛べる関数を作るには，いったん，日本の長さの単位からイギリスの長さの単位へ飛んでおいて，さらに，イギリスの長さの単位からイギリス独自の靴のサイズへ変換することになる。これを行うのが，

イギリスの靴のサイズ＝(イギリスの長さ－ 4)× 3 ＝(0.39 (日本の長さ)－ 4)× 3

イギリスで長さからサイズへ　　　日本からイギリスへ

であり，これは代入によって求められる。つまり，2 つの関数を合成するとは，代入することによって，2 つの世界を一気につなぐことなのである。

5 授業に役立つ図・表

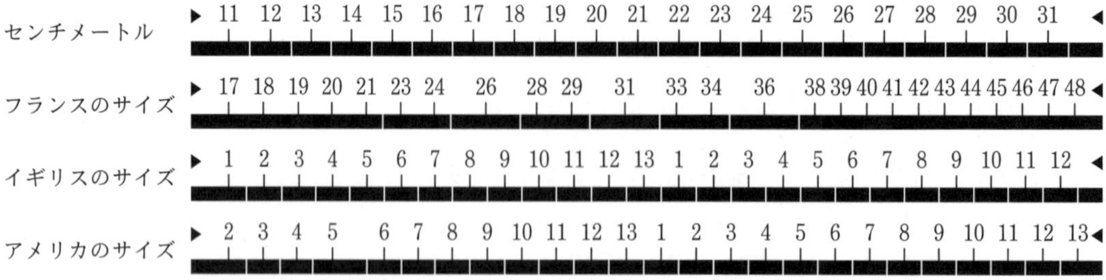

表 1　靴のサイズの互換表（先ほどの公式を覚えておけば表がなくても大丈夫!?）

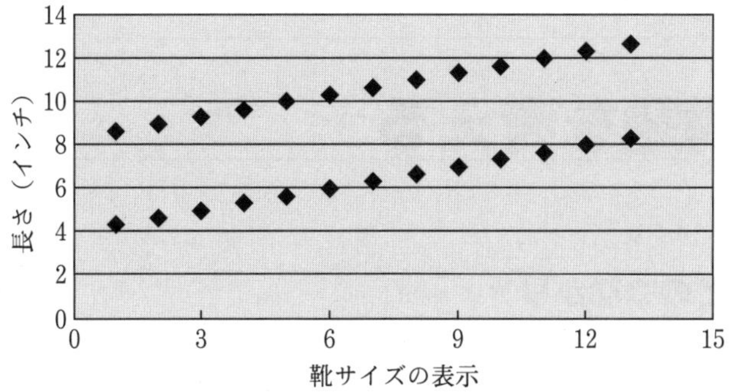

図 1　イギリスの靴サイズ

6　テーマに関連したドリル

【問題 1】大人用の靴のサイズの場合

題材の解説に掲げた，表（②の式に当たる表）から，題材の解説と同様に，②と③の関数を合成して，日本の大人用の靴のサイズ z cmをイギリスにおける大人用のサイズ x へ変換する関数を求めよ。

そして，実際にその式（場合によっては，④の式）を用いて，イギリスでの自分の靴のサイズを求めよ（小数点以下は四捨五入すること）。

【問題 1 の解答】

$$y = \frac{1}{3}x + 8\frac{1}{3}$$

$$y = 0.39z$$

より，

$$\frac{1}{3}x + 8\frac{1}{3} = 0.39z$$

したがって，

$$x = 1.17z - 8$$

ただし，$< z$ である。

文献ナビ

① 大塚あきら（1991）『はきごこち　－暮らしのなかの靴－』築地書館
洋靴のことはもちろん，服装の基本と靴のスタイルまで，靴のことを幅広く取り上げている。
② http://pubhelwb.m.ehime-u.ac.jp/shuttyo/20040201/99deep/08shoes/，2006年 4 月 9 日検索
靴のサイズの互換表が掲載されている。

（石田唯之・四方義啓・満嶌夏美）

題材 17

人口問題を考える

一次関数の応用

1 学習指導要領とのつながり

中学校数学　第2学年　C 数量関係　(1) 一次関数

2 題材と日常現実社会のなかでの活用場面―産業・人とのつながり―

世界人口は1950年以降，確実に増え続けている。人口が増え続けることによって生ずる自然界や社会の諸問題は深刻化する一方である。この人口が，今後どのように推移していくのかを予想する方法の一つには，例えば過去のデータなどをもとに調べていく方法などがある。

関数を学習することで，事象や資料等を観察し，そこにある様々な関係を見出そうとしたり，見出した関係について，式やグラフなどで表現することができるようになる。それに加えて，日常事象にみられる数量関係を既習の関数とみなして考察し，問題解決することもできる。

関数の学習は，データを分析し，世界の将来像を予測していく場面でも活かされるのである。

3 題材の解説

50年後の世界の人口を予測してみよう。

1　過去の世界の人口の推移を調べる

世界人口は1950年以降，確実に増え続けている。右の表は1950年から1990年までの5年ごとの世界の人口の推移を示している。この表から読み取れることは，例えば次のようなものである。

- 人口は増え続けている。
- 40年間に世界の人口は2倍以上に増加している。
- 5年間で約3億人ずつ増えている。しかし，増え方は一定というわけではない。

年　度	人口(百万人)
1950	2560
1955	2780
1960	3040
1965	3346
1970	3708
1975	4088
1980	4457
1985	4855
1990	5284

この表を調べて，その関係を式やグラフに表すことで，その推移の様子をさらに明確にすることができる。

例えば，グラフ上に点をプロットすることで，変化の様子が視覚的に明確になる。その概形を既習の関数と近似させることで，関数的な見方や考え方を活用していこうとする態度を育成できる。

2　将来の人口増加の様子を予測する

プロットされた点をもとに，例えば「人口の増え方を一次関数のグラフとみなして，このまま増え続けていくと考える」と仮定する。すると，それぞれの点をできるだけ通るような，あるいは点の並んでいる様子にできるだけ近いようなグラフや直線式をあてはめることで，将来の人口増加の様子を考察することができる。二次関数や指数関数など，関数の種類が増えれば，それらを適用していくことも可能である（実際，人口増加の様子は指数関数がいちばん近いと言われている）。得られた結果は実際の政府機関等の予測値と比較することもできる。ちなみに，アメリカの人口予測機関では以下のような予想である。

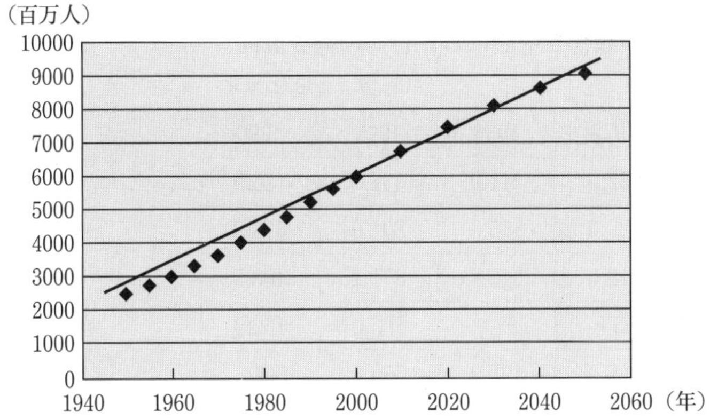

年　度	人口（百万人）
2010	6824
2020	7518
2030	8140
2040	8668
2050	9104

4　学習内容のポイント

1．概ね1950年の人口25億人，1990年には53億人，x 年度と y 億人の関係を一次関数とみなし，直線式で表すとすれば，

$y = 0.7x - 1340$

という近似式が考えられる。この式から2000年の人口を予想すると，約60億人ということになる。

2．表１を縦軸を人口，横軸を年度として，グラフ上にそれぞれの年度の人口を表すと，次のようになる。一次関数とみなして，点をできるだけ通るような直線を引くことで予想する。

ちなみに，実際の2000年の人口は約60億8000万人である。

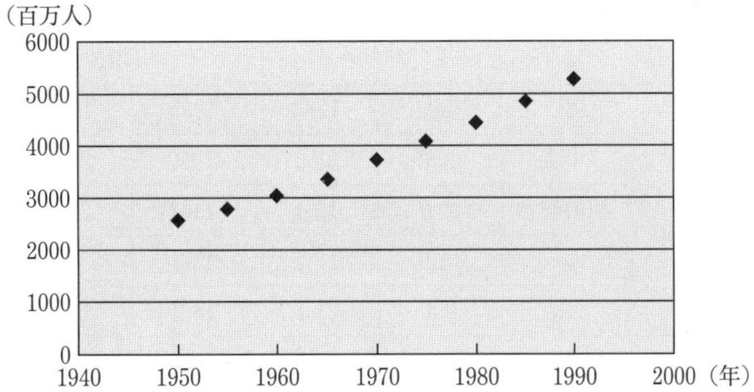

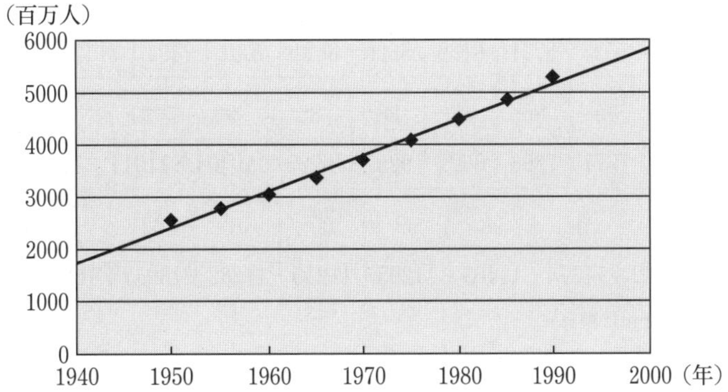

5 授業に役立つ図・表

表1　1970年代からの穀物を中心にした世界の需要動向

（単位：100万トン）

年度		1972	1984	1995	1999
生産量	小麦	352.0	511.9	537.5	585.9
	飼料穀物	627.0	815.8	801.9	876.5
	米	218.0	318.8	371.2	408.3
	大豆	55.8	92.9	125.0	159.9
消費量	小麦	355.0	493.0	550.3	592.4
	飼料穀物	636.0	782.6	842.5	881.9
	米	218.0	310.6	371.1	398.6
	大豆	53.5	89.6	131.6	160.5
期末在庫	小麦	79.0	164.0	105.3	168.0
	飼料穀物	81.0	143.9	95.7	209.6
	米	26.0	54.9	49.4	142.8
	大豆	4.5	18.9	17.5	26.9

（USDA, "World Grain Situation and Outlook, Feb. 1992 et. 農林水産省のホームページより）

表2　穀物の在庫率（期末在庫／消費量×100）

（単位：%）

年度		1972	1984	1995	1999
在庫率	小麦	22.3	33.3	19.1	28.4
	飼料穀物	12.7	18.4	11.4	23.8
	米	11.9	17.7	13.3	35.8
	大豆	8.4	21.1	13.3	16.8

表3　ビールの消費量の推移

年度	70	71	72	73	74	75	76	77	78	79	80	81	82
消費量	4709	5474	6022	5771	6169	5829	6621	7032	7404	7142	7159	7191	7603

年度	83	84	85	86	87	88	89	90	91	92	93	94
消費量	7943	7254	7677	7996	8622	9257	9985	10404	11011	11181	11082	11710

年度	95	96	97	98	99	00	01	02	03	04
消費量	11025	11042	11374	11469	11295	11216	11232	10947	10268	10331

※消費量：×100万本（633mlに換算）

6 テーマに関連したドリル

【問題1】

人口の増加と表1・2にある穀物の需要事情などから，今後どのような問題が予想されると考えられるか。

【問題2】

表3は1970年からのビールの消費量の推移である。これから，10年後のビールの消費量を予測してみよう。

【問題1の解答】

ここでは食糧に関するデータと関連付けて，人口と食糧問題を考察してみる。FAO（国連食糧農業機関）によると，安全最低在庫水準は23～26%と言われていることから，人口増加と対比させて食糧問題を提起していくことができる。

また，人口予想と同様に，食糧についても50年後を予想することができる。一般に，今後50年は深刻な人口増加の問題があると指摘されている。それに対して，食糧需給については次のような問題に伴って悲観的な観測がなされている。

- 世界の大部分の地域で新しい耕地や水が希少化されている。
- 化学肥料のような新技術開発の期待が薄く，むしろその害の懸念が増加している。
- 酸性雨，地球温暖化，飲料水汚染，エネルギー過剰消費，廃棄物問題，生物体系の変化，などの環境問題がますます深刻化する。

文献やインターネット等から具体的なデータなどを持ち寄って話し合っていくとよい。

【問題2の解答】

一次関数でみると，例えば右のような実線で示したようなグラフになる。点線で示したグラフは三次関数で回帰したもので，高等学校の学習では可能である。より傾向をとらえたものを選択できるとよいのだろう。これに，例えば，夏の平均気温，消費者の可処分所得，物価係数などをあわせて検討することで，データ分析がさらにすすむものと考えられる。

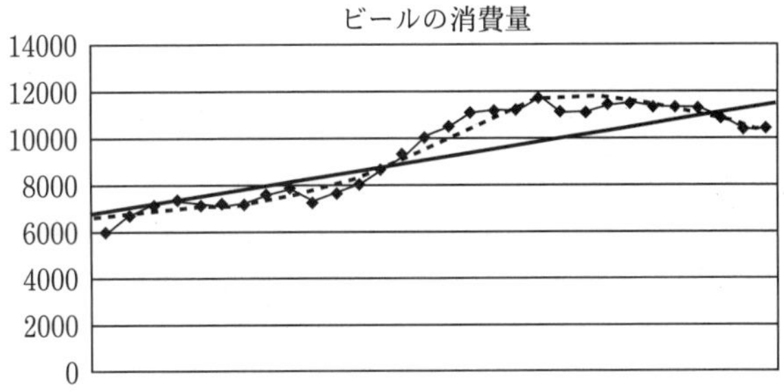

文献ナビ

① 山形大学地球環境研究会（1995）『検証・ヒトが招いた地球の危機』講談社ブルーバックス
人口増加に伴う環境問題の調査結果が具体的に述べられている。

② 小宮山宏（1999）『地球持続の技術』岩波新書
環境問題についての具体的な課題と地球の将来像について述べられている。

③ 土金達男（2001）『変化をさぐる統計学』講談社ブルーバックス

④ 農林水産省ホームページhttp://www.maff.go.jp/soshiki/keizai/kokusai/kikaku/main.html
人口や食糧に関する最新情報について掲載されている。

（山崎浩二）

題材

18 食べ物はゆっくり噛んでダイエット

大小関係と一次関数

1 学習指導要領とのつながり

中学校数学　第2学年　C 数量関係 (1) 一次関数

2 題材と日常現実社会のなかでの活用場面—産業・人とのつながり—

「食事の速さを調節すれば，ダイエットになる」とテレビなどで話題になることがある。これは，食事によって実際に摂取する炭水化物などのカロリーと，人間が食事によって得る満腹感との時間差に関係していると考えられる。炭水化物や脂肪など，カロリー・肥満のもととなる物質は糖分として消化吸収され，血液に混じって血糖値を上昇させ，これが満腹中枢を刺激して，はじめて満腹感が得られるとされている。だから，食事から満腹感を得るまでにはもともと時間差が生じている。この時間差をうまく利用すれば，ダイエットも可能になる……かもしれない。

例えば，食事の早い時期に糖分に分解されやすいものを摂る一方で，全体の食事の速度を遅くすれば，「満腹感」と「摂取した炭水化物・脂肪などのカロリー」はよく一致して，ちょうど必要なだけのカロリーを摂ったところで満腹になり，食事を終えることができると考えられる。

これは，時間を x 軸にとって，食事量を表すグラフと，それを，満腹感が得られるまでにかかる時間だけ横にズラしたグラフを重ねて画いてみれば分かる。グラフの傾きが大きければ大きいだけ，満腹感のグラフがある一定値に達して食事をやめるまでに摂る余分なカロリーが大きくなるからである。

さらに，食事の最初に糖分を摂っている場合には，満腹感を表しているグラフは上にズレることになり，より小さい食事量で満腹感に達することも分かる。図1は，それぞれの状態を表す。太線は食事量，細線は血糖値を示す。実線が急いで食事をした場合，点線はゆっくり食事をする場合と前もって血糖値を上げておいた場合を示す。それぞれ網線の分だけ，食事量が調節されることが分かる（図1参照)。このように，関数やそのグラフの考え方はダイエットなど日常生活に活用されている。

3 題材の解説

上の説明は大筋では正しいのだが，この一方で，人体は血糖値の上昇を感知してインシュリンという物質を分泌し，糖分を分解することも知られている。すると，「ゆっくり食事をすると，満腹感を得る前にインシュリンが分泌されて，血糖が分解され，いつまでたっても満腹感が得られない，だから食べ過ぎる」のではないかという疑問・誤解が生じる可能性がある。（これらの速度にある種の条件をつけると）式の計算によって，これらの疑問に答えることができるばかりか，やはり「ゆっくり食べる方がダイエットにもよい」ことを証明することができる。

摂取した食物が，消化されて，糖として分解・吸収されて，血糖値を上昇させるまでに必要な時間を T とする。また，満腹中枢が刺激されて，満腹感が得られるための血糖値のレベルを b とする。一方，人体が血糖値の上昇を感知してインシュリンを分泌しはじめるときの血糖値が a（$a < b$）であるとする。すなわち，食事から，一定時間 T 後に，食事量に比例して血糖値が上昇し，血糖値がある値 a に達すると，まずインシュリンが分泌されて，血糖値の上昇速度が鈍り，さらにそれより

高い値 b に達すると，満腹中枢が刺激されて満腹感が得られると考えるのである。

さて，食事を1秒あたり x グラム摂取するものとすると，時刻 t までの摂取量は xt グラムである。食べた量と血糖とは，時間 T だけの「ズレ」をもって並行しているとしてよいから，時刻 t における血糖値 $y(t)$ は $x(t-T)$ に比例する：

$$y(t) = kx(t-T)$$

ここで，比例定数 k は，インシュリンの分泌の前後，すなわち y の値が a を超すかどうかで変化する。これを，

$$k = c \quad 0 < y < a \text{のとき}, \quad k = d \quad a < y \text{のとき}$$

とおく。

これらを式で表してみよう。

インシュリンの分泌は次の式で得られる時刻 S ではじまる：

$$a = cx(S-T) \quad \text{よって} \quad S = T + \frac{a}{cx}$$

満腹感が得られる時刻を W とすると，

$$b = a + dx(W-S) \quad \text{よって} \quad W = S + \frac{b-a}{dx} = T + \frac{a}{cx} + \frac{b-a}{dx}$$

結局，満腹感を得るまでの食事量は

$$Wx = x\left(T + \frac{a}{cx} + \frac{b-a}{dx}\right) = Tx + \frac{a}{c} + \frac{b-a}{d}$$

である。したがって，食事量は速度 x に比例する部分と定数項とになる。このことから，このような条件では，とにかく「ゆっくり食事をする」方が，適切な食事量で満腹感を得られることになる。

4　学習内容のポイント

1．現実に与えられた条件を，「数学の言葉である式」に翻訳し，式の変形・計算によって，それをより「見やすい式」に直す。これによって，言葉による演繹だけでは困難であった「結論」を，容易に，正しく導くことができるようになる。

2．比例式における比例定数は，通常，文字どおり定数であるが，現実には，この例のように，与えられた条件を反映して変化させねばならない場合もある。ただし，中高校の数学教育において，あまり複雑な変化への対応を要求することは望ましくない。

3．時刻 t における状態が，過去 $t-T$ における状態の反映である場合の取り扱いを，言葉で行おうとするとかなり複雑になることが多いが，この例のように，現在 t と過去 $t-T$ との座標変換によって，式の上では容易に取り扱えるようになる。

5 授業に役立つ図・表

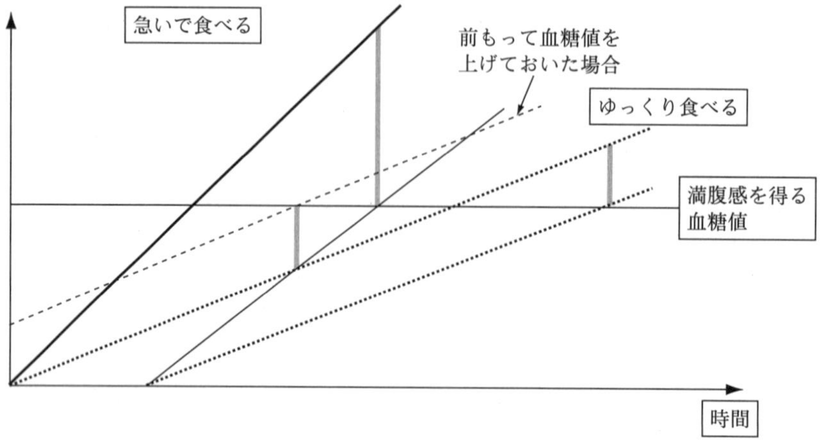

図1　時間と満腹感の関係

これらの変数の変化を時刻 t を横軸，血糖値・食事量を縦軸にとったグラフで表すと次のようになる。

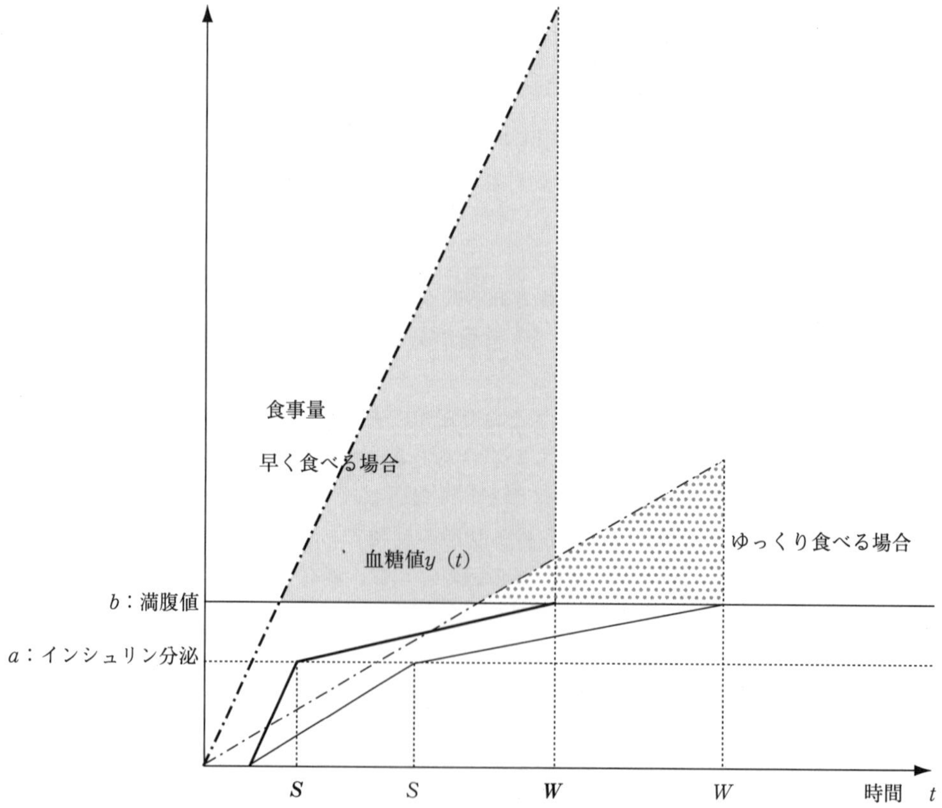

一点鎖線：食事量　　実線：血糖値
太線：比較的早く食事をする場合　　細線：比較的ゆっくり食事をする場合

図2　時間と食事量・血糖値の関係

血糖値が満腹値に達する時刻 W において，食べ過ぎた量を示す，塗りつぶした三角形の面積，すなわち一点鎖線の高さが高いということが，食事をし過ぎた量が多いことを表す。

6　テーマに関連したドリル

ここまでは，消化吸収に基づく血糖値上昇の遅れ時間 T や，インシュリン分泌による血糖の分解速度が一定であるとしてきたが，これが，食事量やその質によって変化すると考えることもできる。そのダイエットへの利用の一つが，食前にあらかじめ甘い物を摂取して，血糖値を上げておくという，我が国では古くから行われている考え方であろう。またインシュリンの分泌による血糖分解速度が，食事量に影響されていて，

$$a = \frac{A}{x}$$

だったとすると，満腹感を得るまでの食事量は x の分数式

$$Wx = Tx + \frac{A}{xc} + \frac{b-a}{d}$$

となり，x には最適値があること，すなわち，「ゆっくり食べ過ぎてもよくない」ことになる。

【問題 1】

上の条件の下で，満腹感を得るまでの食事量は x の二次式

$$Wx = Tx + \frac{A}{xc} + \frac{b-a}{d}$$

で表されることを説明せよ。また，食事量 Wx が最小になる場合を求めよ。

【問題 1 の解答】

分数式，または，相加平均＞相乗平均　の取り扱いなどで，よく知られているように

$$Tx = \frac{A}{xc}$$

となる場合が最小値を与える。ただ最小値自身より，上に記したように，条件によってはゆっくり食べ過ぎてもよくない場合があること，特にこれを式にできることが重要である。

文献ナビ

① 薬剤師，大野満行氏のホームページhttp://homepage2.nifty.com/fabel/
大野氏がライフワークとしている免疫学，分子生物学（遺伝子医学）の勉強の一部が公開されている。
② http://takhorio.at.infoseek.co.jp/biochemistry01/biochemistry01.html#fig_principle_for_blood_glucose_change
血糖調節システムと，その障害による糖尿病の発症と予防について，述べられている。
③ 『中日新聞』2006年 3 月17日
名古屋大学大学院医学系研究科・豊嶋英明教授らの研究グループの発表の記事が載っている。

（四方義啓・土屋美晴・四方絢子）

⇨関連題材 23

題材 19

昔話の中に隠れた数学3　桃太郎とその仲間たち

桃太郎が持ち帰った宝は……二次方程式の解の公式！？

1　学習指導要領とのつながり

高等学校数学Ⅰ　⑵ 二次関数
（中学校数学　第3学年　C 数量関係）

2　題材と日常現実社会のなかでの活用場面—産業・人とのつながり—

二次方程式の学習の要点は，その係数を与えられて，解を求めるというところにある。

係数の世界を，「おじいさん・おばあさん」が住む安全な係数の世界だとすると，これは，勇気のある若者が，解という宝が隠された世界へ攻め上る「桃太郎」にも似たお話である。このとき桃太郎のお供をする犬・猿・雉に代わるものが「解と係数の関係」である…などという（作り）話は，意外に人々をひきつける。おまけに，鬼の世界に潜り込んで内部からその門を開いてくれるスパイ役をする雉までが「解と係数の関係」の中に用意されているのである。

この際のキーポイントは，αやβの（多項）式を「合い言葉作戦」を用いて敵と味方に分け，一見，敵だが，その実，味方であるもの・スパイを見つけだす作業である。

（二次方程式の）「解と係数の関係」の単元に現れる練習問題の主な目的は，多項式の中に隠れている味方を見つけだす「合い言葉作戦」を実感させることであるとも言える。この「合い言葉作戦」と，「あみだくじ（置換群）」との関係を見つけて，「五次以上の代数方程式にスパイは潜り込めない，だから五次以上の代数方程式には解の公式がない」と結論したのが，悲劇の数学者として名高いアーベルとガロアだった。

二次方程式の場合のスパイは，（$\alpha-\beta$）または，その2乗なのだが，これは二次式の最大または最小値とも関係していて，練習問題としてもよく現れる。実は，二次式の最大値，最小値などは，ボールを高く投げあげたり，儲けを最大にしたりする問題で実生活に利用されている。

このように，二次関数の学習は，直接には数学の非常に大事な部分で活躍する一方，間接的ではあるが，野球・砲丸投げをはじめとしたスポーツや，マーケットの設計など日常生活の中で広く活用されている。

3　題材の解説

二次関数の解の公式を，桃太郎の話と並行させて見ていくことにする。この物語と，二次関数の解の公式を結ぶキーワードは，（おじいさん・おばあさんの住む安全な世界と）鬼，きび団子，仲間，雉（スパイ），宝である。

つかまえたい鬼は，当然，二次方程式$ax^2+bx+c=0$の解，赤鬼αと青鬼βである。

桃太郎が犬や猿などを仲間に引き入れる，ないし，仲間かどうかを確かめるために使った「合い言葉」としての「きび団子」は，「ひっくり返して計算・αとβを入れ替えて計算」である。もし，その値が変わらなければ「味方」，逆に「ひっくり返して計算」したら，値が変わったというのは「敵」

ということになる（図1参照）。

味方の中でも，もっとも頼もしい仲間が猿と犬に当たる次の基本式である：

$$\alpha+\beta=-\frac{b}{a}\ \cdots①\ (猿)\quad \alpha\beta=\frac{c}{a}\ \cdots②\ (犬)$$

これらを用いて，αとβを捕まえたいのだが，犬と猿だけでは，少し仲間が足りない。

そこで，スパイとしての雉＝$(\alpha-\beta)^2$が登場する。この雉自身は，「ひっくり返して計算」という合い言葉に「変わらない」と答えるので，確かに味方である。しかし，その平方根である$(\alpha-\beta)$は，合い言葉作戦に，「マイナスがついちゃった」と答える，すなわち敵である。言い換えれば，

「味方である雉＝$(\alpha-\beta)^2$の平方根をとれば敵の一人が捕まえられる」ことになる。

さて，「解と係数の関係」で学習するように，味方は係数からすぐに計算できる。

この橋渡しをするのが犬と猿（式①と②である）。

例えば，味方である雉＝$(\alpha-\beta)^2$は次のように計算される：

まず，$(\alpha+\beta)^2=\left(-\frac{b}{a}\right)^2=\frac{b^2}{a^2}$より，$\alpha^2+\beta^2=\frac{b^2}{a^2}-2\frac{c}{a}$

よって，$(\alpha-\beta)^2=\alpha^2-2\alpha\beta+\beta^2$から

$$=\frac{b^2}{a^2}-2\frac{c}{a}-2\frac{c}{a}=\frac{b^2-4ac}{a^2}$$

したがって，

$$\alpha-\beta=\sqrt{\frac{b^2-4ac}{a^2}}=\frac{\sqrt{b^2-4ac}}{a}\ \cdots③$$

こうして敵が一人でも捕まってしまうと，

①＋③を計算して，$2\alpha=-\frac{b}{a}+\frac{\sqrt{b^2-4ac}}{a}=\frac{-b+\sqrt{b^2-4ac}}{a}$

よって，$\alpha=\frac{-b+\sqrt{b^2-4ac}}{2a}$

また，①－③より，$2\beta=-\frac{b}{a}-\frac{\sqrt{b^2-4ac}}{a}=\frac{-b-\sqrt{b^2-4ac}}{a}$

よって，$\beta=\frac{-b-\sqrt{b^2-4ac}}{2a}$

このようにして，赤鬼（α）と青鬼（β）を捕えることができた。これこそが，桃太郎が持ち帰った宝「二次方程式の解の公式」なのである。めでたし，めでたし。

4　学習内容のポイント

1．アーベル，ガロアによって考えられた$ax^2+bx+c=0$の解の公式の導き方（の原型）

2．求める敵は，赤鬼α，青鬼βである

3．最強の味方は桃太郎の親である「係数」そして「解と係数の関係」に出てくる基本式（題材の解説①，②参照）である。

4．「きび団子」は「合い言葉」として，αとβの多項式を敵と味方に分類する。やり方は次のとおり：

「αとβをひっくり返して計算」しても値が変わらない（αとβに関して対称）なら「味方」

→味方なら係数で簡単に書き表せる（基本式の多項式になる）：「解と係数の関係」

「αとβをひっくり返して計算」したら値が変わる（αとβについて非対称）なら「敵」

→これらは係数の簡単な式（基本式の多項式）にはならない。

5．スパイとして大活躍する味方は$(\alpha-\beta)^2$である。$(\alpha-\beta)^2$（＝雉）は味方だから，係数によって

$(\alpha-\beta)^2=\dfrac{b^2-4ac}{a^2}$と書ける。

6．よって敵の一人（$\alpha-\beta$）を平方根によって仲間に引き込むことができる（題材の解説④参照）。

7．これによって，α（赤鬼）とβ（青鬼）を捕えることができる「二次方程式の解の公式」は

$$\alpha=\frac{-b+\sqrt{b^2-4ac}}{2a},\ \beta=\frac{-b-\sqrt{b^2-4ac}}{2a}$$

5 授業に役立つ図・表

多項式とは，α，βを自乗，3乗など，何乗かしたものを加えたり，掛け合わせたりしたもののこと。ただし，マイナス乗や平方根や立方根など根号をつけてはならない，要するに普通の式のこと。

味方	敵
$\alpha\beta$　$(\alpha-\beta)^2$　$(\alpha+\beta)^2$　$(\alpha+\beta)^3$　$\alpha+\beta$　$4\alpha+4\beta$　$10\alpha\beta$	$\alpha-\beta$　$2\alpha\times3\beta$　β　$(\alpha-\beta)^3$　$4\alpha+9\beta$　α

↑

係数の普通の式（多項式）で書ける

↑

これが「解と係数の関係」

図1　$\alpha+\beta$の多項式は，敵と味方に分けられる

図2　桃太郎神社（愛知県犬山市）にある石造

向かって左から犬，猿，雉，桃太郎（と赤鬼）である。

（桃太郎神社提供）

6　テーマに関連したドリル

【問題１】

二次方程式$ax^2+bx+c=0$の実解をα，βとする$(a=-1)$。二次式$y=ax^2+bx+c=0$の最大値Mをα，βで表せ。

【発展問題】

三次方程式$x^3+ax^2+bx+c=0$についても同じような事情が観察できるだろうか？　すなわち，この方程式の３つの解α, β, γの多項式を，「合い言葉作戦」と使って「敵」「味方」に分けることができるだろうか？　ここで味方とは，元の方程式の係数a, b, cで，（多項式として）「きれい」に書き表せるもののことをいう。

【問題１の解答】

一般に

$M=-a/4\cdot(\alpha-\beta)\cdot(\alpha-\beta)$

となる。上式で，$a=-1$としたものが答え。

このように実解を持つ放物線における解と解との間隔$|\alpha-\beta|$と，最大値・最小値とは，２乗と係数aによって関係づけられている。走者に気を取られて，打者を見ていなかった野手が，ボールが上がってから，その落下位置を予測してファインプレーをするのは，あるいは，ボールの高さの最大値から，解＝落下位置を計算しているのかもしれない。

【発展問題の解答】

可能である。この「合い言葉作戦」がアーベルとガロアの理論の出発点だと言っても差し支えない。二次方程式の場合と異なるのは，「αとβの入れ替え」という合い言葉から，「αとβ，そしてγをどのように入れ替えても」という合い言葉に変わることである。

まず係数a, b, cは、解α, β, γの多項式として

$a=-(\alpha+\beta+\gamma),\ b=\alpha\beta+\beta\gamma+\gamma\alpha,\ c=-\alpha\beta\gamma$

と表される。そこで，例えば，$\alpha^2+\beta^2+\gamma^2$を考える。これは，$\alpha, \beta, \gamma$をどう入れ替えても変わらないから，味方であり，したがって，係数a, b, cの多項式で書けるはずである。

実際，$\alpha^2+\beta^2+\gamma^2=(\alpha+\beta+\gamma)^2-2(\alpha\beta+\beta\gamma+\gamma\alpha)=a^2-2a$

である。一方，$\alpha^2+\beta^2+\gamma$は，αとγを入れ替えると変わってしまう。これは，係数a, b, cの多項式で書き表すというわけにはいかない。

文献ナビ

① 四方義啓（2003）『数学をなぜ学ぶのか』中公新書

数学が日常生活のいろいろな場面で使われていることや，数の発達の歴史などが，具体例を挙げながら親しみやすく書かれている。

② http://www.yha.gr.jp/momotaro/densetu.html，2006年２月16日検索

桃太郎神社のホームページ。古事記での桃太郎伝説と，日本で語り継がれている桃太郎の物語や，桃太郎のその後の話などが述べられている。

（四方義啓・満嶌夏美）

題材 20

クルマは急に止まれない！

自動車の速度と停止距離との関係

1 学習指導要領とのつながり

高等学校数学Ｉ　⑵ 二次関数　ア 二次関数とそのグラフ
（中学校数学　第３学年　Ｃ 数量関係）

2 題材と日常現実社会のなかでの活用場面―産業・人とのつながり―

クルマの免許を取るために教習所に通うと，教本で，車間距離の説明がなされる。時速20 ㎞で20 m，時速40 ㎞で40 m，時速100 ㎞で100 mが目安である。高速道路を走行していると，図１のような車間距離を確認する標識を見たことがある者もいると思う。

また，教習所では「急発進」，「急停車」等の「急」のつく運転はしないように指導している。しかし，自転車等が急に飛び出してきた場合，急ブレーキをかけることになるが，どのくらいの距離でクルマを止めることができるのだろうか？

このことを考察するには，クルマの性能（ＡＢＳの装着の有無等），ドライバーの技量，路面の状況（乾燥，雨，雪等）等のいろいろな要因を検討する必要があるが，「路面との摩擦でクルマが止まる」を視点とすると二次関数として考察できる。

このように，二次関数の学習は，教習所で習う車間距離のように，現実の生活のなかに活かされている。

3 題材の解説

自動車のドライバーが走行中に危険を感じて急ブレーキをかけて自動車を停止させるまでには，一定の距離が必要になる。ドライバーが急ブレーキをかけようと判断した地点から自動車が停止した地点までの距離を「停止距離」というが，この停止距離は，空走距離と制動距離とに分けられる。

すなわち，「停止距離＝空走距離＋制動距離」となる。

1　空走距離

空走距離というのは，ドライバーが⑴危険を感じて急ブレーキが必要と判断した時点から，⑵アクセルペダルから足を動かし（反射時間0.4～0.5秒），⑶ブレーキペダルに足を乗せ（踏替え時間0.2秒），⑷これを踏み込んでブレーキが効き始める（踏込み時間0.1～0.3秒）時点までの距離である。この間の制動措置を取るまでに要する時間を「反応時間（空走時間）」といい，個人差はあるが，通常人の平均的な反応時間は0.75秒とされている。

この空走距離は，「反応時間（秒）×車速（m／秒）」で求められる。

すなわち，「空走距離（m）＝ 反応時間（秒）× 車速（m／秒）」

たとえば，時速40 ㎞で走っている自動車の場合，0.75×(40÷3.6)≒8.3から，空走距離は約8.3 mとなる。

2　制動距離

制動距離というのは，制動措置によりブレーキが効き始め，車輪の回転が止まり，自動車が滑走（スキッド）した後に停止するまでの距離である。この制動距離は，制動前の機械的エネルギーと制動力による消費エネルギーが等しいとみることから，制動距離は，「時速（km/時）の２乗÷（254×摩擦係数)」の算式で求められることが知られている。

すなわち，「制動距離（m）＝時速の２乗÷（254×摩擦係数)」とすることができる。

例えば，時速40 kmで走っていて，その時の摩擦係数が0.7であるとすると，$40^2 \div (254 \times 0.7) \fallingdotseq 9.0$から，制動距離は約9.0 mとなる。

3　停止距離

自動車の速度をv（km/時)，反応時間をt（秒)，摩擦係数をμとし，停止距離をL（m）とすると，

$$L = \frac{1}{254\mu}v^2 + \frac{t}{3.6}v \cdots ①$$と表すことができる。

このことは，停止距離（L）が自動車の速度（v）の二次関数となっていることを示している。

中学校では，①式の二次関数は扱わないが，速度に対する空走距離は一次関数として，制動距離は２乗に比例する関数として扱うので，それぞれを計算し，棒グラフ等のグラフをかくことで，速度に対する停止距離の変化がどのようになっているか考察させ，①で表された式も２乗に比例する関数と同じであることを気づかせることは可能である（図２参照)。

4　学習内容のポイント

1．自動車が停止する距離は「停止距離＝空走距離＋制動距離」で与えられる。空走距離，制動距離は，それぞれ速度の関数とみることができ，空走距離は一次関数になり，制動距離は二次関数になることが分かる。

空走距離はドライバーの反応時間（反射の時間）に依存しており，個人差がある。

○　反応時間を確認する遊び（小学生のころ誰もが経験していると思う）

> ２人１組とし，鉛筆などを用意する。
>
> Aさんが，手を少し広げた状態を作り，Bさんがその広げた手のところに鉛筆を持ってきて，合図無く落としたとき，Aさんが落ちる前に鉛筆を握りとれるかというもの。
>
> なかなか落ちる前には握りとれるものではなく，実際の運転を考えると，この握りとることがブレーキを踏む操作ということになる。

2．表１を参考に，①式で，v，t，μの値を定め，速度と停止距離の関係を求めることで，路地からの飛び出しの危険性を認識させる。

たとえば，$v = 30$，$t = 0.75$，$\mu = 0.7$（乾いたアスファルト）とする。

$$L = \frac{1}{254 \times 0.7} \times 30^2 + \frac{1}{3.6} \times 30 \times 0.75 \fallingdotseq 11.3(\mathrm{m})$$

このことは，時速30 km（路地における一般的な制限速度）で走っている自動車の場合，ハッとしてから止まるまで，乾いた路面の場合，約11 mが必要となることが分かる。すなわち，子どもが見通しの悪い路地から急に飛び出した場合，自動車が11 m以内に近づいていた場合，非常に危険な状況になることを示している。

○　実際の距離に対する感覚

計算等で得られた数値に対して，実生活の場面と関連づけて考えることが少ないように思われる。

さて，停止距離11 mであるが，普段目にするものと比較することで，数学を日常的なものと関連づけることができ，学習に対するモチベーションも高まると考える。

例えば，信号待ちしている自動車2.5台分，テニスコートのベースライン等である。

5 授業に役立つ図・表

図1　高速道路の標識

表1　摩擦係数

乾いたアスファルトまたはコンクリート	0.7
ぬれたコンクリート	0.5
ぬれたアスファルト	0.45～0.6
砂利道路	0.55
乾いた非舗装道路	0.65
ぬれた非舗装道路	0.4～0.5
固くなった雪	0.15
氷	0.07

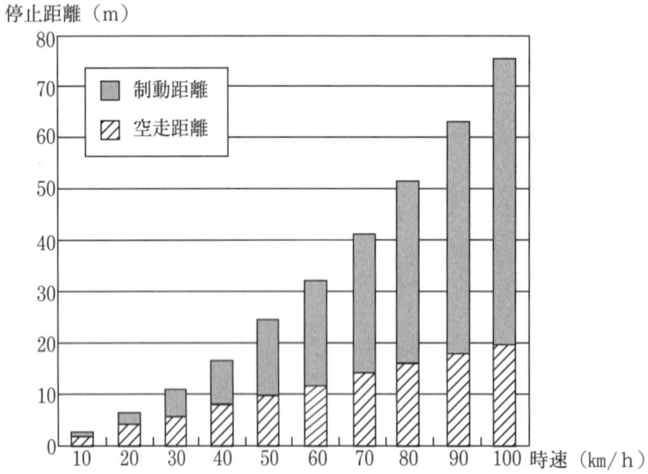

図2　停止距離

6 テーマに関連したドリル

【問題1】

ドライバーは，時速何km以下で走行していれば，危険を察知してから15m以内で自動車を停止させることができるか，求めなさい。

ただし，①式のLを$L=\frac{1}{180}v^2+\frac{1}{5}v$としなさい。

【問題2】

時速40 kmで走行している自動車について，危険を察知してからの停止距離を，乾いたアスファルト，ぬれたアスファルト（摩擦係数は0.5とする）の場合について，表1を参考に，それぞれ求めなさい。

ただし，ドライバーの反応時間は0.75秒とする。

【問題３】
乾いたアスファルト，ぬれたアスファルト（摩擦係数は0.5とする）の場合について，
(1)　コンピュータ等を用いて，速度と停止距離との関係を表すグラフをかきなさい。
(2)　それぞれのグラフから気づくことをあげなさい。

【問題１の解答】
$L < 15$を解く。
$(1/180)v^2+(1/5)v < 15$
$v^2+36v-2700 < 0$　これを解いて，$0 < v < 37$($v > 0$より)
よって，時速37km以内
【問題２の解答】
乾いたアスファルトの場合
　①で　$v = 40$，$\mu = 0.7$，$t = 0.75$として計算すると，
$L \fallingdotseq 17.3$　　約17m
ぬれたアスファルトの場合
　①で　$v = 40$，$\mu = 0.5$，$t = 0.75$として計算すると，
$L \fallingdotseq 20.9$　　約21m
【問題３の解答】
(1)　
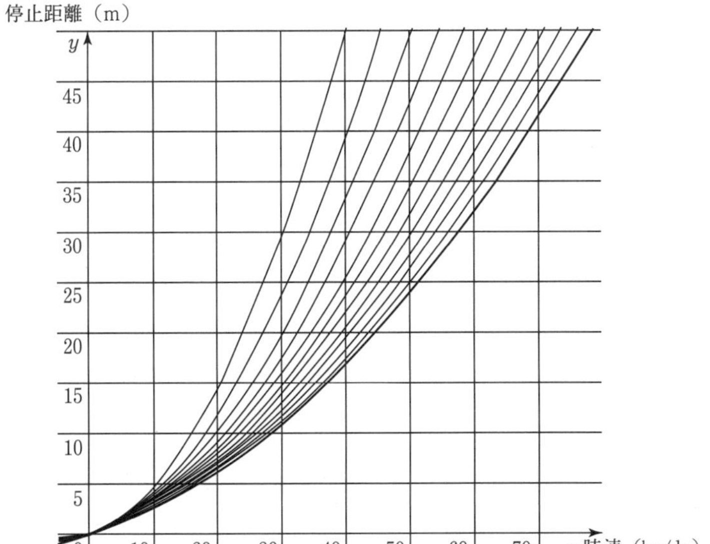

(2)　時速が速くなると停止距離が伸びる。
路面の状況で同じ速度でも停止距離に差がみられる。等

文献ナビ
①　「交通事故における車速と停止距離を考える」http://www5d.biglobe.ne.jp/~Jusl/Keisanki/JTSL/TeisiSyasoku.html，2005年８月７日検索
　空走距離，制動距離，停止距離の関係及び計算方法と路面との摩擦係数の一覧やスリップ痕からの車速の求め方等が記載されている。
（佐藤　功）

題材 21

猫はこたつで丸くなる……のは何故

体積・面積の最小問題

1 学習指導要領とのつながり

高等学校数学Ⅰ　⑵ 二次関数　ア 二次関数とそのグラフ
高等学校数学Ⅰ　⑵ 二次関数　イ 二次関数の値の変化　㋐ 二次関数の最大・最小
高等学校数学Ⅱ　⑷ 微分・積分の考え方　ア 微分の考え　㋐ 微分係数と導関数
高等学校数学Ⅱ　⑷ 微分・積分の考え方　ア 微分の考え　㋑ 導関数の応用
（中学校数学　第3学年　C 数量関係）

2 題材と日常現実社会のなかでの活用場面―産業・人とのつながり―

x，yは正の数とする。このとき

1）xyが一定という条件の下で，$x+y$が最小になるのはどのようなときか

または，

2）$x+y$が一定という条件の下で，xyが最大になるのはどのようなときか

という問題は，相加平均≧相乗平均，ないし二次式の最大・最小，または微分を用いて容易に解ける。答えは，1）2）共に，$x=y$のときである。

ここで各辺の長さが，x，yの長方形を考えると，問題1）は，「長方形の面積が与えられたとき，その周囲の長さを最小にせよ」，問題2）は，「長方形の周囲を与えたとき，その囲む面積を最大にせよ」と翻訳される。その答えは，それぞれ最小，最大になるのは，正方形のときということになる。

だから，高さと体積が一定の直方体で，その表面積が最小になるものは，正方形の底面を持つことが分かる。この場合は縦横が揃うのでバランスしているともいえる。逆に，表面積を大きくするには，縦または横のうちの一方をできるだけ長くすることになる。このときは全体としてアンバランスになる。

猫は（に限らず生体は，呼吸を除いて）体内で発生した熱をその表面から逃がしている。逃げる量は，だいたい表面積に比例するので，熱を逃がしたくないときは，できるだけ底面をバランスの取れた形・正方形に近づけることが望ましいし，逃がしたいときはできるだけアンバランスにすればよいことになる。

この題材では，長方形・直方体を考えたので，表面積が最も小さくなる底面は正方形ということになったが，あとで少し説明するように，実は最もバランスの取れた表面積の小さい形は円（この場合は高さを一定としているので円柱）である。これが，猫に限らず，人間も犬も小鳥も，冬はこたつで丸くなり，夏はだらしなく伸びている理由であると考えられる。

熱を貯めたり，逃がしたりしなければならないのは，生体ばかりではない。熱を貯める必要がある湯沸かしが何となく丸く，逃がさなければならないコンピュータや冷蔵庫・自動車などの放熱器が，長く薄い金属板の集合体でできているのはこのためである。また，できるだけ小さい表面積で，与えられた体積を囲まなければならないシャボン玉も同じ原理で丸くなっている。

このように体積や面積を最大・最小にする学習は日常現実社会のなかで人間や動物，機械の設計などにも活用されている。

3　題材の解説

題材の中では，長方形だけを考えて，二次式の最大・最小などの知識を利用して，猫でも解いている?!　と言ってしまったが，「体積一定という条件で，ある立体的な形の表面積を最も大きくせよ」，同じことであるが「一定の表面積を持つ形の中で，一番大きい体積を持つものを求めよ」という問題は，実はそんなに易しくはない。平面の場合の，「与えられた長さの紐で最大の面積を囲め」という問題は，等周問題として古くから知られている。この答えが円であることは明らかだが，それを初等的に導くのは，そんなに易しくはない。大学で習う変分法という学問は，これを証明することから始まっている。

等周問題をさらに易しくした，「辺の長さの和が与えられた三角形のうちで面積を最大にするものは何か」という比較的簡単な場合でさえも，その答えが正三角形であることを初等的に導くのは，結構厄介である。

ただ，少し論理的な曖昧さを残し，最大値の代わりに極値を求めるのでもよければ，次のような比較的易しい考え方も可能である。なお（微分可能性を仮定すれば）最大値は極値だから，極値は最大値のための必要条件ではある。

まず，三角形ABCの辺BCを固定し，点Aだけが，

AB＋AC ＝一定

という条件を満たしながら動くものとする。このとき，面積が極値をとるのは，AB ＝ BCのときであることが，容易に証明される：

BCの垂直二等分線をOYとし，点AのXYに関する対称点をA′とする。三角形ABCの面積と三角形A′BCの面積は等しい。よって，点Aの辺BCへの正射影をH，x ＝ AHとして，三角形ABCの面積yのグラフを書くと，これは直線x ＝ BC／2に関して対称。よって，x ＝ BC／2において微分はゼロ。というのも，y軸に平行な直線に関して対称なグラフでは，対応する点における微分は符号だけが異なっている。点x ＝ BC／2に対応する点はそれ自身だから，この点における微分は，それ自身と符号だけが異なっている。このような値はゼロ。よってx ＝ BC／2で極値，したがってAB ＝ ACのときに面積は極値。

いったん，これがわかると，今度は，辺ABを固定して，点Cを動かしてみれば，CA ＝ CBで極大面積，したがって，

AB ＝ BC ＝ CA

で面積は極値，すなわち正三角形のときに面積は極値をとることが導かれる。

四辺形ABCDでも同様な説明ができる。まず三角形ABDを考えて，点Aだけを動かせば，三角形ABDの面積の極値は，AB ＝ ADのとき。同様にして，「全ての辺が等しいときに最大面積」まではわかる。しかし，四辺形を完全に決定するには，角に関する情報が必要である。これに対しても，先ほどの対称の考え方が利く。今度も辺BCの垂直二等分線OYをとる。四辺形ABCDをOYについてひっくり返した図形も同じ面積を持つはずである。角ABCを変数と考えると，これが角DCBに等しくなったときに，四辺形ABCDの面積のグラフは同じ値をとる。したがって，角ABCと角DCBとが等しいときに面積は極値。このような図形は正方形である。

このような論法を続けて，n角形の中で面積が最大のものは正n角形であることが分かる。この極限として円の面積が極値であることを説明することができる。

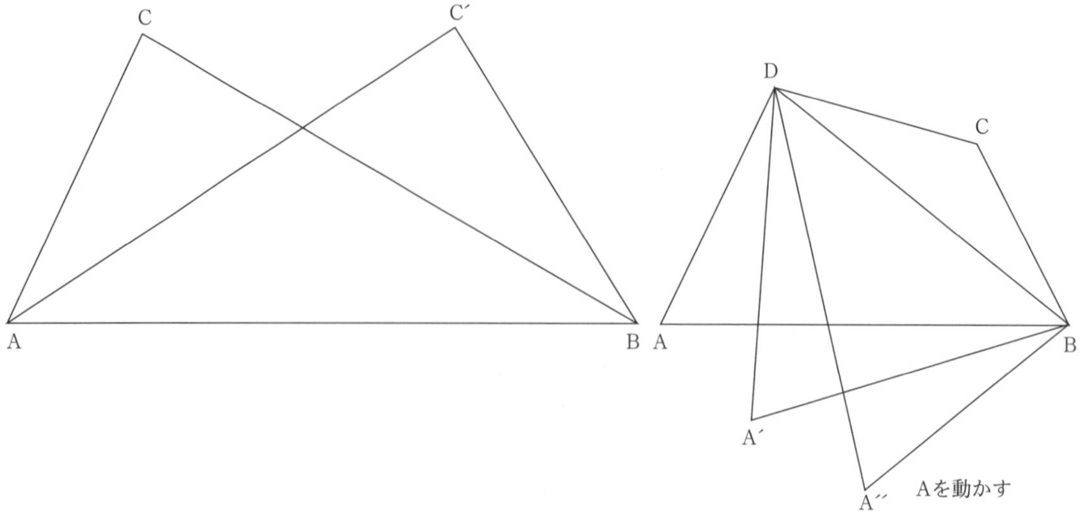

4 学習内容のポイント

1．与えられた長さの周囲を持つ平面図形の中で最大面積をとるものは円である。同様に，表面積が与えられた三次元の図形の中で最大体積をとるものは球である。これらの証明は易しくはないが，平面の場合は（凸な）多角形の極限をとることによって，多少曖昧な形ではあるが説明できる。

2．その出発点となる三角形や四角形の場合でも，（ヘロンの公式など特別な知識を使わずに）うっかり計算するとかなり厄介になる。

3．多少曖昧な形でよければ，グラフの対称性（および微分が確定していること）が使える。なお，対称なグラフについて，その折り返し点での微分がゼロになっていることは，これ以外の場合にも有効である。

5 授業に役立つ図・表

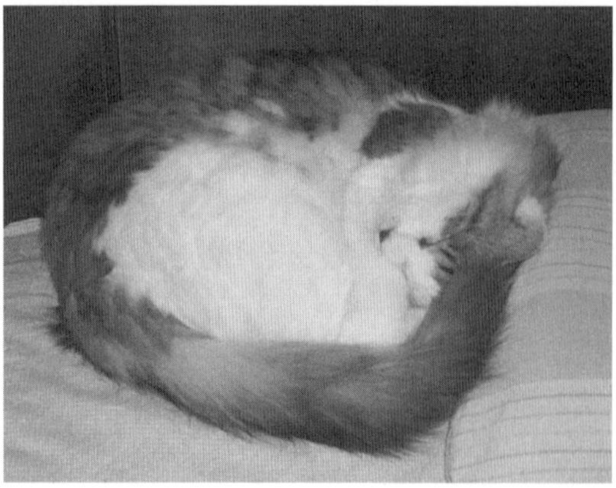

図１　冬：丸まって寝ている猫

図２　夏：長く伸びて寝ている猫

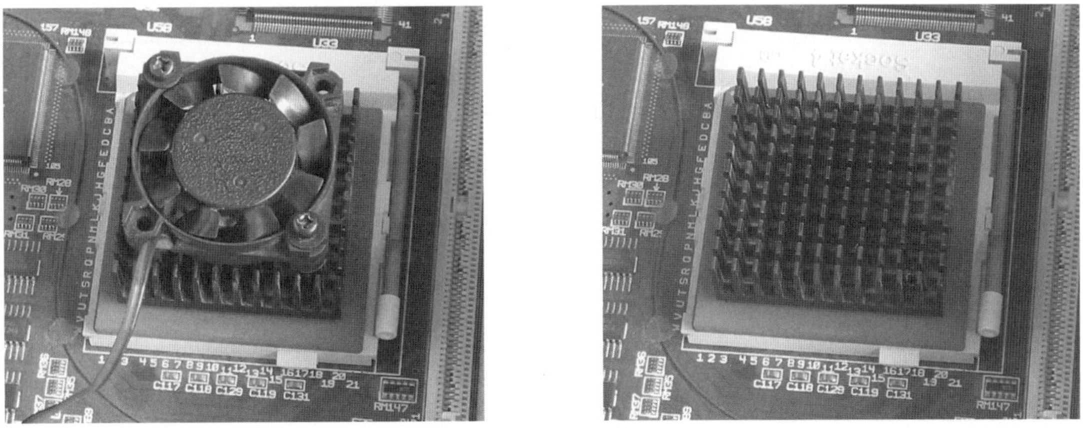

図３　パソコンの放熱器

パソコンの放熱のためのファンと，その下の放熱器，前頁の猫よりも，面積を大きくしようとしている。

6　テーマに関連したドリル

【問題１】

シャボン玉が丸いのはどうしてだろうか。石鹼液には，表面張力といってできるだけ縮まろうとする性質があることに注意するとよい。

【問題１の解答】

シャボン玉は内部に空気を含んでいる。したがって，この場合は，「最小面積で一定の体積を囲め」ということになる。これを言い換えると，「一定面積で最大体積」という問題になる。

なお，表面張力は，互いに引っ張り合う力だから，もし飛び出た部分があればそれが周りから強く引っ張られて，「出る杭《くい》は打たれる」状態を作ってしまう。シャボン玉は，これによって，丸くなるのだとする説明もありえる。

実は，シャボン玉に細い針を突き立てても，面積はそんなに変化しない。だから面積だけを考えているのでは，シャボン玉が丸くなることはうまく説明がつかないことも起こりえる。これは現代数学の最先端のパラドックスの一つともなっている。

文献ナビ

① http://www.inter-highschool.ne.jp/~0004055/science/surfacetension.html，2006年４月10日検索

表面張力についての調査，実験が掲載されている。

（岩崎政次・四方義啓・杉山伸哉）

題材 22

流水量が世界一のウォータースライダーを作ろう！
ものづくりには最大・最小に注目することが大切！

1 学習指導要領とのつながり

高等学校数学Ⅰ ⑴ 方程式と不等式
高等学校数学Ⅰ ⑵ 二次関数
高等学校数学Ⅱ ⑶ いろいろな関数　ア 三角関数
高等学校数学Ⅲ ⑵ 微分法
（中学校数学　第3学年　C 数量関係）

2 題材と日常現実社会のなかでの活用場面―産業・人とのつながり―

ウォータースライダーのスリルは誰もが一度は体験してみたいものである。ウォータースライダーは流れる水に体を任せて，その水の力で滑るわけだが，水の量が増えればそれだけ大きな力がかかって，スリル感も増すだろう。どんな形のウォータースライダーが最も多くの水を流すことができるのだろうか。これは，いかに少ない材料で体積を最大にするかという最大・最小の問題に関係している。日常生活の場面では，寒い日の，丸くなっている猫の姿を想像してみると，身体の中の熱をできるだけ放出しないために体を丸めて表面積を最小にしているのである。このように最大・最小の学習は，体温の制御という，生命に関わる問題とも関連している。猫の姿も数学的な目で見れば，理にかなっているのである。

3 題材の解説

この題材は，高等学校の数学Ⅰの二次関数から数学Ⅲの微分法まで，まとめて復習できる内容となっている。長方形の場合の最大流量を出すには，二次関数の最大・最小を扱う。また，三角形の場合には，三角関数を使う。さらに，台形や円弧の場合は，微分によって，増減表を作って最大値を求めることになる。

ウォータースライダーを，どんな形にすれば，もっとも流水量を大きくできるのか。

（問）幅2mのトタン板を折り曲げて，様々な形のウォータースライダーを設計したい。ウォータースライダーの流水量を最大にするには，断面がどのような形のウォータースライダーを作ればいいか。

どんな図形があるのか。

㈦ 四角形（長方形・正方形）　㈧ 三角形　㈨ 台形？ ←これでは滑れない
㈩ 等脚台形　㈪ ひし形？ ← ↑これは㈧と同じ

㈦ 四角形

高さを$x$cmとすると，高さは，$200-2x$cmとなる。断面積を$S(x)$とすると，

$S(x)=x(200-2x)$ （ただし，$0<x<100$）

$\quad = -2x^2+200x=-2(x-50)^2+5000$

$S(x)$は，$(50,\ 5000)$を頂点として上に凸の放物線だから，$x=50$のとき最大値5000をとる。よって，5000㎠

(イ)　三角形

三角形の一辺を$x$cmとすると，もう一つの辺は$200-x$cmになる。

また，図のように，三角形の内角の一つをθとし，断面積を$S(x,\ \theta)$とすると，

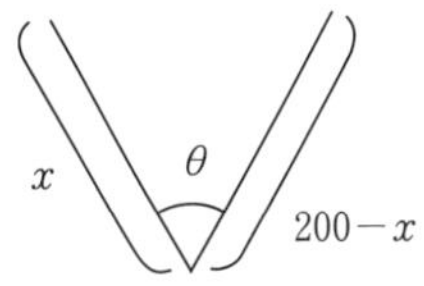

$$S(x,\ \theta)=\frac{1}{2}x(200-x)\cdot\sin\theta$$

xを固定すると，$\sin\theta=1$のとき$S(x)$は最大となる。

$$S(x,\ \theta)=\frac{1}{2}x(200-x)\cdot 1\quad（ただし，0<x<200,\ 0<\theta<\pi）$$
$$=\frac{1}{2}(-x^2+200)=-\frac{1}{2}(x-100)^2+5000$$

グラフは，(100, 5000)を頂点として，上に凸の放物線だから，

$x=100$のとき，最大値5000をとる　　よって，5000㎠

(エ)　等脚台形

脚の一つを$x$cmとおくと，下底は$200-x$cm。また図のように，脚の開き具合をθとする。断面積を$S(x,\ \theta)$とすると，

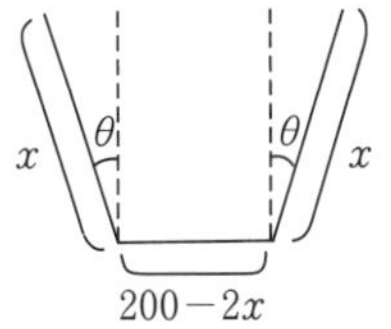

$$S(x,\ \theta)=\frac{1}{2}x\cos\theta\cdot x\sin\theta\cdot 2+(200-2x)x\cdot\cos\theta$$
$$=-(2-\sin\theta)\cos\theta\left(x-\frac{100}{2-\sin\theta}\right)^2+\frac{10000\cdot\cos\theta}{2-\sin\theta}$$

グラフは，上に凸の放物線だから，$x=\dfrac{100}{2-\sin\theta}$のとき，最大値$\dfrac{10000\cos\theta}{2-\sin\theta}$をとる。

今，この最大値を$P(\theta)=\dfrac{10000\cos\theta}{2-\sin\theta}$とおく。

$$P'(\theta)=\frac{-10000\sin\theta(2-\sin\theta)-10000\cos\theta(-\cos\theta)}{(2-\sin\theta)^2}=\frac{-20000\sin\theta+10000}{(2-\sin\theta)^2}$$

$P'(\theta)=0$とすると，$\sin\theta=\dfrac{1}{2}$　　$\therefore\theta=\dfrac{\pi}{6}$

よって，増減表は，

θ	$\cdots$	$\frac{\pi}{6}$	$\cdots$
$P'(\theta)$	$+$	0	$-$
$P(\theta)$	↗	$\frac{10\sqrt{3}}{3}$	↘

以上より，$x=\dfrac{100}{2-\sin 30^\circ}=\dfrac{200}{3}$のとき，最大値$S=\dfrac{10000\sqrt{3}}{3}=5773.5\cdots$となる。

4　学習内容のポイント

1．少ない材料で，流水量が最大のウォータースライダーを設計しよう。

2．切り口の面積を最大にすればよい。

3．いろいろな切り口の形を考えてみよう。（長方形，三角形，等脚台形について考える。）

4．予想　→　計算で確認。

5 授業に役立つ図・表

図1　ウォータースライダー　（芝政観光開発㈱提供）

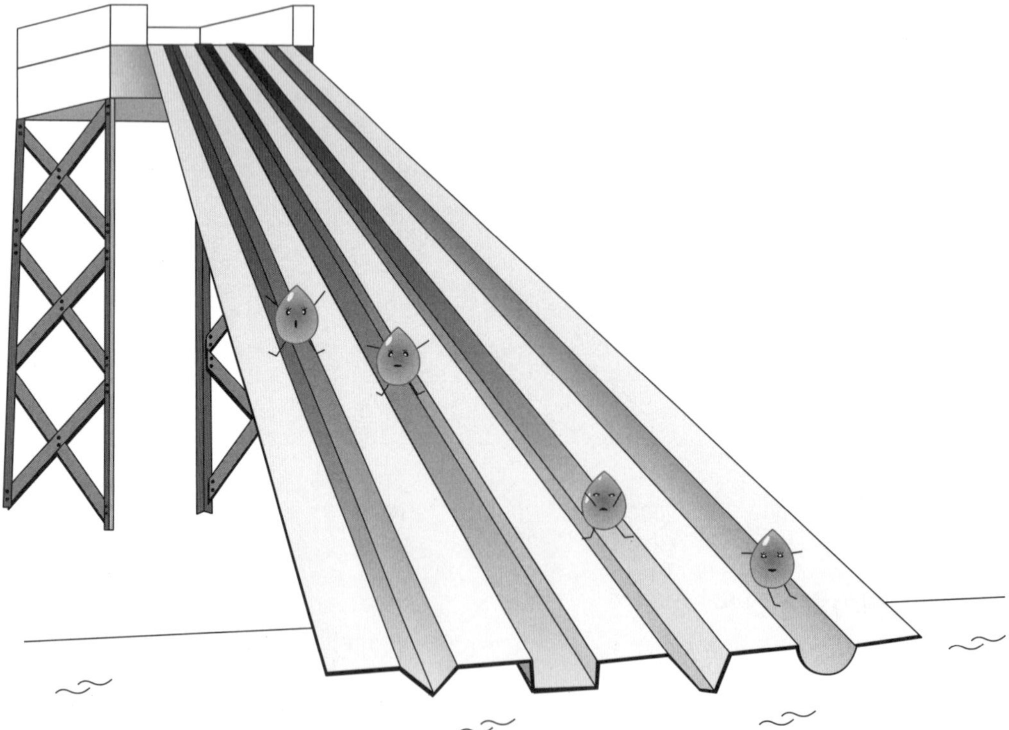

図2　誰が一番早いかな？

6 テーマに関連したドリル

【問題1】

切り口が円の一部（円弧）の場合はどうか。

【問題1の解答】

(オ) 円弧の場合

図のようにrとθを定めると，$r\theta = 200$（一定）　$\therefore r = \dfrac{200}{\theta}$

斜線部分の面積を$S(\theta)$とおくと，

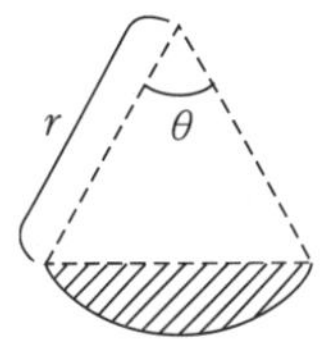

$r\theta = 200$（一定）　$\therefore r = \dfrac{200}{\theta}$

$$S(\theta) = \frac{1}{2}r^2\theta - \frac{1}{2}r^2\sin\theta = \frac{1}{2}\left(\frac{200}{\theta}\right)^2\theta - \frac{1}{2}\left(\frac{200}{\theta}\right)^2\sin\theta$$

$$= 20000\left(\frac{1}{\theta} - \frac{\sin\theta}{\theta^2}\right)\ (0 < \theta < 2\pi)$$

$f(\theta) = \dfrac{1}{\theta} - \dfrac{\sin\theta}{\theta^2}$とおくと，

$$f'(\theta) = -\frac{1}{\theta^2} - \frac{\cos\theta}{\theta^2} + \frac{2\sin\theta}{\theta^3} = \frac{2\cos\frac{\theta}{2}}{\theta^3}\left(2\sin\frac{\theta}{2} - \theta\cos\frac{\theta}{2}\right)$$

ここで，$g(\theta) = 2\sin\dfrac{\theta}{2} - \theta\cos\dfrac{\theta}{2}$とおくと，　$g'(\theta) = \dfrac{1}{2}\theta\sin\dfrac{\theta}{2} > 0$

$\therefore g(\theta)$は$0 < \theta < 2\pi$で単調増加　　$\therefore g(0) = 0$より，$g(\theta) > 0$

$f'(\theta) = 0$とおくと，$\cos\dfrac{\theta}{2} = 0$より，$\theta = \pi$

ゆえに，増減表は

θ	0	・・・	π	・・・	2π
$P'(\theta)$		+	0	−	
$P(\theta)$		↗	最大	↘	

$\therefore f(\theta)$は，$\theta = \pi$のとき最大となる。このとき，$S(\theta)$も最大となる。

$\therefore S(\pi) = \dfrac{20000}{\pi} = 6366.19\cdots$

【解説】

以上より，円の一部（円弧）の場合が流水量が最大になる。

実際にウォータースライダーの断面積が円弧になっているのは，安全性のためだけではなく流水量を最大にする効果もある。

文献ナビ

① 吉田明史他（2003）『創造性の基礎を培う数学的活動実践事例集』pp.24—26，学校図書
高校数学における様々な授業実践例が掲載されており，授業作りに役立つ一冊　（竹内英人）

⇨関連題材 19・35・37

題材 23

誰よりも遠くへ飛ばすために……

放物線で軌道の計算ができる

1 学習指導要領とのつながり

高等学校数学Ⅰ　⑵ 二次関数　ア 二次関数とそのグラフ
高等学校数学Ⅰ　⑵ 二次関数　イ 二次関数の値の変化　㋐ 二次関数の最大・最小
（高等学校数学Ⅰ　⑶ 図形と計量　ア 三角比　㋐ 正弦，余弦，正接）
（高等学校数学Ⅰ　⑶ 図形と計量　ア 三角比　㋑ 三角比の相互関係）
（高等学校数学Ⅱ　⑶ いろいろな関数　ア 三角関数　㋒ 三角関数と加法定理）
（高等学校数学B　⑵ ベクトル　ア 平面上のベクトル　㋐ ベクトルとその演算）
（高等学校数学C　⑵ 式と曲線　イ 媒介変数表示と極座標　㋐ 曲線の媒介変数表示）
（中学校数学　第3学年　C 数量関係）

2 題材と日常現実社会のなかでの活用場面―産業・人とのつながり―

$y=ax^2+bx+c$で表される二次式のグラフは放物線とも呼ばれる。これは，砲丸投げのようにある時点で力を加えて斜めに投げ上げた物体が，引力にまかせて落下する場合の（等加速度）運動を表しているからである。

このグラフの性質は，意識的・無意識的にスポーツの世界で活用されている。例えば，このグラフは対称軸を持ち，それは頂点からx軸に下ろした垂線である。だから，例えば，野球の打者が打ち上げたボールは，その頂点に対して，打者の対称点の位置に落下することになり，野手はそこでボールを待ち受けることができる。

また，このグラフは，（空気の抵抗などがないとすれば）投げ上げるときの傾きが「1」，すなわち角度が45度のときに最も遠くに届くことが証明できる。これは，砲丸やハンマーをできるだけ遠くに投げなければならない投擲競技で，投げ上げ角度をだいたい45度にするなど，日常的に利用されている。

また，昔は，弾丸などを相手の陣地に打ち込む場合や，食料などを味方の陣地に落下傘を使って落下させる場合にも活用された。ただし，実際には風の影響などがあるために，計算どおりにはいかず，経験とカンがものをいうことにもなる。

3 題材の解説

よく知られているように，$y=ax^2$のグラフは，その頂点（0，0）を通る直線$x=0$に関して対称である。したがって，これを右へkだけ平行移動したグラフは，頂点を通る直線$x=k$に関して対称になる。aをマイナスとして，全体を上へ平行移動し，原点を通るようにしたグラフも，頂点を通る直線$x=k$に関して対称である。このグラフは二つのx軸との交点をもち，一方は原点，もう一方は，対称性から$x=2k$である。

原点をバッターボックスと考えれば，もう一つのy軸との交点はボールの落下地点であり，野手が待つべき地点になる。これが，原点から頂点までの距離kの2倍として計算できるわけである。

正確には，$a=-4.9$とするとき，すなわち$a=-\frac{g}{2}$とするとき（gは重力加速度，約9.8m毎々秒である）二次式$y=at^2+bt$は，時点$t=0$において初速度bで真上に投げ上げた物体が，あとは引力にまかせて落下する運動（のy成分）を表現する（図 2 ）。

次に，これを利用して，砲丸投げなど投擲競技において，砲丸などをできるだけ遠くに飛ばしたいという問題を考える（図 1 ）。

砲丸に対して人間が加えるエネルギーの大きさは，初速度の 2 乗に砲丸の重さをかけて 2 で割ったものになる：

砲丸に人間が加えるエネルギー＝（砲丸の重さ）$\times\frac{v^2}{2}$

ただし，ここでいう初速度などはx軸方向とy軸方向という二つの成分を持ったベクトルであることに注意しなければならない。だから，ここで書いたvはこのベクトルの大きさであり，砲丸を初速度v，地面に対して角度θで投げる場合は，y軸方向，すなわち真上方向には初速度$v\sin\theta$，x軸方向，すなわち真横方向には初速度$v\cos\theta$で運動すると考えて式をたてねばならないことになる。

したがって，

真上方向には，先に書いたように，$y=-\frac{gt^2}{2}+vt\sin\theta=-t\left(\frac{gt}{2}-v\sin\theta\right)$

真横方向には力が働かないので，単なる等速運動　$x=vt\cos\theta$

が成立する。これら 2 つの式から，時間tを消去すると，砲丸の運動の軌跡が得られる。

すなわち，砲丸は次のような放物線を描く。

$$y=-\frac{g\left(\frac{x}{v\cos\theta}\right)^2}{2}+v\sin\theta\left(\frac{x}{v\cos\theta}\right)\ （但し y\geq 0）$$

このグラフとx軸との 2 つの交点が飛ばす場所と，落ちる場所である。

x軸との 2 つの交点は，$x=0,\ \frac{2v^2}{g}\sin\theta\cos\theta$なので，地点$x=0$で，初速$v$，角度$\theta$で投げ上げた砲丸は，地点$\frac{2v^2}{g}\sin\theta\cos\theta$に落下することになる。

一方，三角関数の合成の公式より

$\sin\theta\cos\theta=\sqrt{2}\sin(\theta+45°)$

であるから，（投げ上げる力，すなわちエネルギーを一定とするとき）$\sin(\theta+45°)$の値と飛距離は比例することになる。これから，$\theta=45°$のときに，最も遠くまで飛ぶことが導かれる。

ここでは，空気抵抗などを無視して式を作ったので，45度が最も遠くまで届く角度ということになったが（図 3 ，図 4 ），空気抵抗や回転の影響などを考慮に入れれば，例えば，砲丸投げでは43度程度で投げるのがよいと言われている（図 5 ）。

またボールが回転し，風などの影響を受けやすい野球やゴルフなどでは，これらの影響を比較的受けにくい砲丸投げの場合とは異なった結果になることが容易に予想される。

4　学習内容のポイント

1．二次式$y=ax^2+bx+c$は，放物線とも呼ばれるように，砲丸など，ある時点で力を加えて投げ上げ，引力によって落下させる物体の運動を表している。

2．特に，地球上では，$a=\frac{g}{2}$（gを重力加速度といい，約9.8m毎々秒）であり，引力に引かれて落下する初速ゼロの物体は，$y=-\frac{gt^2}{2}$で表される運動をする。

3．人間が砲丸に加えるエネルギーEは，$E=\frac{Mv^2}{2}$によって重さMの砲丸の初速度vに変換されるが，これはベクトル的に考える必要があり，この場合ならx軸方向の初速度$v\cos\theta$と，y軸方向の初速度$v\sin\theta$に分けなければならない。

4．その結果，x軸方向には，一定速度$v\cos\theta$の運動$x=vt\cos\theta$になる。

5．y軸方向には自由落下運動$y=-\frac{gt^2}{2}$に，一定速度の運動$y=vt\sin\theta$を加えた運動$-\frac{gt^2}{2}+vt\sin\theta$になる。

6．4・5から時間tを消去すれば，砲丸の軌跡が求められる。

7．6によって砲丸の落下地点が計算できるので，それを最大にする角度が45度であることが，三角関数の積を和に変える公式を使って導かれる。

8．砲丸の場合は風やボールの回転などの影響を比較的受けにくいが，それでも実測値との違いがあることを検討する（図5）。

5 授業に役立つ図・表

図1　砲丸投げ

図2　高速度カメラで撮影した物体の運動

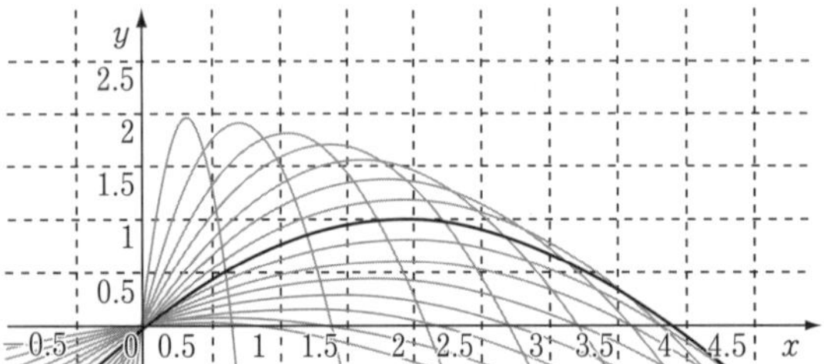

図3　同じ強さで投げ出したときの軌道

$$y=-\frac{x}{\cos\theta}\left(\frac{gx}{2v^2\cos\theta}-\sin\theta\right)$$のグラフ

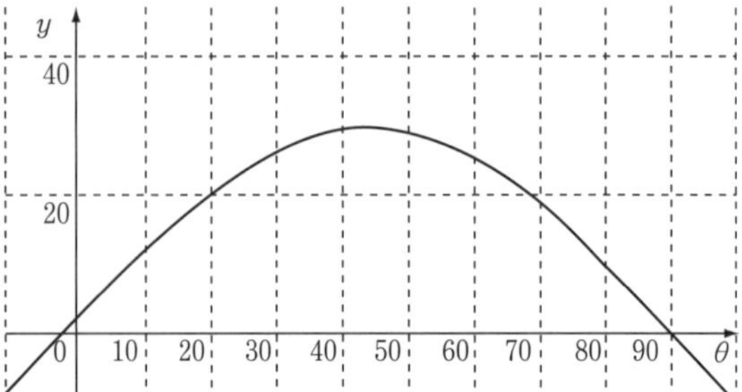

図4　同じ強さで投げ出したときの飛距離と角度の関係$y=\frac{2\sqrt{2}\,v^2}{g}\sin(\theta+45^\circ)$のグラフ

投てき角度	36°	37°	38°	39°	40°	41°	42°	43°	44°	45°
初速度m／sec										
6	5.31	5.30	5.29	5.27	5.26	5.24	5.21	5.18	5.14	5.11
7	6.80	6.70	6.70	6.69	6.68	6.67	6.63	6.60	6.57	6.53
8	8.28	8.29	8.29	8.29	8.23	8.26	8.24	8.21	8.17	8.14
9	10.02	10.05	10.05	10.06	10.07	10.07	10.04	10.01	9.97	9.93
10	11.94	11.99	12.01	12.02	12.04	12.04	12.02	11.99	11.96	11.91
11	14.05	14.11	14.14	14.17	14.22	14.21	14.19	14.17	14.14	14.09
12	16.33	16.42	16.46	16.51	16.56	16.56	16.58	16.55	16.55	16.43
13	18.81	18.92	18.96	19.04	19.11	19.14	19.13	19.12	19.10	19.05
14	21.42	21.61	21.71	21.78	21.84	21.89	21.89	21.89	21.88	21.83

図５　初速度と投てき角度から計算した砲丸投げの記録

（『陸上競技入門シリーズ８　砲丸投・ハンマー投げ』ベースボール・マガジン社より）

6 テーマに関連したドリル

【問題１】

飛距離を最大にするための角度は，計算上の45度とは少し異なっている。その原因と理由を考えよ。

【問題２】

ゴルフボールや野球のボールと砲丸投げの砲丸の場合とでは，ボールの回転の様子が異なっている。ゴルフや野球では，これによって，飛距離を伸ばすことも考えられており，そのために計算上の45度と実際の値とがかなり食い違うこともある。それはどのようなことが原因となっているだろうか？

【問題１の解答】

理論値と実測値との違いの大きな原因の一つに空気抵抗が挙げられる。また競技者のエネルギーがどれくらい効率よく伝わるかなども問題になる。

【問題２の解答】

ボールの上と下とで空気の流れ方に違いができるような回転を与えたとする。すると，ベルヌイの法則によって，ボールには空気の流れ方が遅いところから早いところへ向かう圧力がかかる。これによってボールが持ち上げられれば，ボールは計算より高く飛ぶことになり飛距離が出る。しかし，そのような回転を与えることは実際には容易でない。

発展・関連する題材

二次式とそのグラフはこのほかにも面白い性質を持っている。その一つは接線に関するものであり，本書では「題材37衛星放送受信アンテナや科学館「不思議の部屋」の設計」「題材35オリンピックのトーチと二次曲線」などにおいて取り上げた。もう一つは，x軸との交点に関するものであり，本書では，「題材19昔話の中に隠れた数学３・桃太郎とその仲間たち」において取り上げた。

文献ナビ

①　『陸上競技入門シリーズ８　砲丸投・ハンマー投げ』ベースボール・マガジン社
砲丸投げに関するデータが掲載されている。

（岩崎政次・四方義啓・秋山哲人・後藤恭介）

題材 24

川の形と高速道路とゴミ捨て場

川の形や道路の設計にも生きている数学

1 学習指導要領とのつながり

高等学校数学Ⅱ ⑵ 図形と方程式 ア 点と直線 (イ) 直線の方程式
高等学校数学Ⅰ ⑴ 方程式と不等式
（中学校数学 第2学年 C 数量関係 ⑴ 一次関数）

2 題材と日常現実社会のなかでの活用場面―産業・人とのつながり―

ゴミ収集に関する次のような問題がある。

ある地域では，20軒の大邸宅が直線状に30mずつ離れて並んでいて，その一番右端にゴミ捨て場がある。この地域では，ゴミ収集が有料で，それはゴミ収集車の料金として徴収される。収集車には，大型，中型，小型の3種類があって，ゴミを集めに来て貰うための基本料金は大型1650円，中型900円，小型100円であるが，ゴミを積載して1軒分の距離30mを走るごとに，大型は100円，中型は150円，小型は200円を加算することになっている（空だったら無料）。ただし，ゴミ積載量は，大型が500キロ，中型が200キロ，小型が100キロまでである。

どの家庭も同じときに同じ量のゴミ20キロを出すとし，積み替えの手間や料金を無視するとき，どのように収集車を走らせればゴミ収集料金が最も安くなるか？

この問題の解答自身は，例えばグラフを書いてみれば分かるように（題材の解説・授業に役立つ図参照），左の端から5軒目までは小型，そこから中型に積み替えて，小型は空で帰す，それから中型に積み替える……最後は大型……という具合にすればよい。

ついでに，このゴミ処理だけを考えて道路を造るとすると，左端から5軒目までは，小型だけが通れる細い道，それから中型も通れる中くらいの道，最後は大型のための太い道を造ればいいということになる。

実は，これとそっくりなことを，川の流れや，木や草の葉脈など，自然も行っている。例えば，川下になるにつれて太くなる川筋や，幹に近くなるほど太くなる木の葉の葉脈などは，上に述べたゴミと同じように，最初はコストの低い細い輸送路で間に合わせているが，そのうちに容量がオーバーして，中くらいの輸送路，最後にはコストをかけて太い幹線を造っている。また道路網の設計もこのような考え方に基づいていることが多い。

このように，最大最小の問題や不等式の考え方は，自然や日常生活に活用されている。

3 題材の解説

本題材のような輸送問題では，積載量の制限と，基本料金・追加料金の設定がミソである。上の問題は，少し人工的に見えるかもしれないが，グラフが連続になるように設定されている（図1参照）。

小型で左から順に収集して，5軒目になったときの料金は，800＋100円＝900円であり，中型の基本料金900円に等しい。したがって，ここで中型に積み替える。同じようにして，中型の積載限界となり料金が1650円になる10軒目で大型に積み替える方が得ということが分かる。

しかし，グラフが不連続になるような設定（図2・3参照）の場合には，注意が必要になる。

仮に中型の基本料金が900円より高く，例えば1150円に設定してあったとすると，グラフは下のようになり，積載限界である5軒目では，小型をもう1台呼ぶか，中型に積み替えるかの選択が考えられる（図2参照）。

小型2台なら，6軒目で，900＋100＋200円＝1200円，中型に積み替えれば，1100＋150円＝1250円。よって6軒目までなら小型2台が少しではあるが得。しかし，7軒目になるとこれが等しくなり，8軒目で逆転する。したがって，8軒までは小型2台，それ以降では中型を呼んで小型から積み替える方が得である。

同じ不連続でも，つなぎ目での大小関係が逆になっていると（図3参照），より早く中型に積み替えた方が得という結論にもなる。

この問題のゴミの代わりに，水分や栄養分，ないし人やクルマと考えると，一般に輸送問題と呼ばれるジャンルになる。この場合，ゴミ収集車の基本料金は輸送路の建設コスト，また，積載量や1メートルあたりの走行料金は，輸送路の抵抗「渋滞の起こりやすさ」に対応する。上の例の大型車を「大型の道」,「中型」・「小型車」を「中くらいの道」「細い道」と考えれば,「渋滞のおきやすさ」は，小型・または細い道で大きく，大型・ないし太い道で小さいという条件になる。また，収集車の基本料にあたる建設コストはその逆になっている。こうして，できるだけ効率のよい輸送路を設計しようというのが，輸送問題である。

輸送問題の適応範囲は大きい。水を輸送する川のほかにも，全身に栄養を配り，老廃物を集めてくる血管や，酸素を取り入れて炭酸ガスと交換する肺の気管の構造などなど，数え上げればきりがないほどである。

上の題材では，ゴミ排出源が直線状に並んでいるなど，設定をできるだけ単純なものにしたが，一般にはそうはいかず，木の葉や川そして道路など，排出源が平面状に並んでいる場合は，枝分かれも考えに入れなければならない。

これらの場合には，単純な最大・最小ばかりでなく，その戦略によって特有の枝分かれが起こる（図4参照)。こうして木の葉の葉脈が生まれていると考えられる。例えば，笹と桜と銀杏の葉っぱでは，まったく異なった戦略が見られる。川の場合も，その形から，川の条件（や戦略）を読み取ることもできる。また，血管や肺の気管など立体的な輸送問題の場合には，排出源は複雑に分化した役割を持っていたりするので，輸送路は，その役割や戦略も反映して，複雑な形をとる。

4　学習内容のポイント

1．いくつかある料金の支払い方法から最も有利なものを選ぶ。
2．一次不等式のグラフを利用して，有利な方法を選択する。
3．このような形の料金の問題は，輸送問題に直結する，ないし，直結させることができる。
4．川の形や葉脈の形などが，輸送問題の解として解釈できたり，逆に，形からその条件を読み取れたりする場合がある。
5．道路網の設計の基本的な部分も，このようにして行われる。

5 授業に役立つ図・表

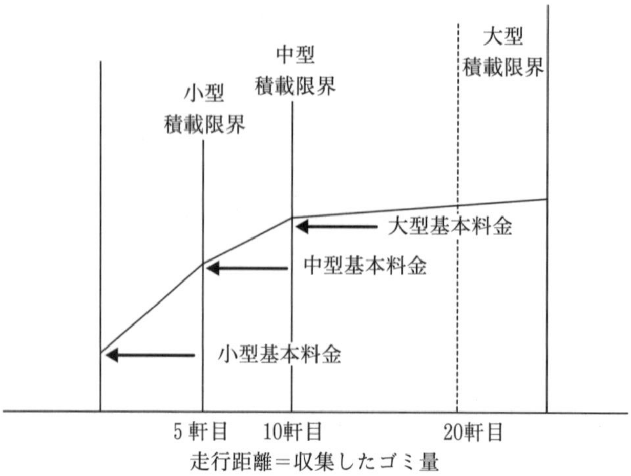

図１　基本料金がちょうどよく設定された場合

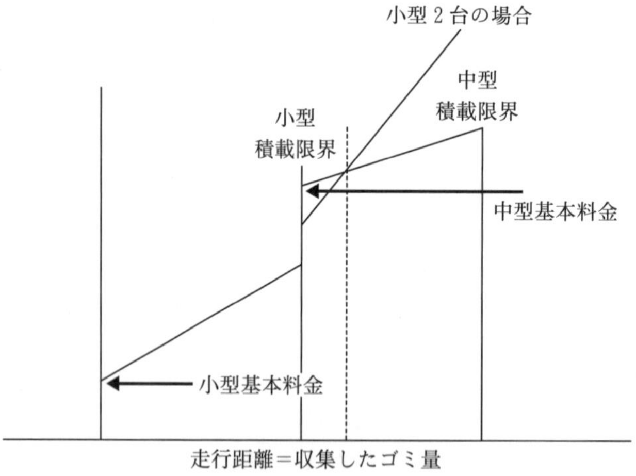

図２　中型の基本料金が高く設定された場合

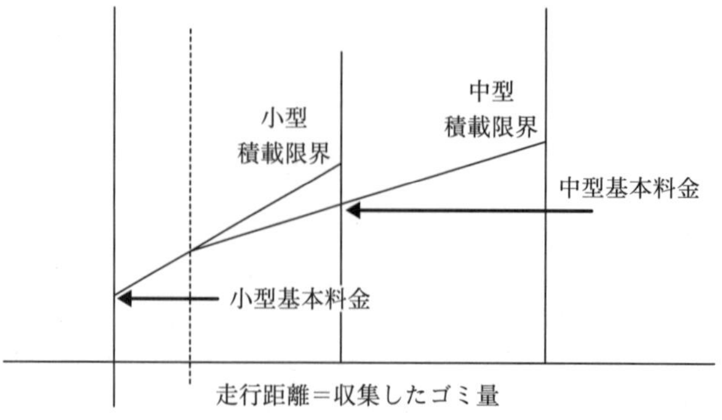

図３　中型の基本料金が低く設定された場合

銀杏
↑
一点集中型
損失多い
発展途上型？

笹
↑
平行葉脈両端支持型
強度不十分
改良型ではあるが面積取れない

桜
↑
十分に発達
適当な強度稼げる
面積十分

図４　木の葉の葉脈

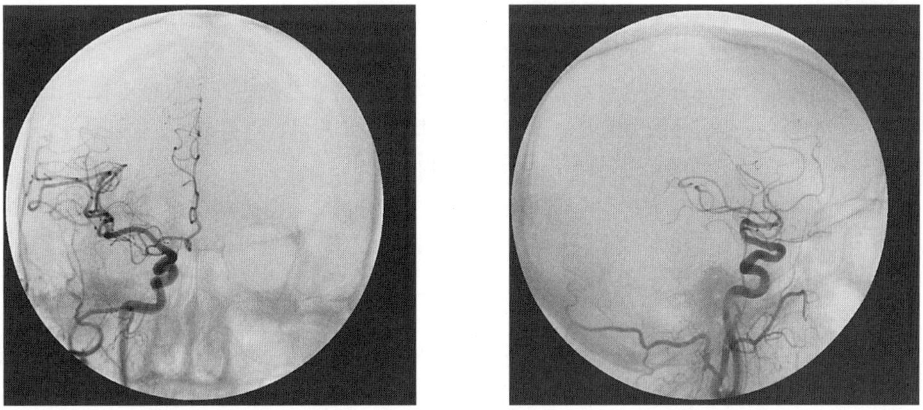

脳血管（正面）　　脳血管（側面）

図５　血管のモデル　（静岡市立病院提供）

文献ナビ

① http://eco.goo.ne.jp/nature/dino/living/living_2.html，2006年６月７日検索
生きている化石と題して，銀杏をはじめ，オウムガイやシーラカンスの写真等がある。また，恐竜やいろいろな化石についてのページもある。

② http://www.shizuokahospital.jp/kakubu/houshasen/ag/agtop.html，2006年６月７日検索
静岡市立静岡病院のホームページ。血管撮影について掲載されている。本文に掲載されている脳血管の写真以外にも，心臓を栄養している動脈の写真等もある。

③ http://www.pref.okayama.jp/chiji/kocho/journal/webjour36/toku1-3.html，2006年６月７日検索
道路網の写真などが掲載されている。

（岩田修一・四方義啓）

題材 25

ジェットコースターはなぜ速い？

ジェットコースターや寺の屋根はサイクロイド曲線

1 学習指導要領とのつながり

高等学校数学Ⅰ　⑴ 方程式と不等式
高等学校数学Ⅰ　⑶ 図形と計量　イ 三角比と図形
高等学校数学Ｃ　⑵ 式と曲線　イ 媒介変数表示と極座標　(イ) 極座標と極方程式
（高等学校数学Ⅱ　⑶ いろいろな関数）
（中学校数学　第3学年　Ｃ 数量関係）

2 題材と日常現実社会のなかでの活用場面―産業・人とのつながり―

山頂Ａから山麓の点Ｂまでスキーでできるだけ早く滑降できるルートを作りたい。このとき，直線状に作るか，最初は急な斜面，続いて緩やかな斜面に作るかという問題がある。ジェットコースターのゴンドラも，ある部分では，レールの上をできるだけ早く滑り降りなければならない。そのための形が，ホイゲンスなどによって研究されたサイクロイド曲線である。

サイクロイド曲線は，物体が引力にひかれてその上を滑り降りる場合，最も早く終点に到着するという性質を持っている。最短曲線である直線上を滑り降りるより早いと言えば，驚く人もいるだろう。このために，サイクロイド曲線は最速降下曲線とも呼ばれている。

ジェットコースターの設計などに，この知識が取り入れられている。また，屋根に落ちた雨滴も，できるだけ早く滑り落ちることが望ましい。お寺の屋根などが，尖塔部では尖り，下に行くほどなだらかになっているのは，美観のためもあるが，雨滴をできるだけ早く落とすためにサイクロイド曲線を利用したからであるとも言われている。

このように，サイクロイドを含む，いろいろな曲線や微分・積分の学習は，お寺の屋根の水はけやジェットコースターの設計にも利用され，日常生活に活用されている。ただ，サイクロイドが最速であることを示すのは高等学校の範囲を超えるので，本題材では，むしろ三角比の比較問題として取り扱うことにする。

3 題材の解説

サイクロイド曲線が最速曲線であることを示すことは範囲を超えるので，ここでは距離の最小を与える直線が，必ずしも時間最小を与えない例を示すにとどめる。

ABおよびACを，頂点Ａを共有し，水平面とそれぞれ角度αおよび角度γをなす2つの斜面とする。さらに，Ｐを斜面AC上の点とし，角BPC＝βとする。このとき，まっすぐに斜面ABを滑り降りて，点ＡからＢに到着するのと，いったん点Ｐを通過し，2つの斜面APとPBを通って点ＡからＢに着くのではどちらが早いかという問題を考える（図1参照）。

この問題を解くために，斜面を滑り落ちる物体に関する物理の知識を少し借用する。

ある物体が，引力gによってこれらの斜面を滑り降りるとき，斜面上では重力加速度gが，それぞれ$g\sin\alpha$　$g\sin\gamma$に変わったことになるので，これらは斜面上をｔの二次関数

$$y = g\sin\alpha \quad \frac{t^2}{2},\ y = g\sin\gamma \quad \frac{t^2}{2}$$

で表される運動をする。したがって，垂直な高さ h を滑り降りるためには，それぞれ

$$T=\frac{\sqrt{\frac{2h}{g}}}{\sin\alpha},\quad T=\frac{\sqrt{\frac{2h}{g}}}{\sin\gamma}$$

だけの時間を必要とする。

また，角度 γ の斜面を滑り降りる物体の，ある時刻 t における（この斜面に沿った）速度 v は，

$$v=\frac{dy}{dt}=g\sin\gamma t$$

で与えられる。よって，この速度を持った物体が，時刻 T において，この斜面と角度 β をなす別の斜面へ乗り換えるとすると，新しい斜面での初速度は，

$$w=g\sin\gamma\cos\beta T$$

となる。だから，高さ h を滑り降りた時点で乗り換えるとすると，新しい斜面での初速度は，

$$w=g\sin\gamma\cos\beta\frac{\sqrt{\frac{2h}{g}}}{\sin\gamma}=\sqrt{(2hg)}\cos\beta$$

もし，この初速度のままで，斜面PBを物体が滑り降りれば，終点まで到達するのに要する時間 S は，

$$S=\frac{\text{PB}}{\sqrt{(2hg)}}\cos\beta=\frac{\text{AL}-h}{\sqrt{(2hg)}}\cos\beta\sin(\gamma-\beta)$$

となる。ここで，L は頂点 A から水平線に下ろした垂線の足である。もちろん，これに重力による加速度が加わるから，終点に着くまでに要する本当の時間は S 以下である。

$\alpha=30$度，$\beta=30$度，$\gamma=45$度，AL＝１としてみると，斜面ABを滑り降りる時間 T（AB）は，

$$T(\text{AB})=\frac{\sqrt{\frac{2}{g}}}{\sin 30}=2\sqrt{\frac{2}{g}}$$

斜面APを滑り降りる時間 T（A P）は，

$$T(\text{AP})=\frac{\sqrt{\frac{2}{g}}}{\sin 45}=2\sqrt{\frac{h}{g}}$$

また，斜面PBを滑り降りる時間は，

$$S=\frac{1-h}{\sqrt{(2hg)}}\cos 30\sin(15)$$

より小さい。

一方，三角形PBCにおける正弦定理から，

$$1-h=\sqrt{2}(\sqrt{3}-1)\sin 15,$$

また，$\sin 15=\dfrac{\sqrt{3}-1}{2\sqrt{2}}$ であるから，

$$h=1-\sqrt{2}(\sqrt{3}-1)\sin 15=\sqrt{3}-1 \text{ でもある。}$$

したがって，

$$S=\frac{\sqrt{3}-1}{\sqrt{(hg)}}\cos 30=\frac{2(\sqrt{3}-1)}{\sqrt{(3hg)}}$$

故に，乗り換えた場合の時間は，

$$T(\mathrm{AP})+\mathrm{S}=2\sqrt{\frac{h}{g}}+\frac{2(\sqrt{3}-1)}{\sqrt{(3hg)}}$$

より小さい。これを $2/\sqrt{g}$ で除したもの

$$T'(\mathrm{APB})=\sqrt{h}+\frac{\sqrt{3}-1}{\sqrt{3h}} \quad ただし，h=\sqrt{3}-1$$

の二乗は

$$h+\frac{4-\sqrt{3}}{3h}+\frac{2(\sqrt{3}-1)}{\sqrt{3}}=\frac{2(\sqrt{3}+1)}{3}$$

である。これと，$T(\mathrm{AB})$を$\dfrac{2}{\sqrt{g}}$で除して二乗したものである 2 とを比較すると，明らかに，後者の方が大きい。したがって，このような図形では

乗り換えた場合の時間＜直線に沿って滑り降りた場合の時間

となる。多少不思議な気もするが，急な斜面でスピードを稼いで，その惰力で緩い斜面を滑り降りた方がまっすぐに滑る場合より早く着くことをこの計算は示している。この極限がサイクロイド曲線なのである。

4 学習内容のポイント

1．サイクロイド曲線は，最速曲線とも言われている。
　それは，これに沿って滑り降りるとき，所要時間が最も少なくてすむからである。
2．実際，ある斜面を直線に沿って滑る場合より，途中で乗り換えた方が早く着く場合がある。
3．2の計算には，物理学の知識が少し必要である。重力加速度 g だけによる運動は$\dfrac{gt^2}{2}$，角度αの斜面では g は$g\sin\alpha$に変わる。
4．三角比と平方根を含む無理式の比較計算。

5 授業に役立つ図・表

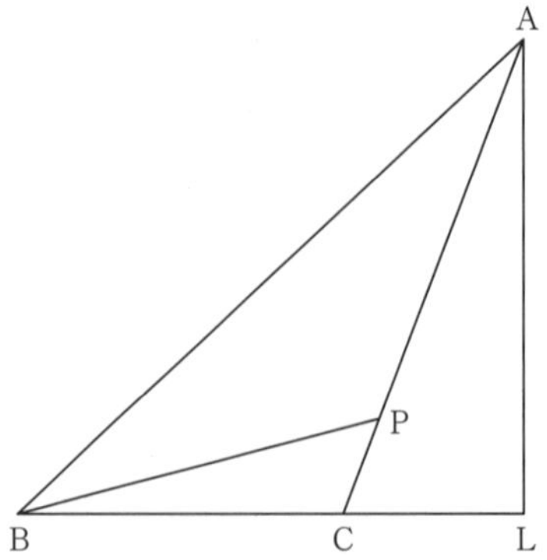

図１　まっすぐ滑るのと乗り換えるのではどちらが早い？

サイクロイド曲線

$$\begin{cases} x = t - \sin t \\ y = 1 - \cos t \end{cases}$$

　サイクロイドは，左の媒介変数関数で描かれる曲線である。円周上の1点を固定して，この円を転がしたときにできる点の軌跡であり，以下のような図となる。

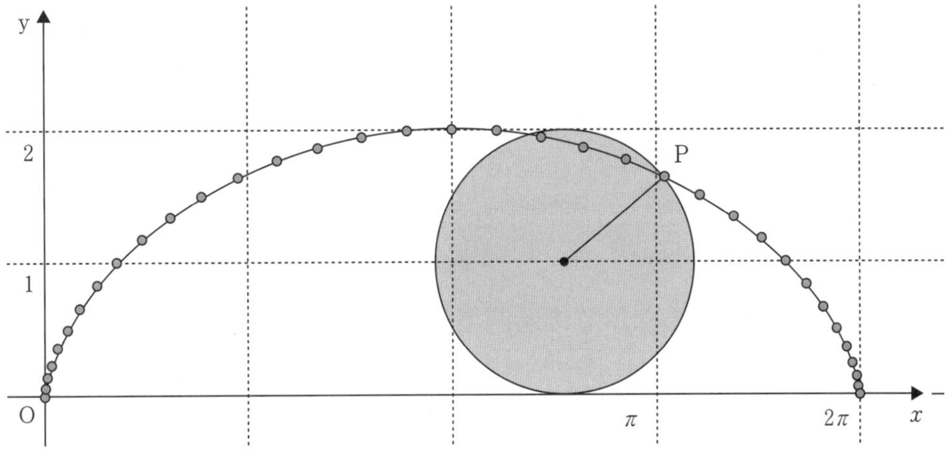

図2　サイクロイド曲線

図3　ジェットコースター

図4　寺の屋根

文献ナビ

① http://www12.plala.or.jp/ksp/mathInPhys/brachisto/，2006年9月10日検索
最速降下曲線の歴史から変分法による求め方まで解説されている。

② 中村義作（1999）『数学がおもしろくなる本』三笠書房

（樋口英次・四方義啓）

題材 26

スターウォーズも大丈夫

外積と角運動量

1 学習指導要領とのつながり

高等学校数学B (2) ベクトル イ 空間座標とベクトル
（高等学校数学Ⅱ (4) 微分・積分の考え ア 微分の考え (ア) 微分係数と導関数）
（中学校数学 第1学年 B 図形 (2) 空間図形 イ 空間図形の構成，平面上への表現）
（中学校数学 第2学年 B 図形 (2) 三角形の合同 イ 三角形や平行四辺形の性質）

2 題材と日常現実社会のなかでの活用場面―産業・人とのつながり―

ガリレオが指摘したように，ウォーターシュートや遊園地の乗り物で実感するのは加速度であり，彗星やスペースシャトルなど宇宙空間における物体の運動は，万有引力の法則とニュートンの運動方程式によって軌道が計算されている。ハリウッド映画のCGがリアルなのもこうした軌道計算に基づいているからである。このようにベクトルの学習は建物，橋，ダム，高速道路などの安全な設計や地球の自転と公転の計算に基づいた正確な暦の作成など，日常生活に欠かせない場面で役立っている。ここでは角運動量に注目し，電磁誘導や流体の渦など，物理法則を理解するのに欠かせないベクトルの外積について考える。

3 題材の解説

空間ベクトルの外積は成分表示や代数的公理系で定義することも多いが，ここでは幾何学的に与えて，代数法則を導き出す方法をとる。

例題：空間ベクトル

$$a=\begin{pmatrix}a_1\\a_2\\a_3\end{pmatrix},\qquad b=\begin{pmatrix}b_1\\b_2\\b_3\end{pmatrix}$$

に対して，その外積 $c=a\times b$ は a，b と直交し，a，b の作る平行四辺形の面積を長さとし，a，b，c が（順に右手の親指，人差し指，中指にあてはめることができる）右手系をなすベクトルのことである（図1）。このとき×をベクトルに関する演算と考えると，定義から（結合および交換）法則

$$(ca)\times b=c(a\times b) \tag{1}$$
$$b\times a=-a\times b \tag{2}$$

が成り立つ。ただし c はスカラーである。（分配）法則

$$a\times(b+c)=a\times b+a\times c \tag{3}$$

も成り立つことを示せ。

例題の解説：結合法則から a の長さが1であるとしてよい。b，c のつくる平面を π とすると a は π に直交するのでこれが上向きとなるように π を見下ろす（図2）。

b'，c'，$b'\times c'$をb，c，$b\times c$のπへの直交射影とすると，定義から

$$a\times b = a\times b'$$
$$a\times c = a\times c'$$
$$a\times(b+c) = a\times(b+c)'$$

であるが，直交射影の性質から

$$(b+c)' = b' + c' \tag{4}$$

であり，(3)の証明は

$$a\times(b'+c') = a\times b' + a\times c' \tag{5}$$

に帰着される。

aの長さが1なので，$a\times b'$は，平面π上でb'を反時計まわりに90度回転したベクトルであり，同様に$a\times c'$はπ上でc'を反時計回りに90度回転したベクトルである。したがって，平行四辺形または三角形の合同条件から$a\times b'+a\times c'$は$b'+c'$をπ上で90度回転したベクトル，すなわち$a\times(b'+c')$に等しい。よって(5)が証明された。

4　学習内容のポイント

1．結合法則，交換法則，分配法則の役割を四則演算において確認しておくことは，ベクトルの線形演算や内積を別の角度から理解する契機となり，さらに進んで線形空間や群，環，体などの代数的構造や，位相空間をはじめとする公理的な数学への導入として有用である。外積の場合には交換法則が通常のものと異なるので，このことから公理系がひとつの閉じた世界を保障するものであることを会得するきっかけになるであろう。例えば常に

$$a\times a = 0$$

であることに注意すると，計算に役立つだけでなく公理系に関する興味を喚起することができる。

2．例題による外積の説明では0ベクトルが例外的なものとなるが，本質を損なうことはないのでその部分の説明は割愛したほうがよい。

3．図形の合同で代数法則を証明するのは斬新である一方，空間ベクトルの平面への直交射影についての知識が必要となる。(4)式がこの例題の要であり，丁寧に説明したい。この部分も図形の合同で証明できるので，すべての内容が理解されたら，自習課題としてその証明を考えさせるのもよい。

スターウォーズとの関連に興味をもつ生徒は，テーマに関連したトピックに進むように指導する。

5 授業に役立つ図・表

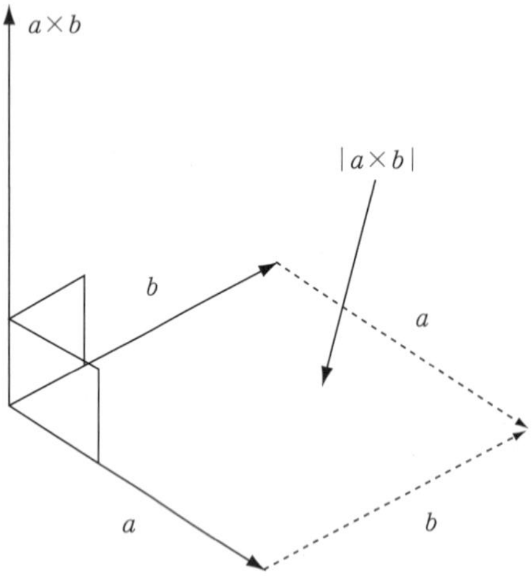

図1　ベクトルの外積（文献ナビ①より）

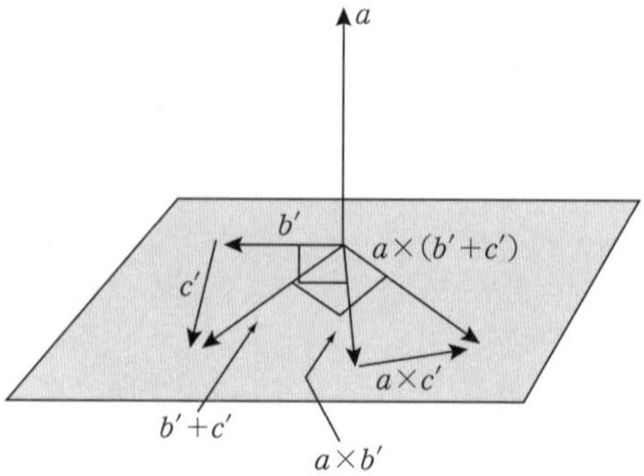

図2　外積の分配法則（文献ナビ①より）

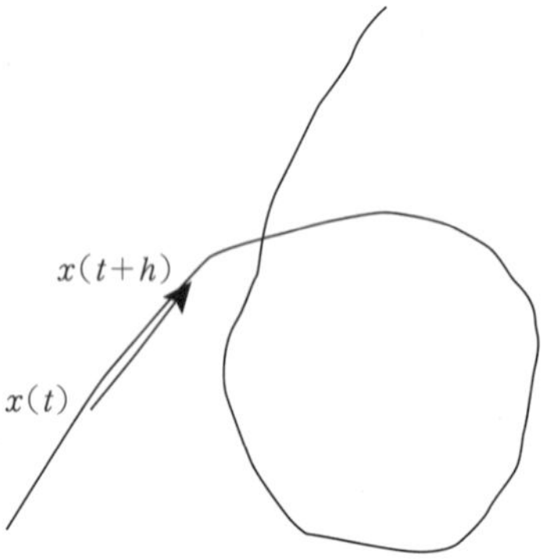

図3　位置ベクトル

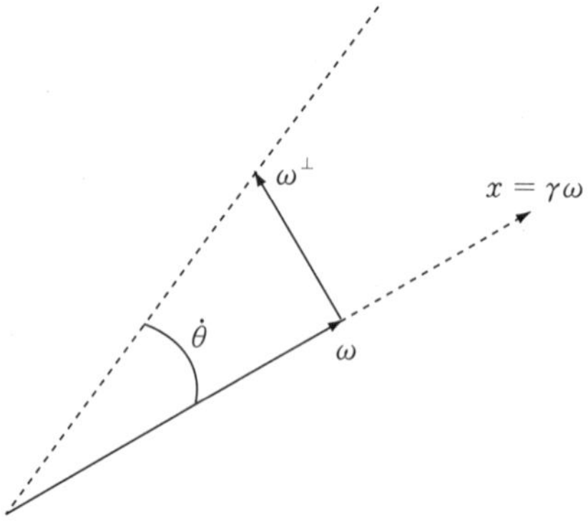

図4　面積速度（文献ナビ①より）

6 テーマに関連したトピック　～質点の運動～

(a)　一般に，時間に依存する 2 つのベクトル $x(t)$，$y(t)$ の外積 $z(t)=x(t)\times y(t)$ に対して

$$z(t+h)-z(t)=(x(t+h)-x(t))\times y(t+h)-x(t)\times(y(t+h)-y(t))$$

から，

$$\dot{z}(t)=\lim_{h\to 0}\frac{z(t+h)-z(t)}{h}=\dot{x}(t)\times y(t)+x(t)\times\dot{y}(t) \tag{6}$$

が得られる。空間における物体の運動は時間に依存する空間ベクトル $x=x(t)$ で記述でき（図 3），その物体の速度，加速度は $\dot{x}(t)=\lim_{h\to 0}\frac{x(t+h)-x(t)}{h}$，$\ddot{x}(t)=\lim_{h\to 0}\frac{\dot{x}(t+h)-\dot{x}(t)}{h}$ で与えられるベクトルである。このとき，$M=x\times\dot{x}$ を角運動量という。

ニュートンの運動方程式から，この物体の質量を m，この物体に働く力を f とすると

$$m\ddot{x} = f \tag{7}$$

が成り立つ。太陽の近くを移動する彗星に働く太陽からの万有引力fは彗星の位置xベクトルと平行であるので

$$x \times f = 0 \tag{8}$$

が成り立つ。(6)と，これらの(7)，(8)より

$$\frac{dM}{dt} = \dot{x}(t) \times \dot{x}(t) + x(t) \times \ddot{x}(t) = mx \times f = 0$$

であり，特にMは時間に依存しない。これを角運動量保存の法則という。

(b)　角運動量保存の法則から，物体の位置xは定ベクトルMと直交する平面π上にある。空間座標$x_1-x_2-x_3$を回転させてπがx_1-x_2平面であるとし，さらにxをこの平面上の極座標で表す：

$$x = r\omega,\ \omega = \begin{pmatrix} \cos\theta \\ \sin\theta \\ 0 \end{pmatrix},\ \omega^{\perp} = \begin{pmatrix} -\sin\theta \\ \cos\theta \\ 0 \end{pmatrix}$$とおくと$\dot{\omega} = \omega^{\perp}\dot{\theta}$であり，

$$M = r\omega \times (\dot{r}\omega + r\omega^{\perp}\dot{\theta}) = r^2\dot{\theta}\omega \times \omega^{\perp} = r^2\dot{\theta}\begin{pmatrix} 0 \\ 0 \\ 1 \end{pmatrix}$$

特に$r^2\dot{\theta}$は一定である。この量は面積速度と呼ばれ，物体が微小時間の移動する軌道と原点がつくる扇形の面積を表している（図４）。これが一定であることは，チコ・ブラーへの観測データに基づいてケプラーによって見出された。ケプラーは惑星の運動に関する100近くの法則を主張したが，ニュートンによってそのうちの３つが，運動方程式と万有引力の法則から導出される正しいものであることが確立され，近代科学の出発点となった。

文献ナビ

① Senba and T. Suzuki, Applied Analysis, Mathematical Methods in Natural Science, Imperial College Press, London, 2004.
力学，常微分方程式，ベクトル解析，変分法，フーリエ級数等の数理科学の入門書

（鈴木　貴）

⇨関連題材 50

題材 27

四次元は実在する!! 入試科目の謎

入試と不等式，一芸入試で何が変わるか

1 学習指導要領とのつながり

高等学校数学基礎 (2) 社会生活における数理的な考察 ア 社会生活と数学
高等学校数学基礎 (2) 社会生活における数理的な考察 イ 身近な事象の数理的な考察
高等学校数学Ⅰ (1) 方程式と不等式 ア 数と式 (イ) 式の展開と因数分解
高等学校数学B (2) ベクトル イ 空間座標とベクトル
（中学校数学 第Ⅰ学年 A 数と式）

2 題材と日常現実社会のなかでの活用場面―産業・人とのつながり―

平面は二次元であり，我々が生きているこの空間は三次元である。四次元などは「ドラえもん」のポケットの中だけ………我々には関係ない……と思っている人も多い。しかし，五教科七科目入試などで，我々は，日常的に五次元，七次元と向き合っている。

例えば，二次元の xy 平面を考える。x を英語の得点，y を数学の得点とすれば，英語と数学の受験生は，二次元の点（x，y）として表される。

ふつうは，この点（x，y）に総得点，

$$\mathrm{P} = x+y$$

を対応させて順位をつけ，最低点 m を決めて，合格・不合格を決定する。

これは，xy 平面で言えば，

$$x+y > m$$

という不等式が決める合格領域（図１参照，-----線より上の領域）に点Pが入っているかどうかということになる。

しかし，最近では一芸入試として，どれかの科目の得点が，飛び抜けてよい受験生を合格させるという方法が採用される傾向もある。これは，上の「合格領域」に

不等式 $x > m$ または 不等式 $y > \mathrm{M}$

が表す領域を付け加えようということである（図１参照，………線より上および右の領域を合格領域に付け加えようということ）。

だが，m が小さくなったときなどには，この一芸入試はそれほど有効ではない（図１参照，合格領域が―‐―線の上部になったような場合）。

では，どのようにすれば一芸入試の考え方を生かした有効な入学者選抜が行えるだろうか？ このような現実的な場面で，すでに（無意識的ではあるが，二・三次元空間またはより高次元の空間における）不等式と領域の関係の学習が活用される。

3 題材の解説

題材では，英語と数学という２つの科目を考えたので xy 二次元空間だったが，これに国語を加え

たり理科・社会を加えたりすると，受験生の得点は三次元，四・五次元の空間の点で表されることになる。

通常方式の入試で，一定の数の合格者を選抜するという作業を数学的に分解して言うと，この空間に，受験生の得点をプロットする作業Ａと，この空間の中で

$$x+y+z+\cdots\cdots = m$$

が定める平面（三次元空間の中では平面と呼ぶが，二次元空間では直線，四またはそれ以上の次元の空間では超平面と呼ぶのが正しい）の上側にいくつの点があるかを数える作業Ｂ，そして最後に，どのようにｍを定めれば，ちょうどよい人数を合格させることができるかという作業Ｃに分かれる。

作業Ｂ，Ｃを合わせたものが，普通に行われる「合計点を数え，すなわち点Ｐ（x, y, z……）に対する関数値

f（Ｐ（x, y, z……））$= x+y+z+\cdots\cdots$

を計算し，それを大きい順に並べて，適当な人数で切る」という作業である。

一芸入試では，このほかに，どれかの科目の得点がずば抜けて良いもの，すなわち何れかの座標が100に近いものも入学させるという作業Ｄが加わる。しかし，作業Ａ，Ｂが機械的に行われるのに比べて，作業Ｄは何となく面倒がられる。これは，合格領域が２種類の領域の和であり，それらを決めるための関数が別々だからであるとも考えられる。もし，これを一つの関数で表すことができれば(図２の曲線参照)，もっと簡単に一芸入試の考え方を生かすことができる。

そこで，題材に示した英語と数学の二次元空間を例にとって
関数ｇ（x，y）として

$$g(x,\ y) = (100-x)(100-y)$$

を考えると，

$$g(x,\ y) = n$$

で表される曲線は双曲線であり（図２の曲線参照)，一芸入試の理想とされる合格領域をほぼカバーする。ただし，この関数の場合には合格領域を表す不等式は普通の場合とは逆になって

$$g(x,\ y) < n$$

となる。また，この方法は，関数ｆによる合格領域が広くなって，図２—·−線と---- 線に示すような，一芸入試の領域が役に立たなくなる場合でも有効である。

関数ｇは，三次元以上にも拡張できるので，三科目以上の一芸入試を考える場合にも有効である。

4　学習内容のポイント

1．入試の合格判定を例にとって，高次元空間の考え方の重要性を示す。
2．通常の総点方式による合格者判定と不等式で決定される領域を結びつける。
3．一芸入試による合格者判定法を別の領域で表す。
4．総点方式と一芸入試方式で定められる領域を，近似的に一つ不等式で表す。
5．４で得た不等式による入試は，総点方式に一芸入試方式を取り入れたものになる。

5 授業に役立つ図・表

二科目入試の場合

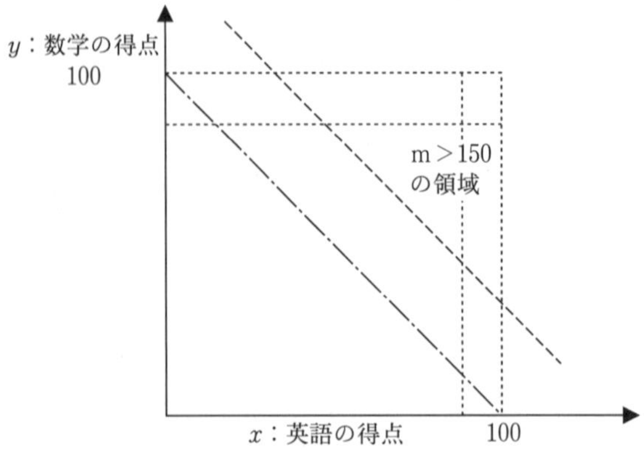

図１　通常行われる合格判定

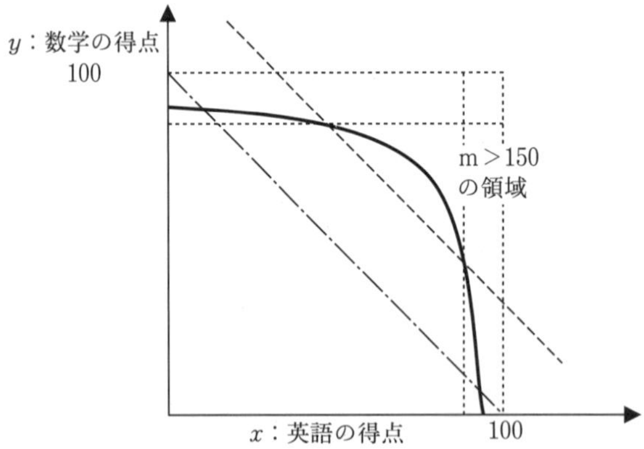

図２　一芸入試の場合の合格判定

三科目入試の場合

受験生の得点は，一辺が100の立方体の中にプロットされる。また一芸入試による合格領域は，頂点Qに触れている面（英語の場合を青色で塗ってある）より構成される。

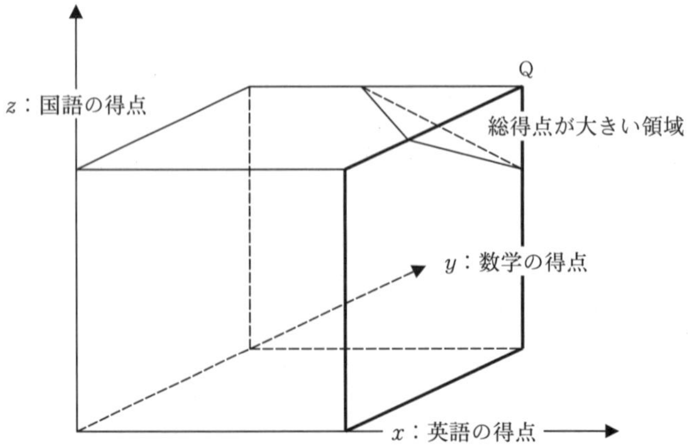

図３　三科目の場合の一芸（英語）合格判定と総得点合格判定

6　テーマに関連したトピック　～いろいろな制御に実用されている高次元とその関数～

ここでは，入試を例に取ったが，いくつかのパラメーターを同時に考えるときは，どうしても多次元の空間を考えることになる。

音質や画質を細かく調整するオーディオやカメラ，また走り具合をいろいろと変更する（オートマ）自動車など，このような例は身近にあふれている。最近の電子機器の発達はそれを可能にしてきたのである。

しかし，いくらコンピュータでも，目的とする領域がいくつかに分かれていると，スムーズな制御は困難・面倒になる。これらの制御をできるだけ楽に行うには，目的とする領域を一つの不等式で書いておくことが望ましい。したがって，一芸入試で挙げたように，いくつかの不等式で表される領域を，近似的にひとまとめにする関数を作ると，制御が非常に楽になる。実は多くの制御がこの形で行われている。

例えば，自動車のスピードGは，エンジンの回転数xと，ギヤ比y（題材50参照），さらにタイヤの空回りなどがあるとすれば空回り率zなどによって定まる二変数またはそれ以上の変数の関数である。

$$G = G(x, y, z)$$

求める速度Gを得るために，ギヤをシフトして，ギヤ比yを変え，アクセルを上手く踏み込むというのがマニュアルトランスミッションであるが，この制御を，

$$G = xy$$

という関係を利用して，自動的に行わせるようにしたものが，オートマチックトランスミッション，なかでもCVTと呼ばれる仕組みである（ABSというブレーキの仕掛けは，さらに空回り率zを利用して制御を行う）。

文献ナビ

①　「ウィキペディア」ホームページ
　自動車のオートマチックトランスミッションについて書かれている

②　http://www.sanyodenki.co.jp/techrepo/6/p09.html，2006年9月14日検索
　上のように，変数を上手く取り入れて，制御用の変数の数を減らすことを制御の低次元化というが，その一つの例について書かれている。

（四方義啓・樋口英次）

題材 28

エレベーターの神秘

人間の感覚と数列の驚くべき関係！

1 学習指導要領とのつながり

高等学校数学B (1) 数列

（高等学校数学Ⅱ (4) 微分・積分の考え　ア 微分の考え）

（高等学校数学Ⅲ (2) 微分法）

2 題材と日常現実社会のなかでの活用場面—産業・人とのつながり—

エレベーターに乗って，動き始めと，止まる直前に不思議な感覚を受ける。上りのエレベーターなら，動き始めるとき，押し潰されるような感じになり，止まるときには「ふわっ」と浮くような感じになる。また逆に，下っていく場合には，最初は「ふわっ」，最後に押し潰されるような感覚になる。動き方が急であるほどこの感覚は強い。この感覚が，エレベーターの何と関係しているのか，これを高さの二回階差をとることによって解き明かしたのがニュートンである。それをうまく利用すれば，この感覚を和らげることも可能になる。現代の高性能エレベーターは，こうしてこの感覚・ショックを減らしている。

このように，数列の学習は，エレベーターの設計を始め，力学の基礎としても，日常現実社会に活用されている。

3 題材の解説

ある時刻まで原点Oに静止していた物体が，急に等速運動を行い始めて，一定時間の後に停止するような場合を考える。この場合，原点からの距離を，一定時間ごとに計測すると，ある数列が得られる。この数列の二回階差は，加速度に対応する。これが力であると言い切ったのがニュートンに他ならない（現実には急に等速運動を行い始めることはまずないから注意が必要)。

本題材は，エレベーターに例をとって，ニュートンの運動法則を見ていこうとするものである。

エレベーターが1階から2階まで上っていくものとして，その高さを1秒ごとに記録し，図1のようなデータが得られたものとする。また，図2は下っていくときのデータとする。

この高さデータの階差数列を考える。一度では足りないので，階差数列の階差，すなわち二回階差をとると，2ヶ所を除いては全部0になる（図1参照，下っていく図2においては，符号が逆になっている)。

この2ヶ所が，エレベーターが動き始めた直後と，止まる直前である。(図1）は，1階から2階へ上るエレベーターなのだから，最初の数字（この場合だと2）が「押し潰される」ような感覚を示す数字，次の数字（この場合だと－2）が「ふわっ」とする感覚を示す数字である。

ここでは時間の刻みを1秒としたが，もっと細かく刻んでいくと，二回階差は二回微分になる。

したがって，ニュートンが考えたことは，

「押し潰される」「ふわっ」＝力

ということであり，

力＝二回微分に比例する（比例定数が質量）

ということだったのだと言える。

4　学習内容のポイント

1．高校で数学の時間に習う数列や微分だが，それは，紙と鉛筆だけの世界のことではない。今回例にあげたエレベーターはもちろんのこと，通学や通勤で乗っている電車の揺れも，（時間の刻みをある程度小さくして）二回階差をとれば「力」という人間の感覚と一致させることができる（ドリル参照）。

人間の感覚⇔加速度に比例⇔距離の時間による二回微分に比例⇔二回階差に比例

2．体重が同じ人ならだいたい同じ感覚，だから，この比例定数を体重ならぬ質量と決めようと考えたのも凄いことである。これはどちらかというと物理の世界だが，これを数学の世界へ持ち帰るのが，時間をうまく刻んで数列を作るところである。この際，時間の刻みが細かすぎるとデータが取れないし，粗すぎると状況を正しく表現しないデータになってしまう。

3．微分という時間の刻みを細かくした極限の世界は，ある意味で，紙と鉛筆の理想の世界である。この世界と，現実の世界とを行き来できる秘密が，時間の刻みだったのである。時間の刻みで高さの一回階差を割り算したものが速度，速度の階差を時間で割り算したものが加速度であり，これが力に比例する量である。

※ここでは，エレベーターが急に等速運動を行い始め，また急に止まるものと仮定したが，うっかり時間の刻みを小さくすると，この一定の速度を小さい時間で割り算することになって，発進と停止の直前・直後では加速度＝力が変なことになる（無限大に発散する）。現実にはそんなことはありえない。

5　授業に役立つ図・表

秒	0　1　2　3　4　5
高さ（m）	0　0　2　4　6　6
一回階差	0　2　2　2　0
二回階差	2　0　0　−2
感覚	ギュッ　フワッ 

図 1　上りエレベーターのデータ

秒	0　1　2　3　4　5
高さ（m）	6　6　4　2　0　0
一回階差	0　−2　−2　−2　0
二回階差	−2　0　0　2
感覚	フワッ　ギュッ 

図 2　下りエレベーターのデータ

エレベーターの 1 秒ごとの変化を表したものである。左側が上り，右側が下りの様子を表している。ただし，上を正とする。

図3　一昔前のエレベーター

このころのエレベーターは，動き始めや止まるときに「押し潰される」「ふわっ」などという感じが付き物であった。

6　テーマに関連したドリル

【問題１】

下の表は，ある電車の１秒ごとの変化を表したものである。①～⑨に適切な値を入れ，⑩～⑬には，電車に乗っている人が，どちらに動こうとするかを矢印で記入せよ。また，体重60キロの人と30キロの人が受ける力の大きさの比はいくつになるか（人は吊革につかまったりするので，電車の床に置いた鞄がどちらにどのようにすべっていくかを考えてもよい。ただし，右が正の方向とする。

秒	0　1　2　3　4　5
距離（m）	0　2　5　9　14　16
一回階差	①　②　③　④　⑤
二回階差	⑥　⑦　⑧　⑨
感覚	⑩　⑪　⑫　⑬

【問題２】

ここまでは，紙の上のエレベーターを考えてきたが，実際のエレベーターについて見てみたい。時間の刻みを１秒にして観察するにはどうすればよいだろう。また，これを１／10秒くらいにしたいなら，どんな手段が考えられるだろうか？　またデータはどのように変わるだろうか？

【問題３】

昔のエレベーターでは（図３参照），動き始めや止まるときに，確かに，「押し潰される」「ふわっ」などと感じたが，現代の新しい設計のエレベーターでは，こんなことはほとんどない。これはどうしてだろうか？　また，これのまったくない（数学的にゼロの）エレベーターを作ることは可能だろうか？

【問題1の解答】

秒	0　1　2　3　4　5
距離（m）	0　2　5　9　14　16
一回階差	2　3　4　5　2
二回階差	1　1　1　−3
感覚	⇦　⇦　⇦　⇨

60キロ対30キロの問題

ニュートンによれば，力は二回階差×重さに比例する

60キロに働く力は，60×二回階差×比例定数

30キロに働く力は，30×二回階差×比例定数

60×二回階差×比例定数：30×二回階差×比例定数＝2：1

よって，その比は，いつでも2：1。なお，力の向きと階差の正負が気になる人は，物理学の作用と反作用を調べてみて欲しい。

【問題2の解答】

（ビデオ）カメラなどで，動きが外から見える（ストリップ）エレベーターを記録するのが最も手っ取り早いだろう。最近のデジカメには，1秒あたり10コマ程度の速度で連続写真を撮れるものがある。動き始め，ないし止まる直前の短い時間を狙ってみたい。このとき標準になる物差し・時間を写し込んでおくことを忘れないように。

現実のエレベーターも，いったん動いてしまうとほぼ等速運動をするが，（特に0.1秒刻みくらいで記録したとき）動き始めと止まるときは，等速運動になっていないことに気づくはずである。

また，カメラのシャッターを開けっ放しにして，セミプロ用の，1秒間に1回ないし10回ずつ発光するストロボを使うという方法もある（これは解答の一つである）。

【問題3の解答】

動き始めと止まるときの速度をどのように変化させるかがコツである。人間は「力＝加速度＝二回微分＝速度の微分」が変化している間は，敏感に反応しているが，それが一定になってしまうと鈍感だといわれている。だから，速度の変化を，例えば次の図の曲線のように，滑らかにしてやればよい（これは解答の一つである）。

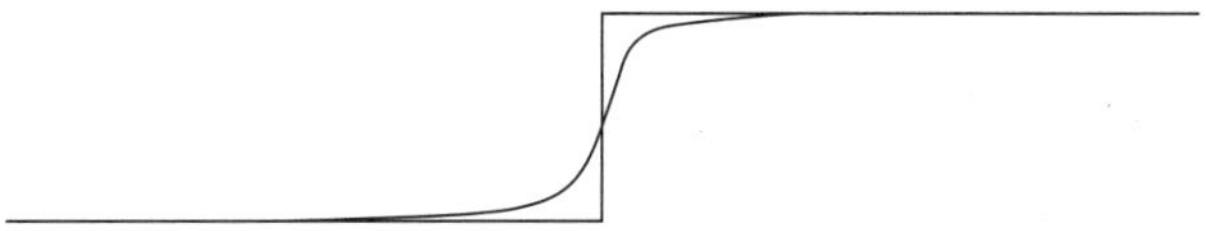

文献ナビ

① 四方義啓（2003）『数学をなぜ学ぶのか』中公新書

数学が日常生活のいろいろな場面で使われていることや，数の発達の歴史などが，具体例を挙げながら親しみやすく書かれている。

（四方義啓・満嶌夏美）

題材 29

借金が倍になってしまう期間は……

数学のなかにあるe

1 学習指導要領とのつながり

高等学校数学Ⅱ (3) いろいろな関数　イ　指数関数と対数関数
高等学校数学Ⅲ (2) 微分法　ア　導関数
（中学校数学　第3学年　C　数量関係）

2 題材と日常現実社会のなかでの活用場面─産業・人とのつながり─

最近では「ユビキタス」という言葉も登場する現代社会には，eを頭文字にした言葉をよく目にするようになってきている。e－サイエンス，e－エコノミーなどがそれである。

数学の学習内容のなかにもeが出てくる。このeは，前出のeが「電子」という意味をもつのに対して，指数関数や対数関数の極限値で用いられる無理数のことである。人口の増え方や経済に関することがらには，指数関数$y = a^x$や対数関数$y = \log x$が関係することが多く，その際にこのeが活用されることが多い。

例えば，金融関係には「70の法則」というものがある。この法則を用いると，例えば「借りたお金が2倍になってしまう年数」を，指数関数である複雑な複利計算を持ち出さなくても簡単に算出できてしまう。この「70の法則」のしくみには，無理数のeが深くかかわっている。

このように，指数関数や対数関数の学習は，日常現実社会のなかの金融分野などで活かされているのである。

3 題材の解説

1　複利計算で，実際に返済金額が増えていくようすを調べてみる

例えば，次のような場合を考えてみる。

> どうしても買いたいものがあったので，クレジットカード会社から20万円をキャッシングした。年利率は15%である。
> この20万円の返済金額は，年々どのようになっていくのだろう。

上記の条件では，毎年15％の利息がかかるので，1年後の返済金額は20万×1.15＝23万円となり，3万円を利息分として余計に返済しなければならなくなる。2年後は，この23万円に15％の利息がかかるので，23万×1.15＝26.45万円となり，以後返済金額には，年ごとの利息分が加算されて計算されていくことになる。これが，複利といわれるもので，世の中の金融商品の多くはこのしくみで発売されている。上記の例のとおり，35年間この計算を繰り返すと，次のような式で表され，返済総額が求められる。

$$20万\times(1+0.15)^x\cdots\cdots①$$

この計算には表計算ソフトを活用することができる。例えば，5 表1・2は表計算ソフトExcelを活用した例であり，表1は計算式の入力例で，表2はその計算結果である。

複利計算は，①式のように指数関数であるため，最初はゆるやかな増え方だが，やがてその増え方

が増大していく。表2を見てもわかるように，返済金額は年々増え続け，５年たつと借りた金額の倍以上も返済しなければならないことになる。

2　eを活用した「70の法則」で計算してみる

複利計算の一般式は，次のように表される。

$A(1+r)^a$……②　　（元金A，利率r，返済年数a）

ここで，②式に似た式$\left(1+\dfrac{1}{x}\right)^x$について調べてみる。この式の$x$の値をだんだんと小さくしていくと，ある一定の値に近づいていくことが分かっている。この値がeである。

$$\lim_{x\to\infty}\left(1+\frac{1}{x}\right)^x = \mathrm{e}$$

このeは，円周率πと同じ無理数であり，およそ2.718281828……の値となる。

「70の法則」は，返済額が借りた額の２倍になるまでにかかる年数を求めるときに使う。

返済総額をBとすると，②式は$B = A(1+r)^a$となる。返済額がちょうど２倍になるのだから，Bを$2A$に置き換え両辺をAで割ると $2 = (1+r)^a$という式が得られる。ここでaを，未知数xを$100r$で割ったものに置き換えると，

$$2 = (1+r)^{\frac{x}{100r}}$$

$$2 = \{(1+r)^{\frac{1}{r}}\}^{\frac{x}{100}}$$

$(1+r)^{\frac{1}{r}}$を$\left(1+\dfrac{1}{r}\right)^r$とすると，これはeと考えてもよいので，$2 = e^{\frac{x}{100}}$……③　となる。

指数関数表を用いて調べると，③を満たす$\dfrac{x}{100}$はおよそ0.7（＝70％）になることが分かる。

よって，２倍になるための返済年数aについて，次の式が得られる。

$$a = \frac{70}{r}$$

この式は，返済総額が２倍になるのにかかる年数は，70を年利率で割った値になるということを意味する。これが，「70の法則」を使った算出方法である。

実際，70÷15＝4.66……であり，年利率15％では５年あれば返済総額が倍になるということになり，これは**1**で求めた結果に確かに合致する。

4　学習内容のポイント

複利計算の一般式……$A(1+r)^a$（元金A，利率r，返済年数a）

200000円を年利率15％で借りると，５年後の返済総額は２倍以上の402771円になる。

返済総額が２倍になるまでの年数を求めるには，

$$2A = A(1+r)^a$$

$$2 = (1+r)^a$$

aを，未知数xを$100r$で割ったものに置き換えると，

$$2 = (1+r)^{\frac{x}{100r}}$$

$$2 = \{(1+r)^{\frac{1}{r}}\}^{\frac{x}{100}} \qquad \lim_{x\to\pm\infty}\left(1+\frac{1}{x}\right)^x = \mathrm{e}\text{より}$$

$$2 = e^{\frac{x}{100}}$$

指数関数表を用いて調べると，③を満たす$\dfrac{x}{100}$はおよそ0.7（＝70％）になる。

よって，$a = \dfrac{70}{r}$

年利率15 %では，

70÷15＝4.66……

5 年あれば返済総額が倍になるということになる。

5 授業に役立つ図・表

表 1　年利率15 %の複利計算のExcelでの入力例

A 1列	B 1列	C 1列
年数	返済総額	
	200000	＝B2＊(1＋0.15)
1	＝C2	＝B3＊(1＋0.15)

表 2　年利率15 %の返済総額

年数（年）	返済総額（万円）	
	200000.0	230000.0
1	230000.0	264500.0
2	264500.0	304175.0
3	304175.0	349801.3
4	349801.3	402271.4
5	402271.4	462612.2
6	462612.2	532004.0
7	532004.0	611804.6
8	611804.6	703575.3
9	703575.3	809111.5
10	809111.5	930478.3

表 3　指数関数表

x	e^x
0.50	1.648721
0.51	1.665291
0.52	1.682028
0.53	1.698932
0.54	1.716007
0.55	1.733253
0.56	1.750673
0.57	1.768267
0.58	1.786038
0.59	1.803988
0.60	1.822119
0.61	1.840431
0.62	1.858928
0.63	1.877611
0.64	1.896481
0.65	1.915541
0.66	1.934792
0.67	1.954237
0.68	1.973878
0.69	1.993716
0.70	2.013753
0.71	2.033991
0.72	2.054433
0.73	2.075081
0.74	2.095936
0.75	2.117000
0.76	2.138276
0.77	2.159766
0.78	2.181472
0.79	2.203396
0.80	2.225541

図 1　金融商品の広告例

6　テーマに関連したドリル

【問題１】

100万円をローン金融会社より年利率23％で借りたとする。

どのくらいの年数で、この借金が２倍になるのだろうか。

【問題２】

住宅購入のために、銀行から年率２％，35年払いで2000万円のローンを組んだ。

返済総額は２倍を超えてしまうか。

【問題３】

10万円の貯金を年利0.25％の普通預金に預けている。

この預金が２倍になるのは何年後か。

【問題４】

20万円の貯金を５年間で２倍にしたい。年利率何％の金融商品に預ければよいか。

【問題１の解答】

70÷23＝3.043……

（答）　４年

【問題２の解答】

70÷２＝35

（答）　ちょうど35年で返済総額が２倍になる。

【問題３の解答】

70÷0.25＝280

（答）　280年後

【問題４の解答】

70÷５＝14

（答）　年利率14％の金融商品

文献ナビ

① 小島寛之（2003）『数学の遺伝子』pp.150－154，日本実業出版

数学の学習内容が日常生活のなかでどのように活用されたり，あるいはその可能性をもっているのかが，具体的な事例を交えながら興味深く紹介されている。

② 溝江昌吾（2003）『上手に生きるための数学便利帳』pp.30－35，朝日新聞社

ローンや保険等の金融商品やあるいは税金など，金融関係に関する数多くの計算方法とその数学的な意味について，具体的な事例を交えて数多く紹介されている。

③ 紀平正幸・岡成一（2002）『ビジネスに役立つ数学』pp.90－91，幻冬社

ビジネスシーンで活用されている数学の学習内容について，数多く紹介されている。

（山崎浩二）

題材 30 人口の増加・減少を予測する

変化率から未来が見える

1 学習指導要領とのつながり

高等学校数学Ⅲ (2) 微分法　イ 導関数の応用
高等学校数学Ⅲ (3) 積分法　ア 不定積分と定積分
高等学校理数数学Ⅱ (8) 積分法
（中学校数学　第3学年　C 数量関係）

2 題材と日常現実社会のなかでの活用場面―産業・人とのつながり―

現在の日本は少子化の中で，人口減少が懸念されている。ある一定期間の人口増減の動向を調べて，今後の人口を予測できないだろうか。多くの要因はあるだろうが，問題を簡略化して考えてみよう。近い未来が見えてくるだろう。変化率の学習は，日常現実社会のなかで増加・減少をとらえることができる場面において，「微分方程式をつくり解く」ことにより活用されている。

3 題材の解説

1つの生物種族がある一定の環境のもとにおかれているとする。種族を構成している個体間には，一般に年齢・大きさ・重量などに差異があるだろうが，以下では問題を簡単にするため，個体差は無視して，各個体は互いに同等と考える。

時刻tにおける種族の個体数を$N(t)$で表そう。時刻tから時刻$t+\varDelta t$までの時間$\varDelta t$における個体数の増加は

$$\varDelta N = N(t+\varDelta t)-N(t)$$

であるから，時刻tにおける個体数の単位時間あたりの増加の割合，すなわち時刻tにおける瞬間増加率は

$$\frac{dN}{dt} = \lim_{\varDelta t\to 0}\frac{\varDelta N}{\varDelta t} = \lim_{\varDelta t\to 0}\frac{N(t+\varDelta t)-N(t)}{\varDelta t}$$

である。（もちろん$\varDelta t<0$ならば，減少となる。）

これは時刻tにおける単位時間あたりの出生数Aと死亡数Bとの差によっても表されるから，方程式

$$\frac{dN}{dt} = A-B \qquad (1)$$

が得られる。

ここで単位時間あたりの単位個体についての出生，死亡の割合をそれぞれ

$$\alpha = \frac{A}{N},\quad \beta = \frac{B}{N} \qquad (2)$$

で表すと，(2)から得られる$A=\alpha N,\ B=\beta N$を(1)の右辺に代入して
この方程式は

$$\frac{dN}{dt} = (\alpha-\beta)N$$

となる。α, βはそれぞれ出生係数，死亡係数と呼ばれ，それらの差

$$\gamma = \alpha - \beta \tag{3}$$

を自然増殖係数という。これを用いて，上の方程式は

$$\frac{dN}{dt} = \gamma N \tag{4}$$

と表される。これは自然増殖の場合の微分方程式であり，個体数の瞬間増加率が，そのときの個体数に比例することを表している。この比例定数γが正か負によって，Nはそれぞれ増加または減少する。

ここで，次のような場合を考えてみよう。

> 時刻tにおけるある国の総人口を$N = N(t)$とする。人口の増加率はそのときの総人口に比例するとする。今年の総人口が1億1千万人であるとして，5年後の総人口はどのくらいになるだろうか。ここで，比例定数$\gamma = 0.031$とする。

$$\frac{dN}{dt} = \gamma N \quad より \quad \frac{1}{N}\frac{dN}{dt} = \gamma$$

この両辺をtについて積分して

$$\int \frac{1}{N}\frac{dN}{dt}dt = \int \frac{1}{N}dN = \int \gamma dt$$

これより$\log|N| = \gamma t + C$（Cは積分定数）

これから$N = Kl^{\gamma t}$（ただし，$K = \pm e^{c}$）　(5)

ここで$t = 0$とおけば$N(0) = K$である。

$\gamma = 0.031$，$K = 1.1\times 10^{8}$，$t = 5$とおいて，$N(5)$を求めると

$1.1\times 10^{8}\times e^{0.031\times 5} \fallingdotseq 128442376$（人）

となる。

上で求めた$N = N_0 e^{\gamma t}$（$N(0) = N_0$とおく）において，増殖係数γは特有な定数である。この公式を逆に用いて，γの値を定めるには，次のように考えればよい。(5)をγについて解くと

$$\gamma = \frac{1}{t}\log\frac{N(t)}{N_0} \quad (K = N_0) \tag{6}$$

となる。個体数増加($\gamma > 0$)の場合は，個体数がもとの2倍となるに要する時間をTとすれば

$$\gamma = \frac{\log 2}{T} \fallingdotseq \frac{0.693}{T}$$

となる。例えば$T = 20$であれば$\gamma \fallingdotseq 0.0347$となる。

また，個体数減少($\gamma < 0$)の場合には，個体数がもとの$\frac{1}{2}$となるに要する時間をTとすると

$$\gamma = -\frac{\log 2}{T} \fallingdotseq -\frac{0.693}{T}$$

となる。いずれの場合でも，Tを知ればγが求められる。

4　学習内容のポイント

上で述べた微分方程式(4)は，時刻tにおける単位個体数あたりの個体数増加率$\frac{N'(t)}{N(t)}$が同時刻における個体数のみに依存し，それが，特に定数γになる場合であった。これはマルサスの人口法則と呼ばれる。解法は変数分離形となり，高校生にとって一番扱いやすいものである。

5　授業に役立つ図・表

個体数$N(t)$は，本来負でない整数値しかとらないはずである。しかし，微分方程式の立場でそれを調べるためには，それが近似的に滑らかな連続関数でおきかえられたとし，独立変数tによる微分などが自由に行えるものと考える。

上で取りあげた例をグラフにしてみるとわかり易い。

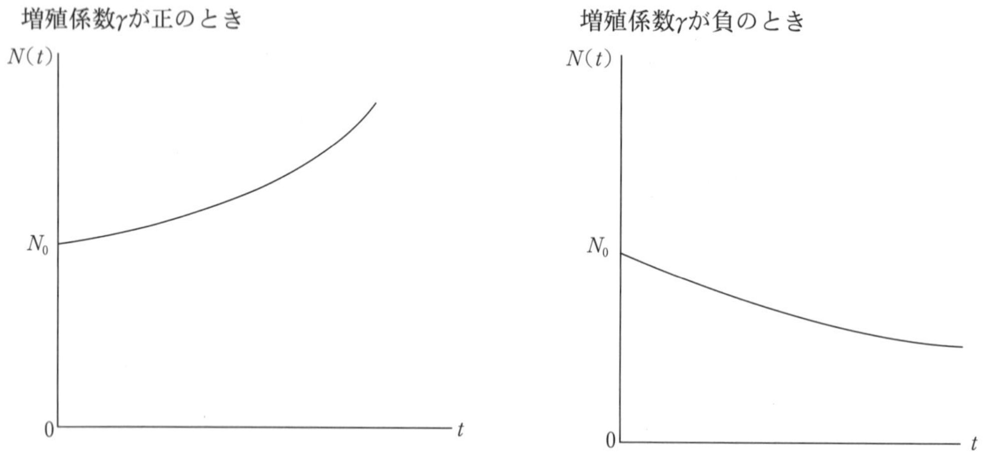

図1　個体数の増減

6 テーマに関連したトピック　～放射性原子の半減期～

時刻tにおけるある放射性物質の中の原子の個数を$N = N(t)$で表すと，$\dfrac{dN}{dt}$は単位時間内の原子の崩壊個数を表し，これは，現在の原子の個数に比例することが知られている。

この定数を$\gamma(< 0)$とすれば

$$\frac{dN}{dt} = \gamma N$$

であるから，前の例と同様に

$$N = N(t) = N_0 e^{\gamma t} \quad (N(0) = N_0)$$

と表される。

また，原子の個数が半分になる期間（これは半減期と呼ばれる）は$-\dfrac{\log 2}{\gamma} \fallingdotseq -\dfrac{0.693}{\gamma}$と表されることが分かる。

もし，ある放射性物質の比例定数が$\gamma = -0.035$であれば半減期は$T = -\dfrac{0.693}{0.035} \fallingdotseq 19.8$となることが分かる。

文献ナビ

① E.L.リース他（山下純一他訳）(1981)『リースのやさしい微分方程式』現代数学社
「諸科学への応用」という副題があり，具体的な例について，ていねいに解説した本である。
② 高遠節夫他（2004）『新訂　微分積分Ⅱ』大日本図書
高校生にも十分理解できる微分積分の教科書である。第 4 章で微分方程式を扱っている。

（斎藤　斉）

題材
31 「ししおどし」「クリスマスツリー」は時間を計る
「ししおどし」「クリスマスツリー」は積分する

1 学習指導要領とのつながり

高等学校数学Ⅱ ⑶ いろいろな関数 イ 指数関数と対数関係 (イ) 指数関数
高等学校数学Ⅱ ⑷ 微分・積分の考え イ 積分の考え (ア) 不定積分と定積分
高等学校数学Ⅲ ⑶ 積分法 ア 不定積分と定積分 (ウ) いろいろな関数の積分
高等学校数学Ⅲ ⑶ 積分法 イ 積分の応用
（中学校数学 第3学年 C 数量関係）

2 題材と日常現実社会のなかでの活用場面—産業・人とのつながり—

コップを斜面に置いて，水槽から水を注いでいくと，たいていは，どこかでひっくり返って水はこぼれてしまう。もう一度コップを元に戻して，水を注ぐと，またひっくり返る……こんな「遊び・いたずら」は普通許されないが，日本庭園に置かれて「コーン」と鳴る「ししおどし」という仕掛けは，この繰り返しを自動化したものである。常に一定量の水が注がれているとすれば，「ししおどし」は一定時間ごとに「コーン」と鳴るので，それを数えれば時間が計れる。

また，ほぼ一定時間で明滅するクリスマスツリーや道路工事のチカチカ，さらにはクォーツ時計も，水を電気に置き換えてはいるが，原理的には同じ仕掛けを使っている。そこに共通する原理の一つが積分である。

実際，ある時刻tにコップに流入する水の量を$f(t)$とすると，時刻0から時刻Tまでにコップにたまる水の総量は積分$\int f(t)dt$によって与えられる。これがある量Hに達したときにひっくり返るものとする。

もし，常に一定量aの水が流れ込むとすれば，$f(t)=a$だから$\int f(t)dt=\int adt=at$

ひっくり返るまでの時間Tは$T=\dfrac{H}{a}$であり，Hとaは定数だから，Tも一定となる。したがってコップは一定時間Tごとにひっくり返ることになる。これが「ししおどし」が一定時間ごとに「コーン」と鳴る理由である。

水を電気に置き換えることもできる。このとき，コップの代わりをするものがコンデンサーという部品である。また，電気がある高さ・電圧に達したときに「カチンとスイッチを入れてくれる」のがコンパレーターという部品・ＩＣである。「光って合図」をさせたければ，これに発光ダイオード・ＬＥＤ，「音で合図」をさせたければブザーをつなげばよい。電気の場合は，いろいろな部品を利用して，単に「コーンと鳴る」だけでなく，時計の針を正確に動かしたり，絵や音・声を出したりすることができる。

このように，積分とその考え方の学習は，日常生活に活用されている。

3 題材の解説

常に一定量aの水が流れ込むとすれば，「コップに貯まる水の総量$=\int f(t)dt=at$」という積分によって，「時間t」が「コップに貯まる水の量at」に変換できる。だから「常に一定量の水が流れ込む」

とすれば，「水の量を計れば時間が分かる」ことになる。「水の量を計る」かわりに，コップが一杯になる度に水を捨てて，その回数を数えてもよい。これが「ししおどし」や「水時計」の原理である。

水の場合は，コップや「ししおどし」と水槽からの注ぎ口とを離すことができたから，一定量の水を流すことはそんなに困難ではなかったが，これを離すことができない電気の場合は少し様子が違う。

水の場合でも，コップの底と水槽の底とを管でつないで，水を注入することにすると，常に一定量の水が入るというわけにはいかなくなる。コップが空で，コップの水面が水槽の水面のウンと下にあるときは勢いよく水が入ってくるが，コップの水面が水槽の水面に近づいてくると，勢いが弱くなってくるからである。この勢いは，コップの水面xと水槽の水面Eの高さの差に比例している。コップの水面の上昇速度は$\dfrac{dx}{dt}$であるから，これは$\dfrac{dx}{dt} = k(E-x)$

という微分方程式で表される。これを満たす関数で，$t = 0$において$x = 0$であるものは，

$$x = E-Ee^{(-kt)} = E(1-e^{(-kt)})$$

である。よって，最初は早く，時間がたてばゆっくりと，コップの水面の高さは水槽の水面の高さに近づいていくことが分かる。

電気の場合も，これと全く同じことになる。ただし，電気の場合は，「水面の高さ」とは言わずに「電圧」と言うので，水槽の水面の高さは供給電圧と読み替えなければならない。

これから，例えばxがEの50パーセントになるまでの時間Tは，

$0.5 = e^{(-kt)}$となって，$T =$ 約$\dfrac{0.7}{k}$を得る。したがって，kが一定ならば，xがEの50パーセントになるまでの時間は一定であることが分かる。よって，水面または電圧が，水槽の水面の高さ，または供給電圧の半分になったときに，コップがひっくりかえるような仕掛け，電気の場合なら，コンデンサーに貯まった電気を放電して，ＬＥＤを光らせるなどの仕掛けを作っておけば，時間が計れることになる。

上の比例定数kの逆数$\dfrac{1}{k}$は，コップの底面積またはコンデンサーの容量Cに，そこへ水または電気を導く「道の細さ」を表す抵抗Ｒを掛け合わせたものになり，電気回路の設計では

$T =$ 約$0.7CR$

が使われている。

なお，コンデンサーの容量Cや抵抗Rは，ほんの少しではあるが，温度によって変動するので，現在の時計では，クォーツ（水晶）のように，その積であるkの値が殆ど変動しないものを使って精度を出している。

4　学習内容のポイント

１．水と電気は，動きによく似た点があるので，目に見えない電気の理論を水になぞらえて理解するのに便利である。

２．水の流れは電流に，水の高さ・水圧は電圧に置き換えられる。一時的に水を溜めておくコップはコンデンサーに，水を導く細い道は抵抗というように，電子部品に置き換えることができる。

３．コップに水を溜める，コンデンサーに電気を貯めるということは，ほんの少しの時間の間に入ってくる水または電気を積分することである。

４．一定量aの水を流すことは比較的易しい，これが水時計の原理である。

5．この場合なら，定数aを積分すれば，すぐに水の量が求まる。
6．電気の場合は，コンデンサーに貯まる水の勢いは，電圧の差に比例するため，その量を求めるのは，単純な積分ではなくなり，微分方程式を解くことになる。

5 授業に役立つ図・表

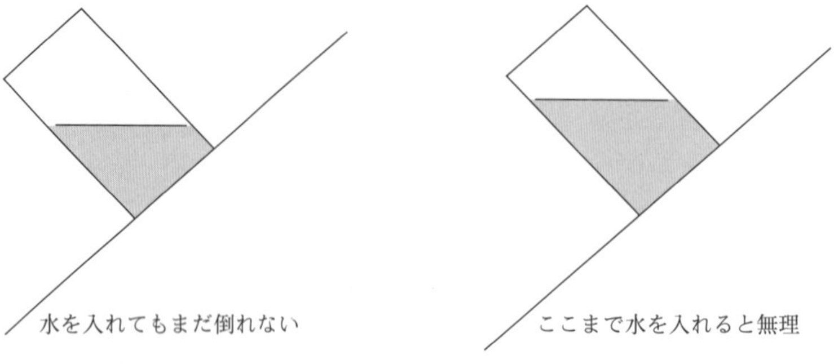

図１　斜面に置いたコップに水を入れる

図２　ししおどし
（セブンフォト提供）

図３　コンパレーターＩＣの写真

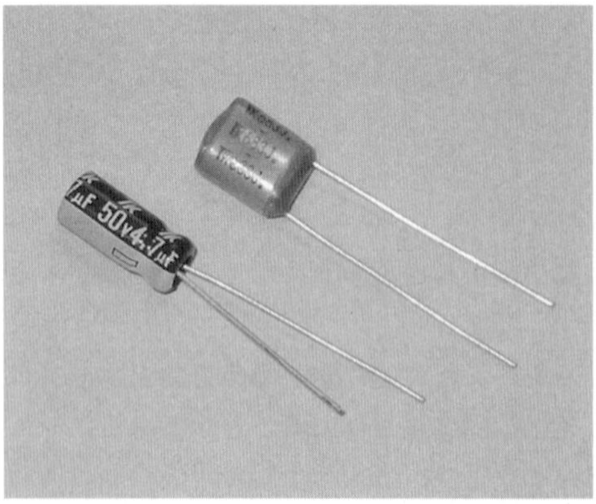

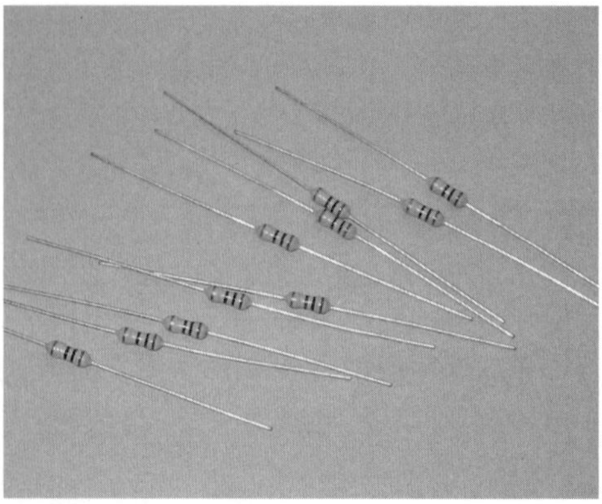

図４　コンデンサーと抵抗
コンピュータの内部・コンデンサーやＩＣそしてクォーツが組み込まれて時間を刻んでいる。

6　テーマに関連したドリル

電気では，その量はクーロン（記号Q）という単位で表され，電圧はボルト（記号V）で表される。１秒間に1Qの電気が流れる時，１アンペア（記号A）の電気が流れるという。コップの底面積にあたるコンデンサーの容量は，ファラッド（記号F）で表す。1Fのコンデンサーに1Qの電気を蓄えさせると，その水面の高さにあたる電圧は1V上昇する。一般には，コンデンサーに蓄えられる電気量をQ，コンデンサーの容量をC，その電圧をVとすると，$Q = CV$が成り立つ。

なお，コンデンサーは２つの線を持っており，片方がコップの底面，片方が水面にあたる。したがって，コンデンサーの電圧Vと言うときは，この２つの線の間を測った電圧を意味している。

【問題１】

(1)　1Fの容量を持つコンデンサーに，1Aの電流を流し込んだ。コンデンサーの10秒後の電圧を求めよ（コンデンサーには，最初は全く電気が貯まっていなかったものとする）。

(2)　同じ条件で電流を0.5Aに落とした場合，その電圧が10Vになるのは何秒後か。

(3)　電流を1Aの100分の１，0.01Aに落とした場合，１秒後に，その電圧が10Vになるようにするにはどれくらいの容量のコンデンサーが必要か。

【問題１の解答】

(1)　１Aの電流は，１秒間に１Q，よって，10秒間では10Q流し込んだことになる。これを１Fのコンデンサーに蓄えさせると，$\frac{10}{1}V$の電圧になる

(2)　0.5Aは，１秒間に0.5Q，また，１Fのコンデンサーに10Vの電圧を与えるには，10Q必要だから，

$\frac{10}{0.5} = 20$秒後

(3)　小問(1)と同様にして，１秒間では，0.01Q流し込んだことになる。電圧が０Vだから，必要なコンデンサーの容量をxとすると，

$0.01 = x \cdot 10$

よって，$\frac{1}{1000}F$のコンデンサーが必要ということになる。普通に売られているコンデンサーでは，1Fの百万分の１であるμFを単位とすることが多いので，これは，1000μFになる。コンデンサーの写真（図４）の左端のものがそれにあたる。

文献ナビ

①　黒田徹（2003）『トランジスタ技術』2003年10月号，p.124，CQ出版

コンデンサーの歴史から構造まで一通り押さえて書かれている。初学者にも理解しやすいようにコンデンサーを水とビーカーに置き換え書かれている。

（四方義啓・内田達弘・鈴木雅博）

題材
32
数学武蔵と数学小次郎どっちが強い
積分とモーメント

1 学習指導要領とのつながり
高等学校数学Ⅰ　(2) 二次関数　ア 二次関数とそのグラフ
高等学校数学Ⅰ　(2) 二次関数　イ 二次関数の値の変化　(ア) 二次関数の最大・最小
高等学校数学Ⅱ　(4) 微分・積分の考え方　ア 微分の考え　(ア) 微分係数と導関数
高等学校数学Ⅱ　(4) 微分・積分の考え方　ア 微分の考え　(イ) 導関数の応用
（中学校数学　第3学年　C 数量関係）

2 題材と日常現実社会のなかでの活用場面―産業・人とのつながり―
宮本武蔵と佐々木小次郎の巌流島での決闘の物語は有名である。このとき小次郎は物干し竿と呼ばれる6尺の太刀を，武蔵は，普通の3尺の刀を左右の手に持って戦ったという。そして武蔵が勝って，二刀流という流派を歴史に残した。

小次郎が本当に6尺＝1.8メートルの刀を持って戦ったのか，武蔵の刀がキッカリ3尺しかなかったかどうかなどという歴史的事実についてはしばらくおいて，仮に，そうだったとすると，武蔵の勝利は数学的に見ても全く不思議でないことが，物理の知識を少し借用するだけで，積分の計算から導かれる。

積分の結果から先に言うと，太刀の長さがk倍になるとそれを振り回すための力はkの2乗倍，長さが2倍なら4倍の力が必要になる。だから，小次郎は6尺の太刀を振り回すために，普通の刀を振り回す場合の4倍の力を必要とする。しかし武蔵は，普通の刀を2本使ったのだから，力は2倍ですむ。というわけで，もし2人の力にそんなに差がなければ，小さい力で自由に太刀を振り回せた武蔵の勝ち……ということになる。

ただ，これはあくまで刀を振り回す力についてだけを考えて，単純化した結果であって，だから，小次郎の思慮が浅かったとか，太刀は短かければ短い方がいい……かというと，実はそうでもない。現実の問題となると，武器を自由に振り回す力だけでなしに，どれくらいの距離を攻撃できるかということも重要な要素になるからである。

攻撃というと決闘のときだけに必要なもののように思われるかもしれないが，ロボットの腕・ロボットアームの設計などでも，現実にこの「攻撃範囲」が問題になる。ロボットの腕が届かねばならない範囲がまず指定されていて，その中でできるだけ早く，確実に作業をさせたいというのが，武蔵や小次郎ばかりでなく，ロボットの設計者にも与えられる重要な問題だからである。

なお，武蔵と小次郎の話は，実際に経験することもある。ホンモノの物干し竿を振り回そうとして，意外に大きい力が必要で驚いたとか，旗を持って列の先頭を行進しているとき，少し風が吹いただけでよろけてしまったとか，そういう経験を持つ人は少なくないはずである。このようなことの裏には（一様な棒なら）長さの2乗が利いてくるという積分の理論が隠れている。

このように積分の学習やその考え方は日常生活に活用されている。

3 題材の解説
梃子の原理は，（重さが無視できるような）腕木の端を固定し，残る一方の端におもりをつり下げたとき，「支点と呼ばれる固定した端には「腕の長さ×重さ」だけの力（ここで言っている「力」は正しくは，物理でモーメントと呼ばれるものである）がかかる」ということから導かれる。要するに「「長さ×重さ」が支点を回そうとする」というわけである。

モーターなどの強さを表すときにトルクという言葉が使われるが，これも同じような意味を持っている。例えば，トルクが100ｇ・㎝のモーターは，10センチの（重さが無視できるくらいの）腕木の端につるした10グラムのおもりを引き上げることができるが，100センチ離れると１グラムのおもりしか引き上げられない。

したがって，固定した端・支点からx㎝の距離にある１グラムのおもりのモーメントはトルクｇ・㎝で言うと

$x \times 1$　ｇ・㎝

となる。だから，１センチおきに１グラムのおもりをつり下げると，10センチでは

$1\times1+2\times1\cdots+10\times1=55$（ｇ・㎝）

のトルクとなる。

重さが無視できない長さaの腕木の場合は，その単位長さ当たりの重さをρとおくと，ごく短い長さdxが持つ重さはρdx。それがxの距離にあるとすると，そのトルクは

$x\times\rho dx$

これを０からaまで全部足し合わせれば，すなわち積分すれば，腕木自身のトルクが得られる：

トルク$=\int\rho x dx=\frac{1}{2}\rho a^2$

こうして，確かに長さの２乗が現れることが分かる。

日本刀の場合，その断面積は約1.3平方センチくらいである。鉄１立方センチ当たりの重さ（これがホンモノの比重）は7.8ｇ／立方センチくらいだから，上に言うρは10くらいになる。したがって，長さが３尺＝約90センチの日本刀なら，それを振り回すために必要なトルクは

$\frac{8100}{2}$＝約40500ｇ・㎝＝約40㎏・㎝

同様にして，長さが180センチになると，

$\frac{32400}{2}$＝約162000ｇ・㎝＝約160㎏・㎝

したがって，長さ90センチと180センチでは，トルクの比は約４倍になっている。

日本刀では，ρは一定としてもそう間違いではないが，ロボットアームの場合などは，先端になるほど軽くする，ないし細くする（テーパーをつけるという）などしてトルクを稼いでいる。すなわち積分範囲aを一定にしておいて，アームの形や材質を変えて，トルクすなわち積分全体の値を小さくするのである。

例えば，固定端では厚さbをもち，それから距離aにある先端では厚さがゼロ，途中では直線的に厚さが減少してゆく下図のようなようなロボットアームを考える。

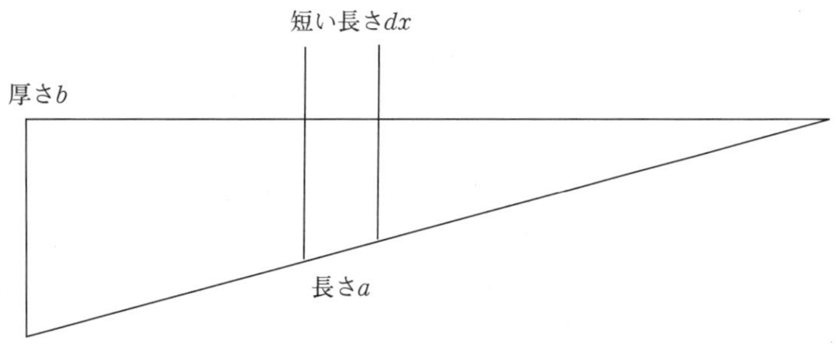

固定端から距離xでの厚さは，$b-\frac{bx}{a}$だから，その位置にある短い長さdxの部分の重さは$\rho(b-\frac{bx}{a})dx$　したがって，固定端からこの部分を見たトルクは

$$x\times\rho(b-\frac{bx}{a})dx$$

よって全体のトルクは

$$\int\rho x(b-\frac{bx}{a})dx=\rho(\frac{1}{2}ba^2-\frac{1}{3}ba^2)=\frac{\rho ba^2}{6}$$

一方，この形は重さ，$\frac{1}{2}\rho ba$を持つ。これは，長さa厚さ$\frac{b}{2}$の長方形の重さに等しい。この長方形が一方の端に対して持つトルクは，日本刀の場合と同様にして，

$$\int\frac{\rho bx}{2dx}=\frac{\rho ba^2}{4}$$

したがって，三角形にした方が同じ重さで，同じ長さまで届かせることができ，長方形の場合に比べてトルクが２／３，約67パーセントに軽減される。

4　学習内容のポイント

1．梃子の原理は「長さ×重さ」これは「モーメント」「トルク」という言葉で言い表される。
2．モーメント・トルクは，棒の端を持って振り回す「力」と考えてよい。
3．重さが無視できない一様な棒の場合は，単位長さ当たりの重さをρとするとき，xという位置にあるdx部分のモーメントは$x\rho dx$
4．この全部を加えたものが全体のモーメントになる。これを求めるには積分する。
5．全体長さがa，単位長さ当たりの重さがρの一様な棒では，モーメントは$\frac{\rho a^2}{2}$
6．ロボットアームなど実際に使うときには，形や材質を変えて，モーメントを減らしている。この計算にも積分が有効である。

5　授業に役立つ図・表

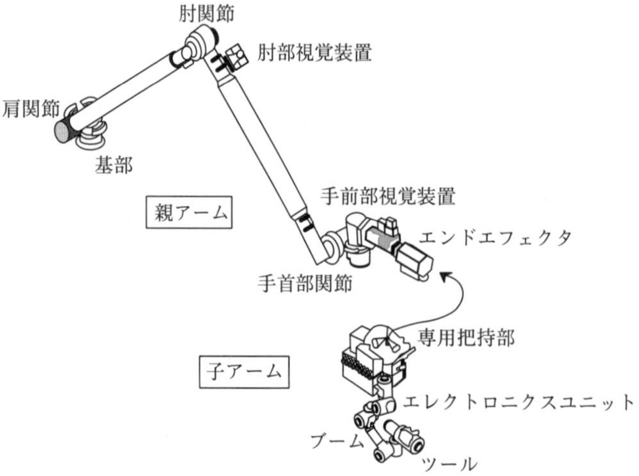

図１　宇宙ステーションで使われるはずのロボットアーム

国際宇宙ステーション「きぼう」の日本実験棟の船内実験室に取り付けるため，開発されたロボットアームの１つ。

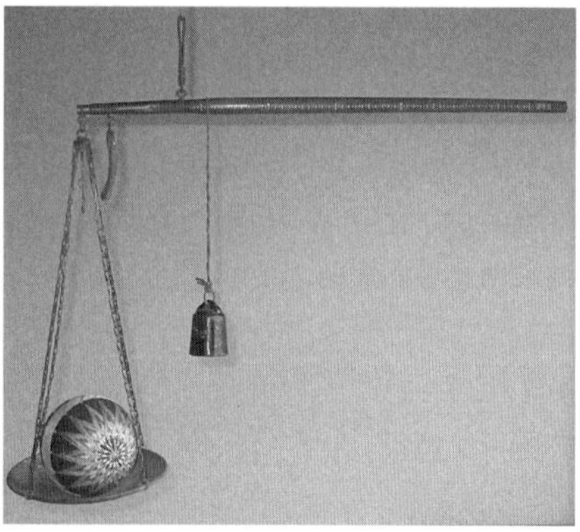

図２　天秤とモーメント

モーメントを利用している。

6 テーマに関連したドリル

【問題１】

前頁の図に示したものは，重い方を支点にして，軽い方におもりをつるすと考えたが，逆に，重い方を支点として，軽い方の端におもりをつり下げるとすれば，トルクはどのようになるか？　前頁の図のような場合と長方形の場合，そして本問題のような逆三角形の場合を比べてみよ。

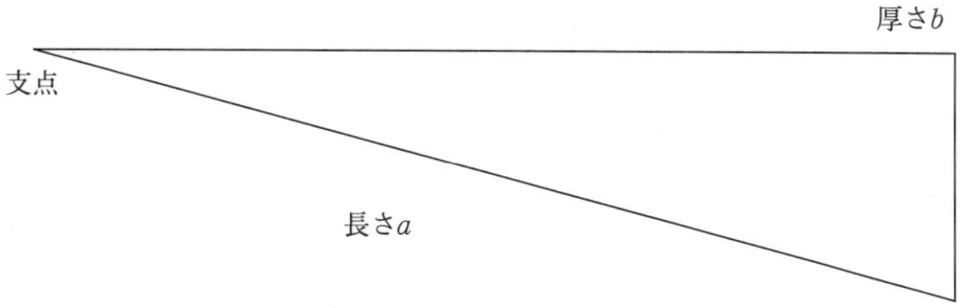

【問題１の解答】

支点をゼロとしたとき，点xにおける厚さは，$\dfrac{bx}{a}$，その位置にある厚みdxの部分の重さは$\dfrac{\rho bxdx}{a}$

よって$x\cdot\dfrac{\rho bxdx}{a}$のモーメントを持つ。これを積分すると全体としての，モーメントが求められる。

$$\int \rho x\left(\frac{bx}{a}\right)dx = \frac{\rho ba^2}{3}$$

よって，常識が正しいこと，すなわち

三角形の場合$=\dfrac{1}{6}<$長方形の場合$=\dfrac{1}{4}<$逆三角形の場合$=\dfrac{1}{3}$

が分かる。

文献ナビ

① http://www.jaxa.jp/press/archives/nasda/2001/05/jem_010517_j.html，2006年５月15日検索

宇宙飛行研究開発機構のホームページで，このページは宇宙開発事業団（NASDA）が国際宇宙ステーション「きぼう」の日本実験棟のロボットアーム操作性評価試験について掲載したもの。ロボットアームの主要仕様や，使用目的などが説明されている。

② http://www9.plala.or.jp/vintage/hakari.html，2006年５月23日検索

アナログ機器の代表として，昔のいろいろな秤が掲載されている。「授業に役立つ図・表」にもある竿秤についても触れてある。

（四方義啓）

題材
33

予言・予測する体温計

予測型体温計は等比数列のlimitを計算する

1 学習指導要領とのつながり

高等学校数学B　(1) 数列　ア 数列とその和　(ア) 等差数列と等比数列
高等学校数学Ⅲ　(1) 極限　ア 数列の極限　(ア) 数列$\{r^n\}$の極限

2 題材と日常現実社会のなかでの活用場面—産業・人とのつながり—

昔からある水銀式の体温計は，電池など使わない代わりに，5分間ほど脇の下に挟んでいなければ，正しい検温ができなかった。しかし，今の電池式体温計は，脇に挟んで1分もたたないうちに，「ピピッ」と鳴ってほぼ正しい体温を知らせる。この秘密は，等比数列とその極限の計算，ないし連立方程式の中に隠されている。いま，本当の体温をX，測り初めの体温計の温度（示度という）をAとする。これは時間とともに上昇する。例えば0.1秒後にはB，0.2秒後にはC……と増加していって，5分ほどたてば，求める値Xのごく近くにくる。だから，5分ほど待てばよいというのが，昔からの体温計の仕組みだった。しかし，温度（示度）の上昇には，ある規則があることが知られている。これは，同じ時間だけずらして計った，例えば0.1秒ごとに計った示度は，本当の体温Xに対して，

$B-A=r(X-A),\ C-B=r(X-B)$…①

を満たすというものである，ここで，$0<r<1$。すなわち，温度計の示度は，一定時間ごとに，理想の値との差を，一定の比率rで縮めて行くという法則である。この式において，A，B，Cは体温計から得られるので既知数，未知数は本当の体温Xとの差を縮めて行く比であるr，したがって，最低二つの式が立てば，体温Xを求めることができる。よって，0.1秒ごとに測定するとすれば，最低0.2秒で検温できることになる。このことは，解説に述べるように，等比数列の極限や微分方程式として理解することも可能である。

このように，連立方程式や等比数列の理論，そしてその収束の学習は日常生活において活用されている。

3 題材の解説

ここでは，一定時間ごとの示度の変化を考えて，連立方程式ないし等比数列として取り扱ったが，時間変化を無限小とすれば，これは微分方程式の問題としても取り扱える題材である。

実際の応用に当たっては，コンデンサーで微分が行えるアナログ式体温計が微分方程式型，無限小の時間変化が苦手なデジタル式体温計は，本題材のような等比数列，ないし連立方程式型をとる。

デジタル型，アナログ型共に，体温計の中にマイクロコンピュータを組み込んで，時間が正確に計れるようになったこと，いくつかの示度を記憶できるようになったこと，それらの演算ができるようになったことなど，数学ばかりでなく近代の技術の進歩がこのようなシステムを可能にしたと言える。いずれにしても，示度の変化の法則を

目標値－次の示度＝（$1-r$）（目標値－現在示度）

と捉えて，最初の数十秒の示度の変化で，最終温度を計算することは共通している。

さて，$A=A(0)$，$B=A(1)$，$C=A(2)$とおいて，①式を書き直すと

$$X-A(1)=(1-r)(X-A(0)),\ X-A(2)=(1-r)(X-A(1))$$

であるから，一般に，0.n秒後の示度を$A(n)$とおくと，

$$X-A(n)=(1-r)(X-A(n-1))\cdots①'$$

を満たす。

nに$n-1$を代入して，

$$X-A(n-1)=(1-r)(X-A(n-2))\cdots①''$$

辺々引き算して

$$A(n)-A(n-1)=(1-r)(A(n-1)-A(n-2))\cdots②$$

これからrは，

$$1-r=\frac{A(n)-A(n-1)}{A(n-1)-A(n-2)}\cdots③$$

によって得られることが分かる。

さらに，$A(n)-A(n-1)$は公比が$(1-r)$の等比数列となって，

$$A(n)-A(n-1)=(1-r)^n(A(1)-A(0))$$

となる。これらの和をとると

$$A(n)-A(0)=\{1+(1-r)+(1-r)^2+\cdots\cdots\}(A(1)-A(0))\cdots④$$

一方，

$$Y(n)=X-A(n)$$

とおくと，①'式より

$$Y(n)=(1-r)\cdot Y(n-1)\cdots①'''$$

したがって

$$Y(n)=(1-r)^n\cdot Y(0)$$

となって，$Y(n)$は，公比が$(1-r)$の等比数列となる。

ここで$0<r<1$であるから，nが無限大になると，数列$Y(n)$は0に収束する。よって，nを大きくすると，示度$A(n)$が体温Xを近似することが分かる。これが昔の体温計では，5分間待った理由でもある。

④式へ戻って，nを大きくした極限を考える。

$A(n)$の極限がXとなることを使って

$$X-A(0)=\frac{1}{r}(A(1)-A(0))\cdots⑤$$

を得る。rは，③式を使って，どんなnに対して計算しても良いわけであるが，実際には，一定であるはずの示度の比をいくつか記録しておいて，比

$$\frac{A(n)-A(n-1)}{A(n-1)-A(n-2)}$$

が落ち着いたところを利用する。もちろん，⑤式からXを計算するための，$A(1)$，$A(0)$も同じところを利用する。これらの差は，時間の刻みが小さくなれば，それにつれて小さくなる数なので，誤差を小さくするには技術的な工夫が必要になる。

4　学習内容のポイント

1．最近になって普及してきた予測型体温計の中には，数学がつまっている。

2．これが可能になった裏には，「時間を計る，記録する，計算する」などマイクロコンピュータを

利用した近代技術の進歩がある。

3．熱の法則としては，①に示した，「温度計の示度は，一定時間ごとに，理想の値との差を，一定の比率rで縮めて行くという法則」を使う。

4．これによって，一定時間ごとの体温計の示度から，等比数列が導かれ，体温計の示度の極限が体温であること，それが，等比数列の和として求められることが示される。

5．一方，これを連立方程式として解くことも可能である。しかし，各時間に得られる体温計の示度から，どれを選んで方程式とするかは，システムの信頼に関わる重要な問題である。

6．実際には，③式が一定となるようなn, $n+1$, $n+2$を採用する。したがって，等比数列の考え方が必要になる。

5　授業に役立つ図・表

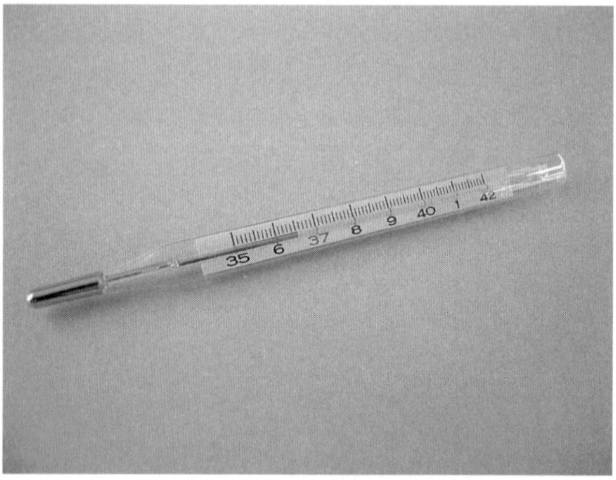

図１　水銀体温計

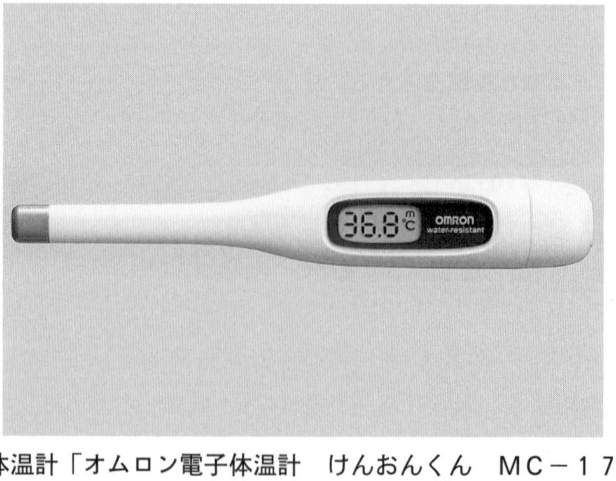

図２　体温計「オムロン電子体温計　けんおんくん　ＭＣ－１７１Ｗ」
（オムロンヘルスケア㈱提供）

6　テーマに関連したドリル

解説で導いた，式①'''より，

$$Y(n)-Y(n-1)=-rY(n-1)$$

を得る。

$dY=Y(n)-Y(n-1)$　とおいて，これを書き直すと

$dY=-rY$，すなわち　$\dfrac{dY}{Y}=-r$

これが，微分方程式で書いた示度変化の法則である。

アナログ式では，温度をいったん電圧に変換し，さらに電圧Eに対して，$\dfrac{dE}{dt}$を与えることができるコンデンサーを使って，微分方程式

$\dfrac{dE}{dt}=kE$（kは比例定数）

を回路によって作る。この方程式は，上の微分方程式と同じものであり，適当な演算によって，解が予測できる。

【問題１】

１日目は３匹虫がいた。
２日目は６匹になっていた。
３日目は12匹になっていた。
　　　　⋮
と増えていく虫がいたとすると，１か月（30日間）その虫を放置しておくと何匹になっているか。

【問題１の解答】

１日目は３匹虫がいたので，$a_1=3$
２日目は６匹になっていたので，$a_2=6$
また，$a_2=a_1r$なので，$r=2$
したがって，$a_n=a_1r^{n-1}$より，$a_{30}=3\cdot2^{29}=1610612736$
よって，１か月後には1610612736匹になる。

文献ナビ

① http://www.healthcare.omron.co.jp/product/mc171w_1.html，2006年４月11日検索
オムロンの体温計の商品紹介のページ。
② http://www.terumo.co.jp/healthcare/info_rekishi/index6.html，2006年４月13日検索
水銀体温計について紹介しているページ。

（四方義啓・満嶌夏美）

題材 34

日の出・日の入りと三角関数の関係

三角関数と空間図形の活用

1 学習指導要領とのつながり

高等学校数学Ⅲ (1) 極限 イ 関数とその極限 (ア) 合成関数と逆関数
高等学校数学Ⅱ (2) 図形と方程式 ア 点と直線 (ア) 点の座標
高等学校数学Ⅱ (2) 図形と方程式 ア 点と直線 (イ) 直線の方程式
高等学校数学A (1) 平面図形 ア 三角形の性質
高等学校数学A (2) 平面図形 イ 円の性質
高等学校数学B (2) ベクトル ア 平面上のベクトル
高等学校数学B (2) ベクトル イ 空間座標とベクトル
(中学校数学 第1学年 A 数と式 (3) 一元一次方程式)

2 題材と日常現実社会のなかでの活用場面—産業・人とのつながり—

(以下の説明は北半球に限定する)

昔のボーイスカウトでは，腕時計の短針を太陽の方向に合わせれば，その時計の12時が指す方向との中間が南であると教えていた。これは，12時に太陽が「原則として」真南の方向に来る・南中する一方では，地球が24時間で1周し，時計の針は12時間で1周するからである。

「原則として」と断ったのには理由がある。地球は24時間で1周・360°動く。だから，経度が360÷24＝15°ズレると太陽が真南に来る時刻・南中時刻は1時間ズレる。しかし，日本で経度15°のズレというと沖縄の那覇と北海道の札幌くらいになる。したがって，各地の南中時刻を基準にすると，那覇と札幌の時刻が1時間ズレたなどということが起こる。そこで日本国内では東経135°の明石天文台の南中時刻を標準として，それに時計を合わせることになっている。このように，ある国のなかで通用する一つの標準時を決めて，(南中時刻との少々の誤差は我慢して) その国のなかではその時刻を使う。よく見れば自然の時刻と人間の時刻とは少しズレているのである。

南中時刻のズレのほかにも夏と冬の日照時間差がある。夏は夜明けが早く，日の入りが遅い。サマータイムはこれを補正するためでもあると言われている。これは地球の自転軸が公転面に対して約23°傾いているためであり，高緯度地方になるほどその影響が強い。例えば緯度が，90°—23°＝67°以上になると，真夏なら日が沈まない・白夜，真冬なら夜が明けないなどということが起こる。

最近，電話やインターネットなどの普及で，時間差ゼロで外国とつながる機会が増え，相手先の生活時刻を知っておくことの重要さが増している。また，住宅を設計するにあたって，真夏の太陽を遮るための軒の深さ，隣りに立つビルによる日照妨害などを計算する必要も増した。

このような場合，経度によって自分や相手先の南中時刻，そして，だいたいの時間差，また三角関数や，(空間) 図形の知識を使えば，緯度と季節によって，夜や昼の長さ，さらには南中高度を計算することができる。

このように，(空間) 図形や三角関数の学習は，日常生活に活用されている。

3 題材の解説

赤道付近で人間の先祖が誕生したためか，人間はその遺伝子の中にほぼ24時間で小さく１回りし，１年で大きく１回りする時計・体内時計を持っていると言われている。小さい周期は赤道付近でなら，地球の自転周期にほぼ一致している。

しかし，緯度が高くなると，季節の変化が明瞭になり，夏と冬では夜と昼の長さにズレができるなど，１年という大きい周期・地球の公転周期が顕著になって，生活をそれに合わせる必要ができる。

我が国では，太陽が南中する時刻を正午と定めて，それから日の入りまでを三等分，日の入りから日の出までを六等分，日の出から正午までをまた三等分して一刻と数えていたため，夏と冬，夜と昼では，時計の振り子の長さを変えて時刻を刻ませていた。多分このような数え方の方が，人間のリズムには優しかったのだろう。

しかしこのような時刻は，限られた狭い地方でしか通用しない上に，同じ丑三つ時と言っても，日によって異なっている。数学で言えば，時刻が時刻だけの関数でなくなり，場所と日までを含んだ関数になる。

そこで現代では，時刻だけを独立させて，季節や場所などに関係なく24時間を定めることにし，「標準の正午は東経０°のグリニッジ天文台で太陽が南中する時刻である」と定めている。このため各地方の生活時間とのズレが生じるが，それを補正するために，各国標準時，サマータイムなどが設けられている。

太陽の南中時刻は，題材に述べたように，経度が分かれば分かる。逆に，12時の太陽の「南」からのズレを計れば，日本でなら，東経135°からのズレが分かる。さらに，例えば冬至の日の12時に太陽が見える高度・南中高度は，次のようにして緯度から計算できる。

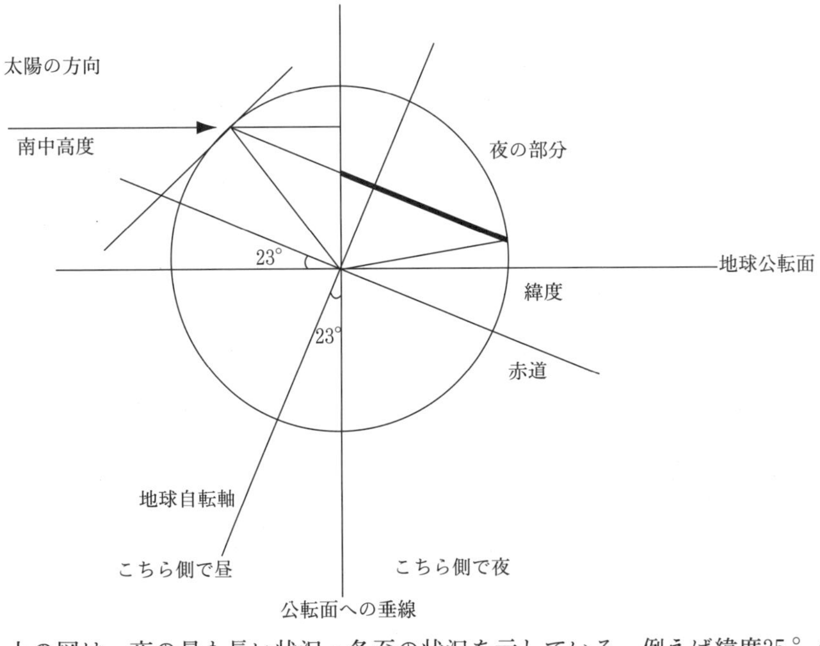

上の図は，夜の最も長い状況・冬至の状況を示している。例えば緯度35°の地点では，太陽の南中高度は，

180°−23°−35°−90°＝37°

である（詳しくは，授業に役立つ図・表参照)。

また前頁の図で緯度35°の地点の，夜の部分と昼の部分の長さは，地球の半径をRとするとき，それぞれ，

$R\cos 35 - R\sin 35\cdot\tan 23,\ R\cos 35 + R\sin 35\cdot\tan 23$

となる。したがってその比は

$1-\tan 35\cdot\tan 23 : 1+\tan 35\cdot\tan 23$

この地点の動きを上から見ると，円になっているはずであるから，

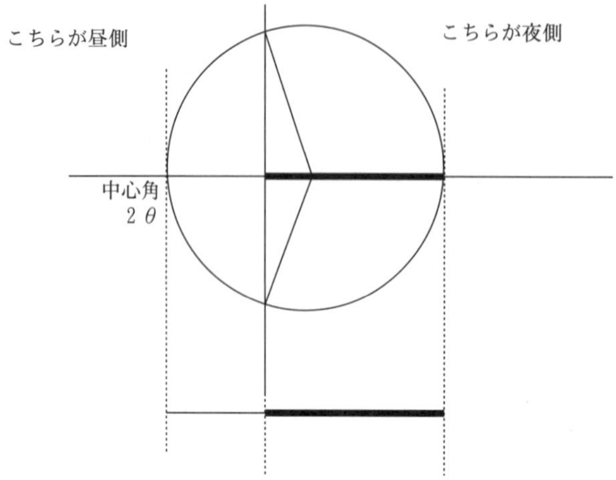

この円の半径をr，中心角を2θとすると，下の直線に射影したときの長さは，それぞれ

$r + r\cos\theta,\ r - r\cos\theta$　したがって，その比は $1-\cos\theta : 1+\cos\theta$

よって，$\cos\theta = \tan 35\cdot\tan 23$

これを満たす角度θは約70°，これから，緯度35°の地点では，冬至の日の，夜と昼の長さの比は，

180－70：70＝110：70

であり，時間にすると，夜は約15時間，昼は約9時間ということになる。

4　学習内容のポイント

1．時刻に関しては，国際的な統一性と，地域的な生活時刻との間にズレが生じる。
2．国際的にはグリニッジ標準時を定めている。
3．地域的なズレは，緯度と経度，そして1月1日からの日によって，計算することができる。
4．南中時刻のズレは，経度から分かる：経度÷15がズレ時間である。
5．夏至や冬至の南中高度は緯度から分かる：90°－緯度±23°
6．夏至や冬至の夜と昼の時間差は，三角関数，逆三角関数を使って緯度から計算できる。
7．これらすべてを通じて，（立体）図形の考え方は重要である。
8．特に，球面上の図形を取り扱う三角法を球面三角法と呼ぶこともある。

5 授業に役立つ図・表

図 1　地球儀

地球儀の傾斜は，地球の自転軸の傾きに合わせて，23° にしてある。上図において，左から太陽が照らしているとすると，上図左は昼が長い夏，上図右は，夜が長い冬の状況を示している（北半球の場合）。

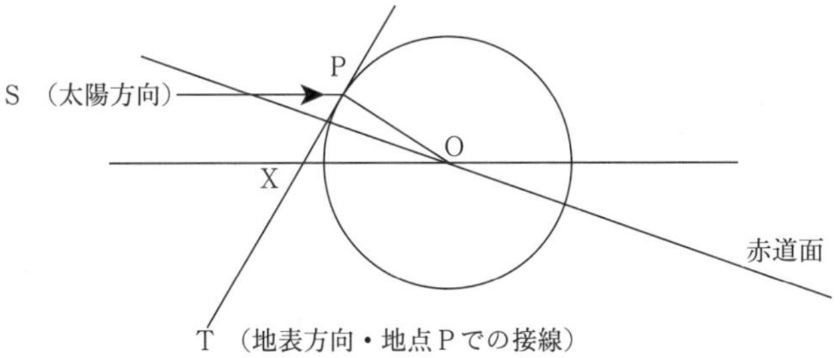

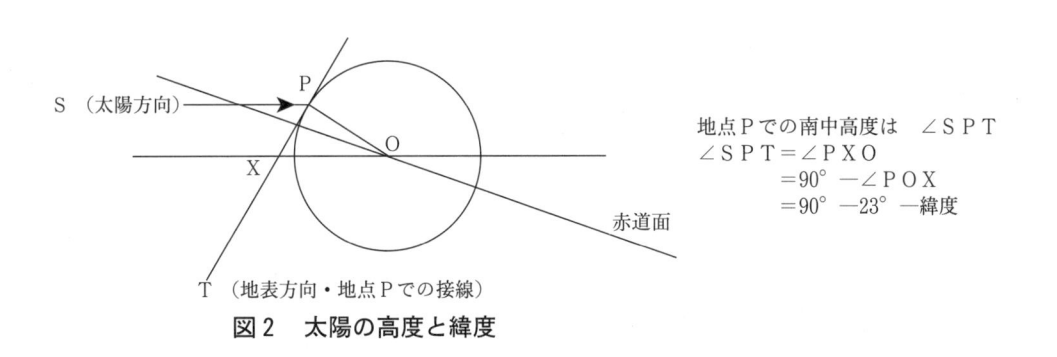

地点Pでの南中高度は　∠SPT
∠SPT＝∠PXO
　　　＝90° −∠POX
　　　＝90° −23° −緯度

図 2　太陽の高度と緯度

6 テーマに関連したドリル

【問題 1】

群馬県前橋市は，北緯約36.4° である。今日の前橋市における太陽の南中高度が $a°$であるとすると，北緯 $x°$ である地点の南中高度は，約何度になるか求めなさい。

【問題 1 の解答】

緯度の差が，南中高度の差になって現れる。

前橋市との緯度の差は，$(x-36.4)°$となる。北緯の緯度が増すにつれ，南中高度は低くなるので，北緯 $x°$ である地点の南中高度は，約$\{a-(x-36.4)\}°$となる。

（四方義啓・後藤恭介）

⇨関連題材 23・36

題材 35

オリンピックのトーチと二次曲線

二次曲面を基に設計された採火

1 学習指導要領とのつながり

高等学校数学C (2) 式と曲線 ア 二次曲線 (ア) 放物線
高等学校数学C (2) 式と曲線 ア 二次曲線 (イ) 楕円・双曲線
（高等学校数学Ⅰ (2) 二次関数 ア 二次関数とそのグラフ）
（高等学校数学Ⅲ (1) 極限 イ 関数とその極限）
（中学校数学 第3学年 C 数量関係）

2 題材と日常現実社会のなかでの活用場面—産業・人とのつながり—

次々にリレーされるオリンピックの聖火はオリンピック開会を告げる一大イベントである。これは，マッチやライターで点火するのではなく，その種火は，ギリシャにある古代オリンピア遺跡で，古式にのっとって，凹面鏡で太陽光線を集めて作られる。

いくら明るい地中海の太陽でも，火のないところに火がつくのは不思議だが，これを可能にしているのが，二次曲線の形をした凹面鏡である。

実は，この凹面鏡の断面は放物線の形をしている。そして，二次曲線の単元で学習するように，放物線には一つの焦点が存在する（図1参照）。この焦点には，その名のとおり，軸に平行に入ってきた太陽の光のすべてが集まる。つまり，放物線を軸の周りに回転させて，回転放物面の鏡を作ると，その焦点に大量の太陽の光を集めることができて，火がつくことになる。

また，これを利用して，太陽の光ばかりでなく，音や電波を一点に集めることもできる。これが衛星放送の送・受信で活躍するパラボラアンテナである（図2参照）。

このとき，焦点の位置が計算できれば，どこにトーチをおけば最も上手く火が点くのか，また，どこに送・受信機を置けば効率が最もよくなるのかが分かる。

このように，二次関数の学習は，オリンピックの採火を始め，現在では衛星放送の送・受信アンテナにまで，幅広く活用されている。

3 題材の解説

放物線の焦点について考えるまえに，本書題材36で触れられている，楕円について復習しておく。

楕円には2つの焦点があって，楕円型の鏡を作ると，片方の焦点から出た光や音・電波などが，もう一方の焦点に集まることが知られている。したがって，焦点の間の距離が，太陽とオリンピアの遺跡の距離に等しいような，途方もなく大きい楕円の鏡があれば，太陽から出た光はすべてオリンピアに集まって，オリンピアどころか地球全体を焼きつくすことすら可能である。もちろん，トーチに点火するくらいなら，そのごく一部分だけを使ってできるし，月とオリンピアを焦点とする大きい鏡があれば満月の光でも点火が可能かもしれない。

点火するだけではなく，楕円の鏡によって，太陽や月，そして星が出している光を集めてくれれば，それらの様子を調べることもできる。そうすれば天体の様子がもっとよく分かるはずである。ただ楕円の鏡には不便な点もある……それは太陽用とお月様用，そしてお星用……といった具合に，距離に応じて，いく種類もの楕円の鏡を準備しなければならないという点である。同じことは，家庭から衛星までの距離が様々である衛星アンテナについても言える。

そこで，とにかく一方の焦点は途方もなく遠いのだから，無限大としてしまって，太陽用，お月様用……などの鏡や各家庭用のアンテナにみんな同じものを使ってしまおうという考え方が出てくる，これが放物線である。

下に示すように，無限に遠い焦点からやってくる光は，平行光線ということになる。こう考えれば放物線は次のような性質を持つであろうと予想される。

1．放物線の形をした鏡を作ると，その焦点から出た波は，反射して軸に平行に出てゆき，逆に，軸に平行に入ってきた波は，反射して焦点に集まる（図1参照)。

2．放物線をその軸の周りに回転させてできる回転放物面の鏡を作ると，焦点から出た波は，反射して軸に平行に出てゆき，逆に軸に平行に入ってきた波は焦点に集まる。

つまり，パラボラアンテナも，（無収差）凹面鏡も，一方の焦点が無限大であり，目に見える焦点が1つだけであることがキーポイントになっている。

ここでは，楕円の焦点の1つを無限に飛ばすことによって放物線の焦点を求めてみる。

楕円の方程式を$\dfrac{x^2}{a^2}+\dfrac{y^2}{b^2}=1$とおく。$(a>b>0)$このとき，この楕円の焦点の座標は，$(-\sqrt{a^2-b^2},\ 0)$と，$(\sqrt{a^2-b^2},\ 0)$と表せる。この焦点の片方（今回は$(-\sqrt{a^2-b^2},\ 0)$とする）を，原点へ平行移動させる。そうすると，楕円の方程式は，$\dfrac{(x-\sqrt{a^2-b^2})^2}{a^2}+\dfrac{y^2}{b^2}=1$……①となり，この時の焦点は$(0,\ 0)$，$(2\sqrt{a^2-b^2},\ 0)$となる。ここで，$x$軸との交点を求めるため，$y=0$を①へ代入する。そうすると，$x=\sqrt{a^2-b^2}-a,\ \sqrt{a^2-b^2}+a$となる。この交点は定数と考えられるので，$c=\sqrt{a^2-b^2}-a$……②とおく。$(c<0)$また，$t=2\sqrt{a^2-b^2}$……③とおく。②，③より

$a^2=\left(\dfrac{t}{2}-c\right)^2$……④，また③，④より$b^2=a^2-\dfrac{t^2}{4}=\left(\dfrac{t}{2}-c\right)^2-\dfrac{t^2}{4}=c(c-t)$……⑤を得る。

①に③④⑤を代入すれば，$\dfrac{\left(x-\dfrac{t}{2}\right)^2}{\left(\dfrac{t}{2}-c\right)^2}+\dfrac{y^2}{c(c-t)}=1$……⑥となる。これを変形すると，

$\dfrac{y^2}{c}=\dfrac{\left(\dfrac{c}{t}-1\right)\left(1-\dfrac{c}{t}-\dfrac{x}{t}\right)(x-c)}{\left(\dfrac{1}{2}-\dfrac{c}{t}\right)^2}$となるので，$c$を一定に保って，$t$を無限へ飛ばすと，

$\dfrac{y^2}{c}=\dfrac{-(x-c)}{\dfrac{1}{4}}$となる。

これは，$y^2=-4cx+4c^2$という放物線の方程式になっている。

これによって，楕円の一方の焦点を固定して，残る一方を無限大へと飛ばすと放物線になることが示された。

したがって，遠くにある天体の光を一点に集めるには楕円型が理想であるが，放物型でも近似的にそれが可能であることが分かる。放物型の鏡は，ごく小さい部分だけを考えれば，球面で近似することも出来る。それが普通に使われる（球面）レンズである。

放物線は，無限に遠い天体からの平行光線を誤差なしに一点に集めることができる理想に近い形である。ギリシャ時代，すでに，港に放物面状に鏡を並べて大型の反射鏡を作り，地球からは無限に遠いと考えられる太陽の光を集めて，敵の軍船を焼いてしまおうという計画があったと言われている。

4　学習内容のポイント

1．パラボラアンテナや凹面の反射鏡といった，電波や光を集めるものは，放物線をその軸の周りに回転させてできる回転放物面という二次曲面の形をしている。

2．放物線とその回転放物面には，次のような性質がある。

①　放物線の形をした鏡を作ると，その焦点から出た波は，反射して軸に平行に出てゆき，逆に，軸に平行に入ってきた波は，反射して焦点に集まる。

②　放物線をその軸の周りに回転させてできる回転放物面の鏡を作ると，焦点から出た波は，反射して軸に平行に出てゆき，逆に軸に平行に入ってきた波は焦点に集まる。

3．有限の放物線ならば，楕円から作ることができるのを利用して，放物線の焦点を求めることができる。

4．焦点がわかれば，放物線の頂点と焦点の距離を求めることができる。これで，凹面の反射鏡のどの位置にトーチを置けば，火をつけられるかも計算できる。

5　授業に役立つ図・表

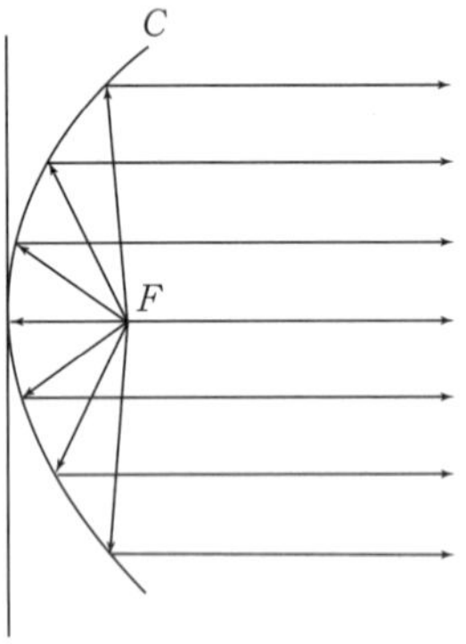

図1

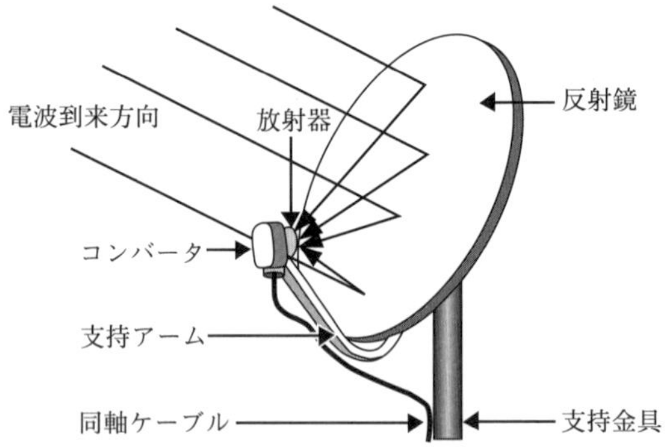

図2

図3　オリンピアでの採火
（PANA通信社提供）

6　テーマに関連したドリル

【問題 1】

$\dfrac{\left(x-\dfrac{t}{2}\right)^2}{\left(\dfrac{t}{2}-c\right)^2}+\dfrac{y^2}{c(c-t)}=1$ を変形して，$\dfrac{y^2}{c}=\dfrac{\left(\dfrac{c}{t}-1\right)\left(1-\dfrac{c}{t}-\dfrac{x}{t}\right)(x-c)}{\left(\dfrac{1}{2}-\dfrac{c}{t}\right)^2}$ となることを示せ。

【問題 1 の解答】

$$\frac{\left(x-\frac{t}{2}\right)^2}{\left(\frac{t}{2}-c\right)^2}+\frac{y^2}{c(c-t)}=1$$

$$\frac{y^2}{c(c-t)}=1-\frac{\left(x-\frac{t}{2}\right)^2}{\left(\frac{t}{2}-c\right)^2}=\frac{\left(\frac{t}{2}-c\right)^2-\left(x-\frac{t}{2}\right)^2}{\left(\frac{t}{2}-c\right)^2}=\frac{\left\{\left(\frac{t}{2}-c\right)+\left(x-\frac{t}{2}\right)\right\}\left\{\left(\frac{t}{2}-c\right)-\left(x-\frac{t}{2}\right)\right\}}{\left(\frac{t}{2}-c\right)^2}$$

$$=\frac{(x-c)(t-c-x)}{\left(\frac{t}{2}-c\right)^2}$$

$$\frac{y^2}{c}=\frac{(x-c)(t-c-x)(c-t)}{\left(\frac{t}{2}-c\right)^2}=\frac{(x-c)(t-c-x)(c-t)}{\left(\frac{t}{2}-c\right)^2}\times\frac{\frac{1}{t^2}}{\frac{1}{t^2}}=\frac{(x-c)\left(1-\frac{c}{t}-\frac{x}{t}\right)\left(\frac{c}{t}-1\right)}{\left(\frac{1}{2}-\frac{c}{t}\right)^2}$$

文献ナビ

① http://www.alianet.org/homedock/tv/1-1a.html，2006年 4 月 9 日検索
地上放送用アンテナや，衛星放送用受信アンテナの仕組みが掲載されている。
② フリー百科事典「ウィキペディア（Wikipedia）」のパラボラアンテナのホームページ。

（四方義啓・満嶌夏美）

⇨関連題材35

題材 36

コンサートホールの設計

焦点を利用してホール全体に響く音

1 学習指導要領とのつながり

高等学校数学Ⅱ (2) 図形と方程式 ア 点と直線
高等学校数学C (2) 式と曲線 ア 二次曲線
（高等学校数学Ⅱ (4) 微分・積分の考え ア 微分の考え (イ) 導関数の応用）
（中学校数学 第3学年 C 数量関係）

2 題材と日常現実社会のなかでの活用場面―産業・人とのつながり―

コンサートホールは卵を横に2つに切った半卵型をしていることが多い。このデザインには音を隅々まで均等に伝える工夫が隠されている。

半卵型は，数学でいえば，回転放物面（放物線の軸を中心に回転した曲面）に近い。放物線は（中心）軸と，その上の1つの焦点とを持っている。かりに放物線の形をした鏡を作ったとすれば，焦点からの光は放物線の鏡で反射して軸に平行に出てゆくという性質があることが証明できる。

放物線をその軸のまわりに回転させると回転放物面ができる。そこで，回転放物面の鏡を作ったとすれば，焦点から出た光は軸と平行に出てゆく。

会場の隅々まで音を均等に伝えなければならないコンサートホールは基本的にはこれを利用している。壁を半卵形・回転放物面型に作っておけば，焦点から出た音は光のように反射して軸に平行に出てゆくので，焦点で行われた演奏は客席の隅々まで広がってゆき，客は演奏者に正対して聞くような気分になれるからである。

放物線・楕円・双曲線など二次曲線の焦点は面白い性質を持っているので，このほかにもいろいろなところで使われている。別の題材で触れたパラボラアンテナも回転放物面であるし，ある点から出た水の波が，集まって別の点に帰ってくるという楕円型の枠もその一つである。

回転放物面だけではなく，回転楕円面・回転双曲面も身近なところで応用されている。回転楕円面は一方の焦点から出た音が，もう一方の焦点に集まってくるという楕円の性質を集音装置として利用したもので，録音スタジオなどではマイクのセッティングに利用される。同じ仕掛けは，科学館では「不思議の部屋」と名づけられている。これは，「ある点」で話す話し手の近くにいると話が聞き取りにくいのに，遠くの「ある点」に行くと「はっきり・大きく」聞き取れるという部屋である。これら2つの点は楕円の焦点である。また双曲線については，一方の焦点から出た光はあたかも他方の焦点から出たように反射するので，これもコンサートホールや不思議の部屋の設計に活かされている。

このように，楕円・双曲線・放物線など二次曲線の学習は，音の反響を利用した建築物などに活用されている。

3 題材の解説

放物線は，$y=x^2$のような二次式が表す曲線であると考えることもできるが，微分を使わないとその接線は求まらない。しかし，もっと直感的な捉え方が要求されるような建築現場などでは，次のような幾何学的な定義の方が有利である。

定義：放物線とは，焦点Fからの距離と，軸に直行する直線・準線１からの距離とが等しい点Pを集めたものである。なお，

「Fからの距離＞１からの距離」となる点を放物線の外部の点，

「Fからの距離」＜「１からの距離」となる点を放物線の内部の点

と呼ぶことにする。

この定義を使えば，（近似的ではあるが）放物線は，x^2などを計算しなくても，コンパスと定規を使って比較的容易に作図できる。まず，準線１の上に点列$Q(1)$，$Q(2)$……をとり，順次，点Fと結んで，その垂直二等分線$R(1)\ X(1)$，$R(2)\ X(2)$……を引く，ここで，$R(1)$，$R(2)$……は，直線$FQ(1)$，$FQ(2)$……を二等分する点である。

点列$Q(1)$，$Q(2)$……を細かく取れば，直線族（昔は直線叢とも書いた）$R(1)\ X(1)$,$R(2)\ X(2)$……の中に放物線が浮かび上がる。このような直線族を包絡線叢と呼ぶこともある

これは，垂直二等分線$R(1)\ X(1)$……が，全て放物線の接線になっていて，接点以外では放物線の外にあるからである。このことは，次のようにして示される：

準線１上の点$Q(n)$から，準線１に垂線を立て，それが$FQ(n)$の垂直二等分線$R(n)\ X(n)$と交わる点を$P(n)$とする。

$FP(n) = PQ(n) = P(n)$から準線１までの距離

だから，点$P(n)$は放物線上にある。

一方，直線族$R(n)\ X(n)$上に，点$P(n)$以外の点Aを取ると，$FA = AQ(n)$は成り立つが，直線$AQ(n)$は，準線１への垂線ではない。よって，点Aから準線１までの距離は焦点からの距離である$AQ(n)$より小さい。ゆえに，点Aは放物線の外部にある。

後に少し詳しく述べるように（テーマに関連したトピックの項参照），ある曲線が，平面を内部と外部に分けているとき，それに一点だけで交わり，それ以外はその曲線の内部，または外部のどちらかにあるような直線は接線であることが示される。これを使えば，直ちに，直線族$R(1)\ X(1)$，$R(2)\ X(2)$……が全て接線であることが分かる。

さらに，

$\triangle P(n)FR(n)$と$\triangle P(n)Q(n)R(n)$は合同なので，

$\angle FP(n)R = \angle Q(n)P(n)R(n)$。

一方，$Q(n)P(n)$をこの方向に延長したものを$P(n)T(n)$と書くと，

$\angle R(n)P(n)Q(n)$と$\angle X(n)P(n)T(n)$は対頂角で等しい。

したがって，$\angle FP(n)R(n) = \angle R(n)P(n)Q(n) = \angle X(n)P(n)T(n)$

これと，直線$R(n)X(n)$が放物線の接線であることとを併せて考えると，放物線が鏡でできているなら，焦点Fから直線$FP(n)$に沿って入射してきた光は，放物線鏡で反射して準線１に垂直に直線$P(n)T(n)$に沿って出てゆくことが分かる。

4　学習内容のポイント

1．楕円・双曲線・放物線など二次曲線の接線はそれぞれ興味深い性質を持つ。これは図形の問題としても面白い。そのうちの放物線に絞って述べる。

2．放物線の接線は，接点を除いては，いつでも放物線の外部にある。だから接線を集めれば，その中に放物線が浮かび上がる。

3．放物線の形をした鏡を作ると，焦点から出た光は，放物線の鏡で反射して軸に平行に出てゆく。これは図形的にも説明できる。光の代わりに音でもこの性質は保たれる。

4．回転放物面の形をした鏡でも同じことが言えるので，コンサートホールの設計などに活かされる。
5．回転楕円面・回転双曲面についても同じようなことが言える。

5　授業に役立つ図・表

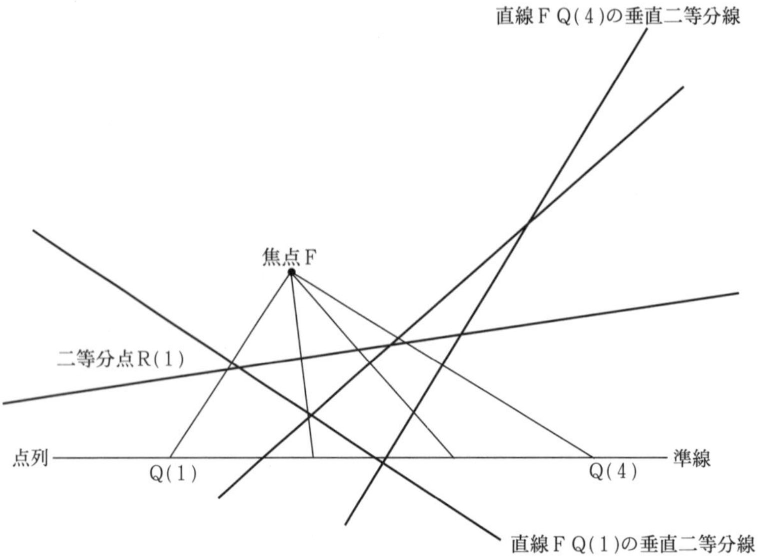

図１　太く描いた直線を細かく描いてゆくと放物線が浮かび上がる

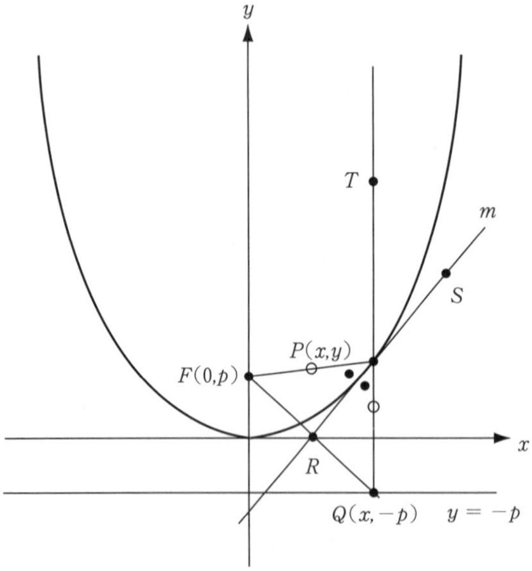

図２　QTとRSの交点は放物線の上にある

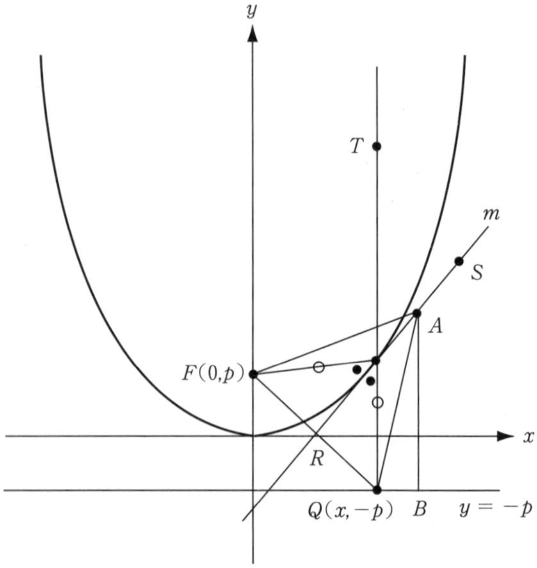

図３　交点以外の点Aは放物線の外 I

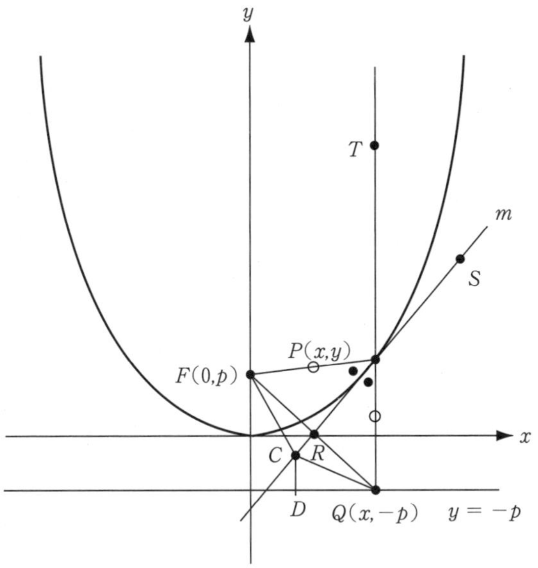

図 4　交点以外の点Cは放物線の外 II

6　テーマに関連したドリル

よく使われる接線の定義には少なくとも 3 種類がある。微分を使って行われるものが最も一般的で，曲線$y = f(x)$の点$P = (a,\ f(a))$における接線は，この点を通り，傾き$f'(a)$を持つ直線であると定義される。この一方，微分を使わずに，連立方程式

$y = f(x),\ y = ax+b$

が重根を持つ場合とすることもある。さらに平面図形では，割線の極限を接線と呼んだり，円や楕円・放物線などの図形が，平面を 2 種類の部分に分けることを使って，その図形上の点Pを通る直線が，点Pを除いて，一方の部分だけに入っているときに接線と呼んだりしている。

これらは，それが適用される対象が違うだけで，ほぼ同一の内容を持っている。

【問題 1】

点Pの座標を$(x_0,\ y_0)$としたとき，放物線$y = \dfrac{x^2}{4p}$の点Pにおける接線方程式を（直線 1 の式）を求めよ。

【問題 1 の解答】

点aにおける接線方程式は，$f(x)-f(a) = f'(a)(x-a)$とかける。

これより，点Pにおける接線の方程式は，

$$y-y_0 = \frac{2x_0}{4p}(x-x_0) \qquad y = \frac{x_0}{2p}(x-x_0)+y_0$$

文献ナビ

① 建築思潮研究所編（1994）『建築設計資料 48 コンサートホール』建築資料研究社

コンサートホール作りは，巨大な楽器作りと題して，日本各地のコンサートホールの写真や設計時の工夫が掲載されている。

（四方義啓・満嶌夏美）

⇨関連題材 23

題材 37

衛星放送受信アンテナや科学館「不思議の部屋」の設計

二次曲面・その回転面

1 学習指導要領とのつながり

高等学校数学C ⑵ 式と曲線 ア 二次曲線 ㋐ 放物線 ㋑ 楕円と双曲線
（高等学校数学Ⅰ ⑵ 二次関数 ア 二次関数とそのグラフ）
（高等学校数学A ⑴ 平面図形 イ 円の性質）
（高等学校数学Ⅱ ⑵ 図形と方程式 ウ 軌跡と方程式）
（中学校数学 第3学年 C 数量関係 ⑴ 関数$y = ax^2$）

2 題材と日常現実社会のなかでの活用場面―産業・人とのつながり―

パラボラ・アンテナ（パラボラとは放物線という意味）というとおり衛星放送受信用のアンテナは，放物線を回転した形をしている。電波も波であるから，これは，放物線の次のような性質を利用したものである。

1 放物線の形をした鏡を作ると，その焦点から出た波は，反射して軸に平行に出てゆき，逆に，軸に平行に入ってきた波は，反射して焦点に集まる。

1´ 放物線をその軸の周りに回転させてできる回転放物面の鏡を作ると，焦点から出た波は，反射して軸に平行に出てゆき，逆に軸に平行に入ってきた波は焦点に集まる。

また，科学館などに，話し手の近くにいると話が聞き取りにくいのに，遠くの「あるポイント」に行くと「はっきり・大きく」聞き取れるという「不思議の部屋」がある。これは，音も波であるから，楕円の次のような性質を利用したものである。

2 楕円型の鏡を作ると，楕円の一方の焦点から出た波はもう一方の焦点に集まる。

2´ 楕円を，その焦点を含む軸の周りに回転させてできる回転楕円面の鏡を作ると，その一方の焦点から出た波は，もう一方の焦点に集まる。

このように二次曲面やその回転面の学習は，光・電波や音などの反射や集中の原理として，日常生活における光・電波や音による情報の受信，そして送信など多くの場面で活用されている。

3 題材の解説

上の題材「2，2´」を使うと，反射面が回転楕円面であるとすれば，焦点から出た波はもう一つの焦点に集まることがわかる。これを利用して，回転楕円面型の壁を持つ部屋を作ると，話し手の近くにいると話が聞き取りにくいのに，遠くのあるポイントでは「はっきり・大きく」聞き取れるという「不思議の部屋」ができあがる。

また，コンサートホールを垂直面で縦に切った断面を見ると，反射板や二階席のために，音が伝わる空間としては楕円型に見えることが多い。このようなホールで，マイクを持った歌手が一方の焦点で歌っていたりすると，マイクには観客席にあるもう一方の焦点の音がそのまま入ってしまう恐れがある。

ホンモノのコンサートホールや録音スタジオの設計にあたっては，できるだけ，このようなことを避けるような方法が取られているが，どうしようもないときには，歌手の前でなく，もう一方の焦点にマイクを置くという方法が取られることもある。しかし，マイクを使わないクラシックの鑑賞などのときには，音響的に言えば，このようなホールの焦点の位置が特等席ということになる。

上の題材「1，1´」を使うと反射面が回転放物線面であるときは，その軸に平行に入ってきた波は焦点に集まることが分かる。この性質によって，波である光や電波を効率よく集めることができるので，非球面レンズないし反射鏡として，光学望遠鏡や電波望遠鏡など天文学の最先端で活用されている。また身近なところでは，パラボラ・アンテナとして衛星放送の受信用アンテナとして使われている。すでにギリシャ時代に太陽の光を回転放物面鏡で反射させて敵の船を焼こうとしたという話も伝わっている。

また，回転放物面は，焦点から出た波を軸に平行に効率よく送り出すこともできるので，懐中電灯やスライドプロジェクターの反射鏡に使われている。さらに，ある種のコンサートホールを上から見ると，舞台中央が多少引っ込んだ形になっていることがある。これは，無意識であるにせよ，舞台奥の壁を放物線型にして，その焦点にいる歌手や俳優の声を反射させ，それを正面から眺めている観客にうまく届くようにしてあるからだと考えることができる。

4　学習内容のポイント

1．楕円・双曲線・放物線の定義から軌跡を用いて作図する。
2．楕円・双曲線・放物線の焦点・準線・漸近線などの特徴を考える。・作図
　・証明
3．光学的発想　・楕円の焦点に光源を置くと，どうなるか。
　・放物線の焦点に光源を置くと，どうなるか。
　・双曲線の焦点に光源を置くと，どうなるか。
4．円錐曲線　・直円錐を水平，斜め，垂直に平面で切ると，現れる曲面を考える。

5　授業に役立つ図・表

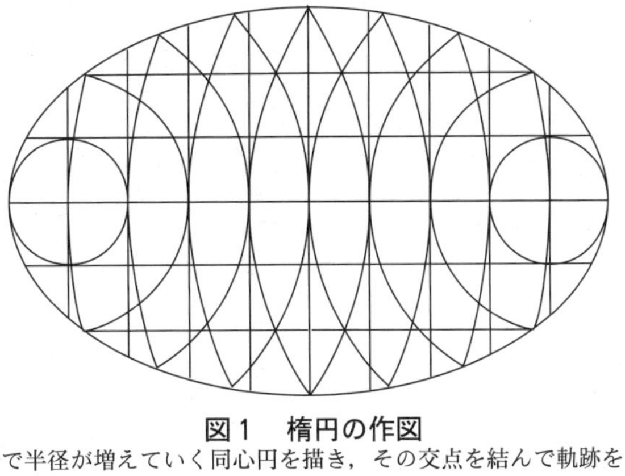

図１　楕円の作図

離れた２点から一定の割合で半径が増えていく同心円を描き，その交点を結んで軌跡を図示する。これは，この２点間の距離が常に等しい点の集合を意味していて，浮かび上がった図形が楕円である。

図２　楕円の水槽

放物線型・楕円型の「ふち」を持った簡単な水槽を作り，波の反射の様子を観察すると，放物線の焦点から出た波はその軸に平行に出てゆき，逆に軸に平行に入ってきた波は焦点に集まること，楕円の一方の焦点から出た光はもう一方の焦点に集まることが目に見える。

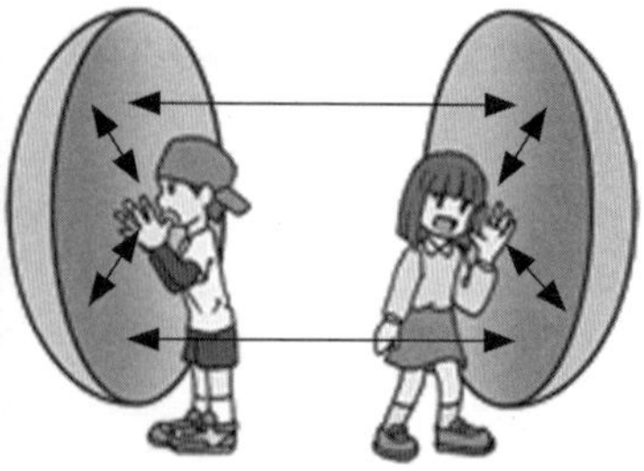

図３　パラボラ集音機

（写真・図とも名古屋市科学館（http://www.ncsm.city.nagoya.jp/）提供）

科学館に展示室の壁に向かい合うようにおおきなおわんのようなものが設置してある。これがパラボラ集音器である。小さな声で話しても，反対側によく届く。音が拡散しないように反射させることができる。

また，相撲の軍配のような模型を作れば，平面上で得られた上の知見を，軸を中心として回転させて，回転放物線・回転楕円面について拡張できることが分かる。

6　テーマに関連したドリル

【問題 1 】

一定間隔で何本か縦に線を引く。

その上にある一点から同じように一定間隔で半径が増えていく同心円を描く。

浮かび上がる図形は何か。

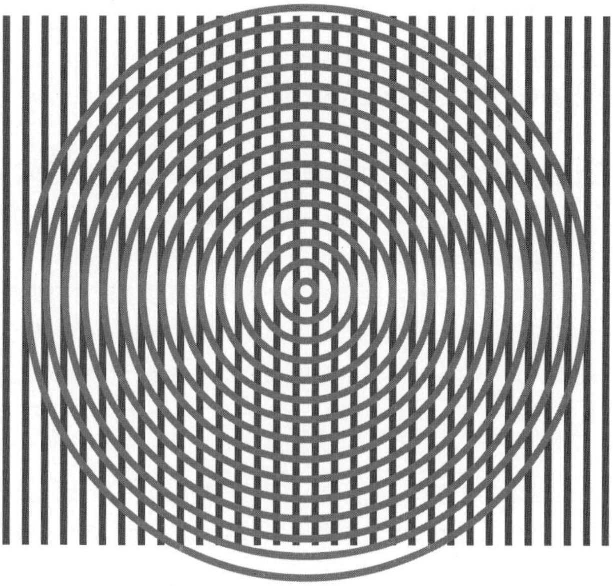

【問題 1´】

離れた 2 点を中心として一定間隔で半径が増えていく同心円を描く。浮かび上がる図形は何か。

【問題 2 】

直円錐を平面で切ると楕円，双曲線，放物線が出現する。どのように切ると楕円，双曲線，放物線が出現するのか。また，なぜそうなるのか説明せよ。

【問題 1 の解答】

放物線。何本も放物線があるので，それぞれの放物線について焦点と準線について確認する。

【問題 1´ の解答】

楕円。何個も現れるのでそれぞれについて焦点を確認する。いずれも中心となっている 2 点が焦点。

【問題 2 の解答】

直円錐にも平面にも接する球が 2 個確定する。この 2 個の円と平面との接点が焦点となる。

（参考）http://aozoragakuen.sakura.ne.jp./

文献ナビ

① パラボラ集音機写真提供　名古屋市科学館　http://www.ncsm.city.nagoya.jp/rel/exhibits/S/S6/2602.html，2005年 8 月 1 日検索

② 放物線モアレ画像　http://www.osaka-kyoiku.ac.jp/~tomodak/quadratic/moire/moire_lc.html，2005年 8 月 1 日検索

（渡辺喜長）

題材 38

距離はどれくらいかな？

三角比とオートフォーカス

1 学習指導要領とのつながり

中学校数学　第３学年　B 図形　(1) 相似

高等学校数学Ⅰ　(3) 図形と計量　イ 三角比と図形

2 題材と日常現実社会のなかでの活用場面―産業・人とのつながり―

最近のカメラの殆どはオートフォーカス方式である。これは，カメラが自動的に被写体までの距離を計算してレンズを調節し，ピンぼけ写真を作らないというシステムである。

一昔前のカメラでは，カメラに内蔵された距離計で，人間が被写体までの距離を測り，ピントリングを回して，それをカメラに伝えていたのだが，いつの間にか，カメラに内蔵されたセンサやＩＣが自動的に距離を測り，内蔵モーターでレンズを自動的に駆動するようになった。しかし，そこに使われている数学は，昔とあまり変わっていない。特に，オートフォーカス方式の一つである赤外線アクティブ方式はそうである。

昔のカメラに内蔵された距離計の原理は，幾何学で学習する相似や三角比の考え方に基づいている。最近の赤外線アクティブフォーカス方式でも，これと同じように，カメラに内蔵された赤外線を出すランプ（LED）と，その赤外線を感じるセンサが作る三角形を使って距離を測定している。

幾何学や三角比の学習は，カメラばかりでなく，山やビルの高さ，さらには天体間の距離など，遠くにあったり，隠れていたりして手に取れないものの距離を測定する場合に応用され，現実生活に活用されている。

3 題材の解説

昔からある（レンズを使わない）距離計の原理は，２つの基準点から，目的物を見込む角度を測って，相似な三角形を作図して距離を計算するか，三角比を使って計算するかのどちらかである（図１・図２参照）。現在の赤外線アクティブフォーカスでも，原理的には同じ方法を使って対象物までの距離を測る（図３参照）。

この際，２つの角度を測るより，１つの角度だけを測る方が測りやすい。昔のカメラなどの距離計は，一方の角度を90度に固定して，もう一方だけを測定した。

sin90＝１だから，これによって正弦定理は単純になり，三角関数表を一度引くだけで，距離が計算できるようになる（図２参照）。赤外線アクティブフォーカス方式も，その多くは，二等辺三角形を使って測定・演算を簡単にしている（図３参照）。

これによって，例えばビルの入り口までの距離が求まったとすると，その仰角を測定することによってビルの高さを求めることもできる（問題１参照）。

また，最近では，レーザー干渉計などによって，目に見える地点の間の距離なら比較的正確・簡単に求められるようになった。山の高さPHを測るときなど，この方法は有利である。すなわち，高さの異なる二点A，Bから山頂Pまでの距離を測定し，三角形ABPを決定すれば，直角三角形APHが決まり，PHが求められるからである（問題２参照）。

4　学習内容のポイント

三角形の決定の方法と角・辺の計算

① 相似・比例によるもの

② 正弦定理・余弦定理

5　授業に役立つ図・表

A地点からB地点までの距離を測るために，C地点を設けて実際に測定し，次のようだったとする。

これに対して，下のような縮図を作成してAB間の距離約950メートルとしてもよいし，

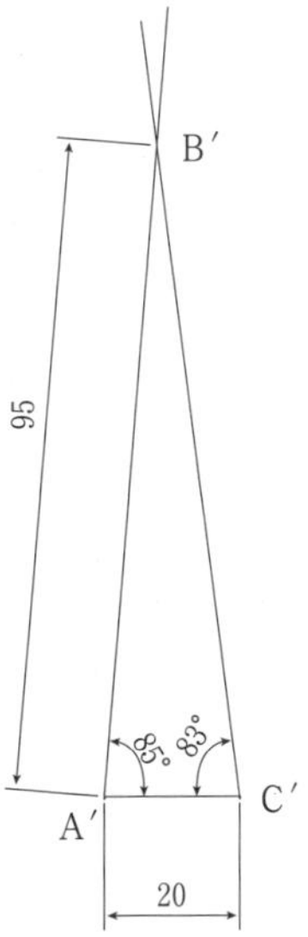

または，正弦定理を使って，

$$\frac{200}{\sin(180-85-83)}=\frac{\mathrm{BA}}{\sin(83)}$$

すなわち，$\mathrm{BA}=\dfrac{200\sin(83)}{\sin(12)}$によって求めてもよい。

図１　三角比を利用して距離を求める

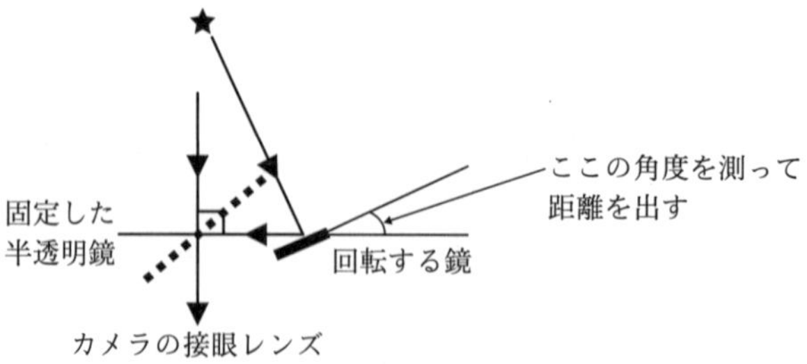

図 2

赤外線方式は次のようにして縮図を作成して，距離を測る。

遠距離用センサが反応すれば「遠い」，近距離用なら「近い」と判定する。

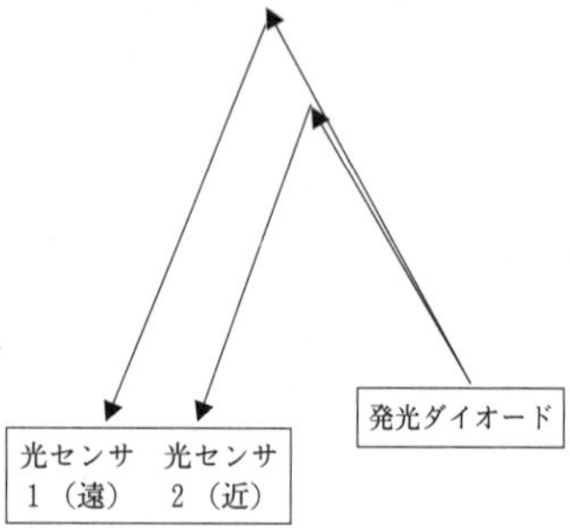

図 3

6 テーマに関連したドリル

【問題 1】

100m離れたところから東京タワーを見上げたら，仰角が73°であった。目線までの高さが1.6mとして，東京タワーの高さを求めなさい。

【問題 2】

地面にある点AからX丘の頂上Pまでの距離は400m，また点Aから10m高い位置Bから点Pまでの距離は395mであった。X丘のおおよその高さを求めなさい。

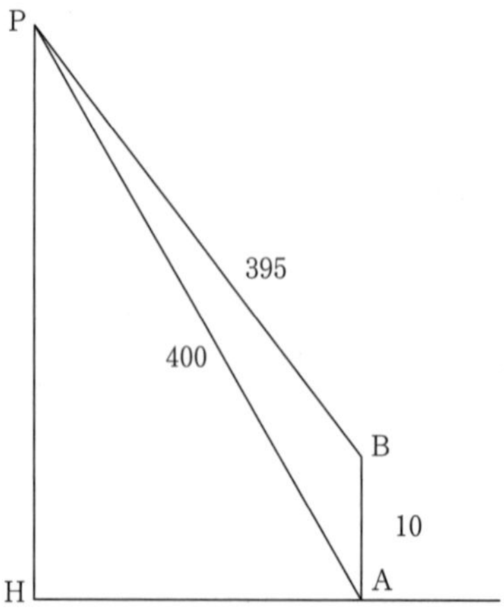

【問題 1 の解答】

自分の目の所をA地点，東京タワーの天辺をB地点，東京タワーの天辺から目線の高さの水平線へ垂線をおろしたときの交点をC地点とする。

AC＝100m，∠BAC＝73°，∠BCA＝90°

となる。この△ABCと相似な△A′B′C′を作図する。（縮図を作成する。）

A′C′＝10cmとして，縮図を作成すると　B′C′≒32.7cmとなり，ＢＣ≒327mを得る。

これに，目線の高さまでの1.6mをたすと

東京タワーの高さ≒327＋1.6＝328.6（m）

仰角が約73°と大まかであるので，東京タワーの高さも大まかにして約330mとなる。

（答）東京タワーの高さ約330m

※　東京タワーの実際の高さは333mである。正確な値を求めるには，角度や長さを正確に測定する必要がある。また，縮図も正確にかかないといけない。しかし，相似の考え方はすごい。実際に東京タワーの天辺まで行かなくても，東京タワーの高さが求まってしまうのだから。

【問題 2 の解答】

三角形PABに対する余弦定理によって，
395×395＝400×400－２×10×400cos（∠PAB）
よってcos（∠PAB）＝約0.5
一方，cos（∠PAB）＝sin（∠PAH）
だからPH＝PAsin（∠PAH）＝約200m

文献ナビ

①　http://kw.allabout.co.jp/glossary/g_digital/w000314.htm，2006年４月９日検索
デジタルアイテムの用語が，アイテム別に掲載されている。

②　http://www.hi-ho.ne.jp/yas-inoue/photo/ippan/ip010610.htm，2006年４月９日検索
ピント合わせの歴史と仕組みについて，図や絵も交え，掲載されている。

（角田忠雄・四方義啓・満嶌夏美）

題材 39

車のワイパーの謎を探ろう！

図形の性質を使っていろいろなワイパーを設計しよう

1 学習指導要領とのつながり

高等学校数学Ａ　⑴ 平面図形
高等学校数学Ⅱ　⑵ 図形と方程式
（中学校数学　第１学年　Ｂ 図形）

2 題材と日常現実社会のなかでの活用場面―産業・人とのつながり―

東海地方を中心に大きな地震が起こることが予想されてから，耐震工事をする建物が多くなってきた。耐震工事でよく目にするのは，斜めの柱を１本入れた，三角形を組み合わせたような鉄筋である。そのような耐震工事を見て，「あの程度の補強で大丈夫かな」と感じたことはないだろうか。実は，斜めの柱を１本入れるだけで，かなり強度は高まり，大きな揺れに対応できるのである。この柱を斜めに１本入れるという発想は，図形の性質をうまく利用している。三角形は，３つの辺の長さが決まると，三角形が１つに決まるため，つなぎ目のところがしっかりしていれば，つぶれないのである。

このように，私たちの身の回りには，図形の性質を利用したものが数多くある。ここでは，平行四辺形の性質の応用について考えてみる。例えば，窓についているブラインドは，まさに平行四辺形の性質を利用している。紐を引けば，すべての板が平行に動くため，太陽の光を遮断できるという仕組みである。ほかにも，SL機関車の車輪などにも，平行四辺形が利用されている。公園にある丸太ブランコなどの遊具の動きにも平行四辺形の性質が使われている。このように，図形の学習は日常現実社会の身近な所で多く活用されている。マンホールのフタが丸いというのも円の対称性を上手に使った例であろう。

3 題材の解説

ここでは，車のワイパーに隠された平行四辺形の性質を探ってみたい。

普通車のワイパーとバスのワイパーを比べてみると，２つには大きな違いがある。

普通車のワイパーとバスのワイパーは，それぞれ

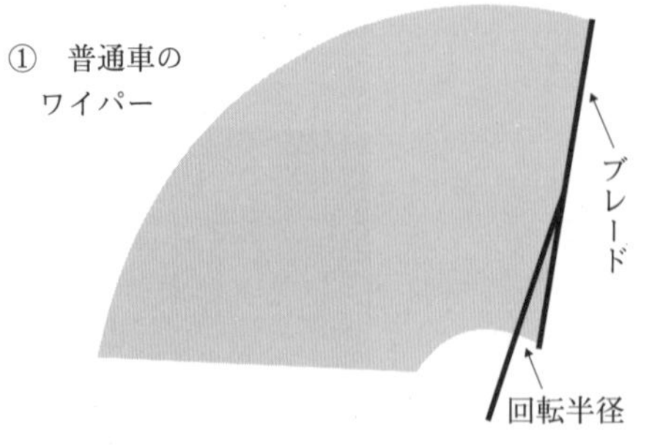

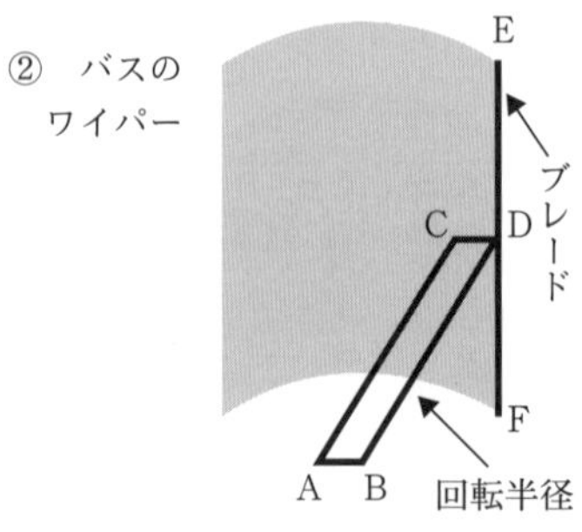

のような形をしている。

実は，それぞれの動きを解析すると，このワイパーの形には明確な理由があることが分かる。

普通車のフロントガラスが長方形の形をしているのに対し，バスのフロントガラスはほぼ正方形の

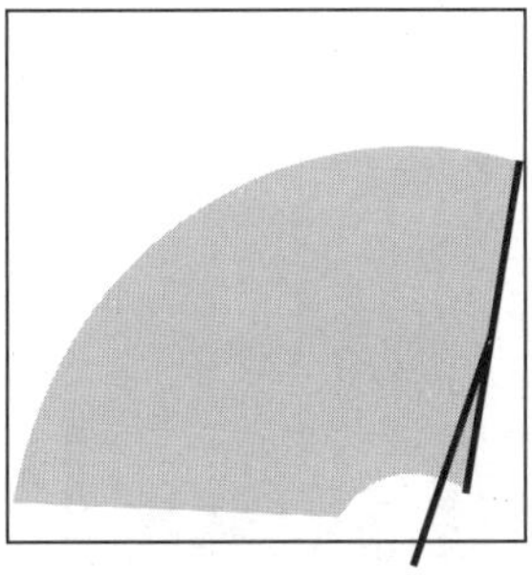

図１

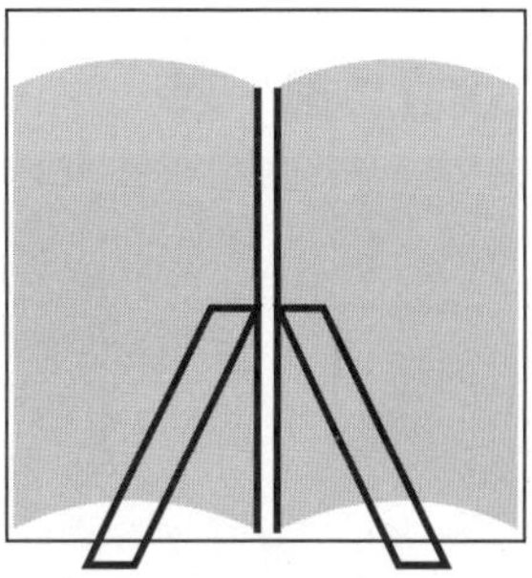

図２

形をしている。バスのフロントガラスのような正方形に対しては，バスのワイパーの方が効率的，つまり，より多くの範囲を拭くことができるのである。

今，同じ大きさの２つの正方形の中に，普通車のワイパーとバスのワイパーの軌跡をＧＣ（Geometric Constructer；愛知教育大学の飯島康之教授によって開発された作図ツールであり，フリーソフトにより容易に入手できる。入手先は文献ナビを参照。）で確認してみると，普通車のワイパー（図１）に比べ，バスのワイパー（図２）は非常に効率が良いことが分かる。

これは，バスの回転半径が，図３のように，点Ａを中心にどのように回転しても，

AB∥CD………①

AB＝CD

である平行四辺形になるように作られており，また，ブレードが常に

CD⊥EF………②

となるように点Ｄで固定されている。すると，①，②より，

AB⊥EF

ということが分かる。

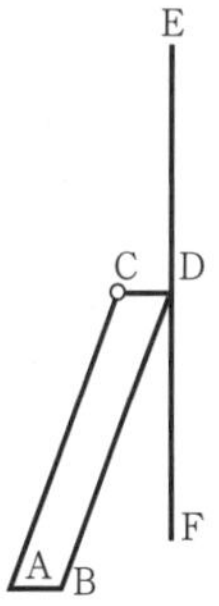

図３

つまり，点Ａ・点Ｂは，車に固定されているため，EFは，常に地面に対し垂直に立っていることが分かる。このことによって，拭ける範囲に無駄が少なく，より広い範囲を拭くことができる。逆に，普通車のワイパーの場合は，ブレードが寝てしまうため，左上の部分に大きな空白ができてしまうのが原因である。ただし，普通車のような，長方形の形をしたフロントガラスに対しては，普通車のワイパーの方が効率的なのである。

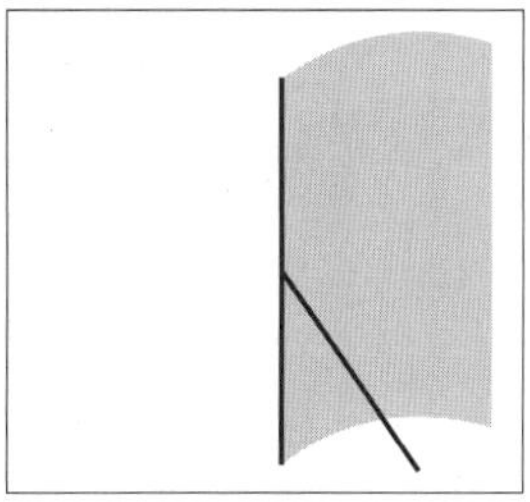

図４

仮に，普通車のブレードがバスのブレードと同じように地面に対して垂直に立っていたとすると，図４のような形になる。このとき，回転角を大きくすると，ブレードの一番下の部分が，フロントガラスを越えてしまい，図のように，非常に狭い範囲しか拭けないことになる。

4　学習内容のポイント

1．普通車とバスのワイパーの構造の違いを比べてみよう。
　構造の違いはどこから来るものなのか　→　フロントガラスの形に関係している。
2．バスのワイパーのフロントガラスは，普通車と違い，正方形に近い形をしている。
　→この場合，縦に長いブレードが，横に動くようなワイパーが必要である。
3．平行四辺形の性質を利用し，その問題を解決している。
4．実際にＧＣで具体的に平行四辺形の性質を確認し，ワイパーの構造と関連づける。

5　授業に役立つ図・表

バス（上）
電車（左）
乗用車（右）
の写真と
ワイパーの
拡大写真（下）

6 テーマに関連したドリル

【問題 1】

長方形のフロントガラスの場合，普通車のワイパーの方が効率が良いことを，GCを使って確かめてみよう。

【問題 2】

身の回りで，図形の性質を利用した例を探してみよう。

【問題 1 の解答】

下記の 2 つのシミュレーションにより，長方形のフロントガラスは，普通車のワイパーの方が効率の良いことが分かる。

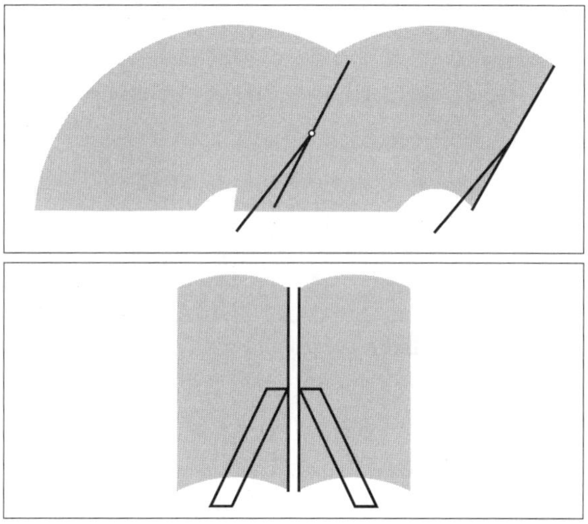

【問題 2 の解答】

（例）観光バスのドリンクホルダー（平行四辺形の性質を利用している）

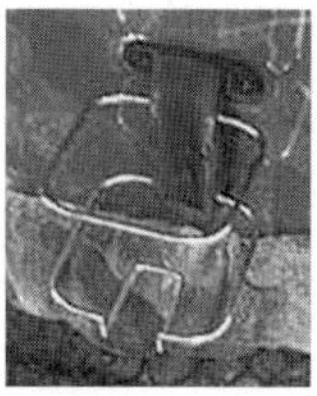

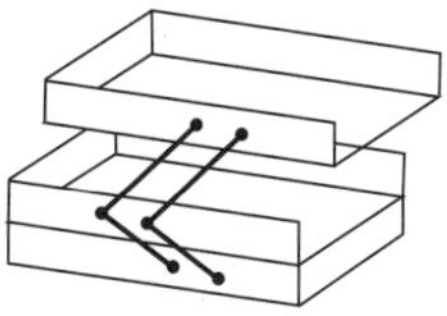

左図のような収納ケース（平行四辺形の性質を利用している）

文献ナビ

① 深川和久（2004）『QUIZでわかる中学数学』pp.195—197，ベレ出版
② 深川和久（2002）『思考力をつける数学』pp. 9 —14，永岡書店
上記の 2 冊は，同一作者であり，数学的なものの見方を育成できる良書。
③ 飯島康之（1997）『GCを活用した図形の指導』明治図書
日本を代表する作図ツールGCを使った豊富な授業展開を収録。
④ GCの入手先　http://www.auemath.aichi-edu.ac.jp/teacher/iijima/index.htm

（竹内英人・余語伸夫）

題材
40
1cmの隙間にひろがる世界
万華鏡の中に見られる対称図形

1 学習指導要領とのつながり

中学校数学　第1学年　B　図形　(1) 平面図形　ア 線対称，点対称

2 題材と日常現実社会のなかでの活用場面―産業・人とのつながり―

万華鏡は，誰でも一度は手にしたことのある玩具であろう。子どもの頃，その筒の小さな穴を覗けば，そこにひろがる模様の世界に思わず驚き，感激したのではないか。どこまで回しても同じ模様が出ることはない，楽しくしかも美しい模様である。この模様は，実は幾何学模様の連続であり，それは万華鏡のなかに入っている何枚かの鏡による図形の反射でつくられている。つまり，鏡によってなされる線対称や点対称の繰り返しなのである。

対称という図形の見方の学習は，玩具や美術のなかにも活かされている。

3 題材の解説

万華鏡の図柄のしくみはどのようになっているのだろう。

1　図柄がひろがる理由　－対称性の連続－

万華鏡は，現代では玩具の域を越えて，アートの一つにもなっている。世界的な万華鏡作家やコレクターも多い。日本には，江戸時代に伝わったとされている。

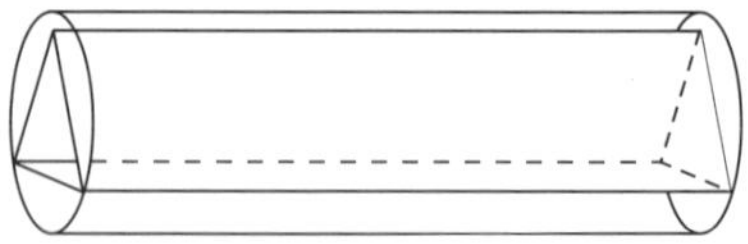
図1　3ミラー・システム

万華鏡には，中に入れる鏡の枚数によって，2ミラー・システム，3ミラー・システム，4ミラー・システムなどの種類がある。鏡の枚数によって，反射のしかたが異なるため，できる模様も違ってくる。筒の長さは約20cmで，これはヒトの目のほぼ焦点距離に相当している（図1）。

日本でいちばん多く見られる万華鏡は，3ミラー・システムであり，3枚の鏡を三角形に組み合わせて筒の中に入れたものである。組み合わせ方には，正三角形にするもの，30°，60°の二等辺三角形にするもの，直角二等辺三角形にするものなどがある（図4・5）。

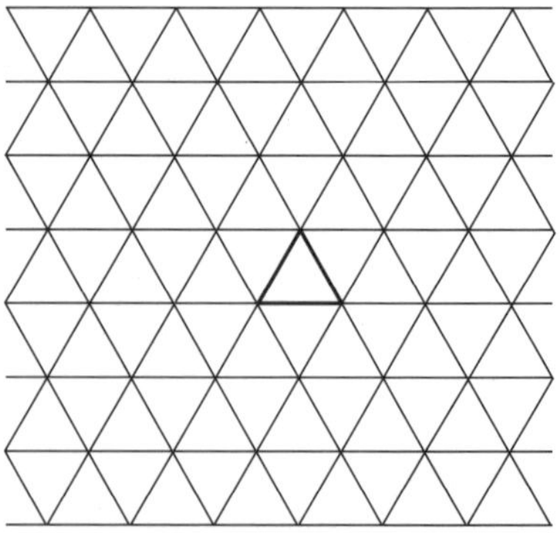
図2　正三角形に組んだものの模様

万華鏡を覗いたときに見える模様は，1つの小さな模様が，鏡によって反射を繰り返したものである。例えば，鏡を正三角形に組み合わせた場合には，正三角形の各辺が鏡によって対称の軸の役割をなす。よく見ると，もとの1つの図柄が，次々と折り返されており，つまり図柄どうしが，線対称や点対称になっているのである（図2）。回転させると模様が次々と変化していく万華鏡はチェンバー・スコープと呼ばれている。これは回転することでもととなる図柄が変わるもので，それにともなって全体の図柄も変わっていくものである。

2　鏡の組み合わせのしくみを知る

鏡を組み合わせる角度は何度でもよいというわけではなく，360を割りきることのできる数でなければならない。なおかつ，その商が偶数になる，ということも必要である。商が奇数になるような角度では，反射した模様どうしが重なってしまうからである。

2ミラー・システムは，2枚の鏡を使ったもので，3ミラー・システムと同じように三角形に組み合わせるが1枚は反射しない面としている。できる図柄は2面の反射で納まるため，全体では円形になる。頂角は，60°，30°，22.5°などの組み方がある（図6）。4枚の鏡を組み合わせる4ミラー・システムは，正方形やひし形などに組み合わせる。正方形に組むとパッチワークのような模様となり，ひし形に組めば焦点が2つでき，中心が2つあるような図柄となる（図7）。

万華鏡の作成では，この対称性をいかに効果的に活用できるかが一つのポイントとなる。より魅力的な世界をつくり出すために，いろいろな工夫がなされているのである。

4　学習内容のポイント

下の万華鏡の図柄のしくみを調べてみよう（3ミラー・システムのもの）。

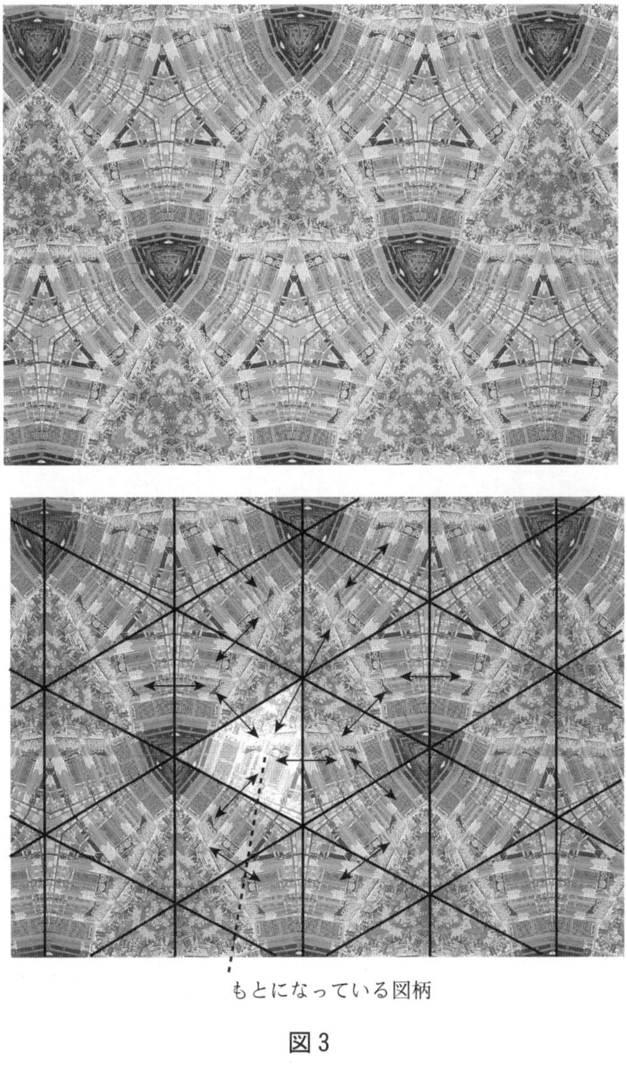

図3

5 授業に役立つ図・表

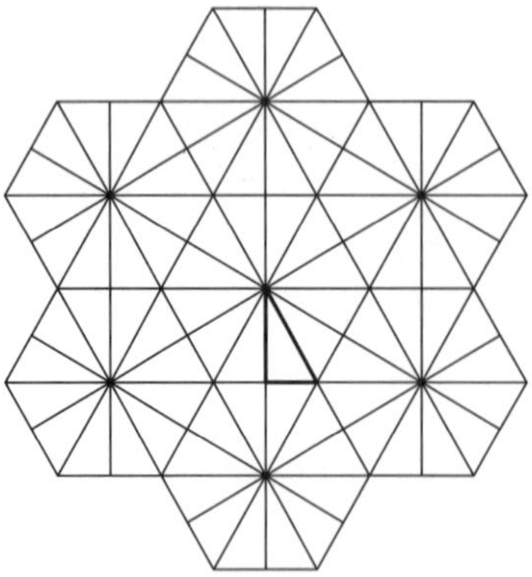

図4　60°と30°の直角三角形に組んだものの模様

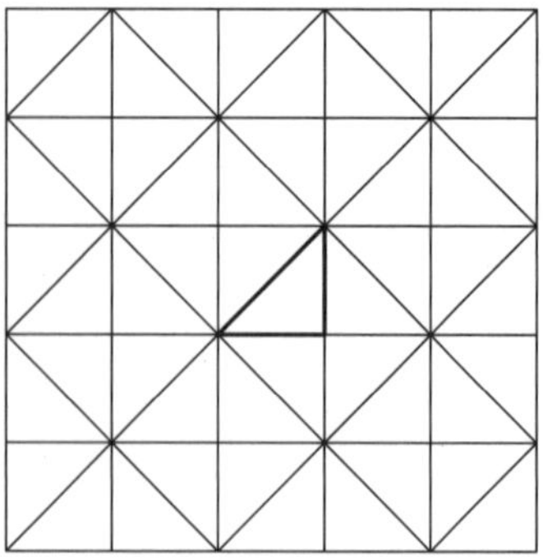

図5　直角二等辺三角形に組んだものの模様

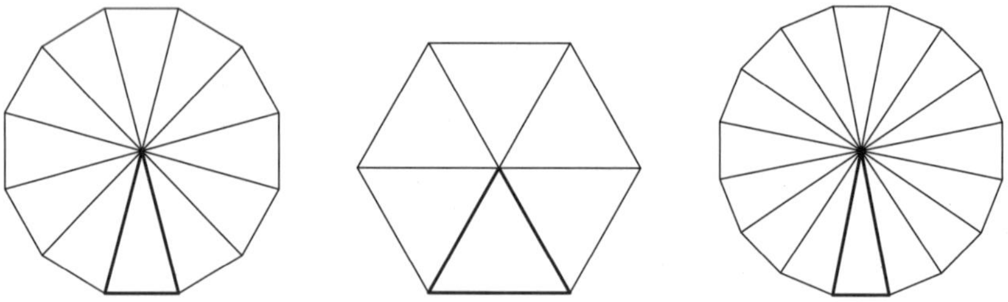

図6　「2ミラー・システム」の模様（左から，頂角が30°，60°，22.5°）

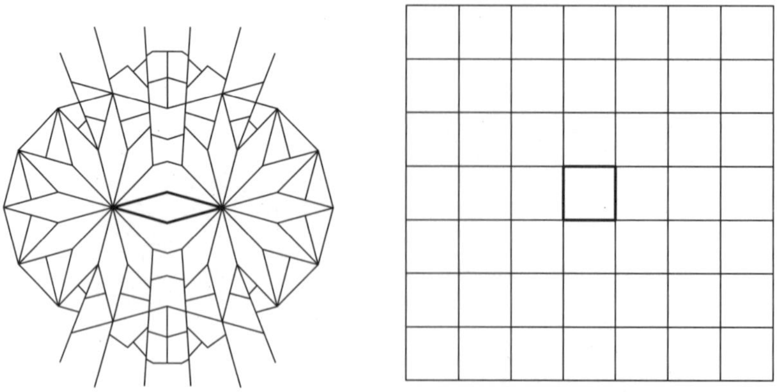

図7　「4ミラー・システム」の模様（左から，ひし形，正方形）

6　テーマに関連したドリル

【問題 1】

下の写真は万華鏡の図柄である。図柄のしくみを調べなさい（3 ミラー・システムのもの）。

【問題 1 の解答】

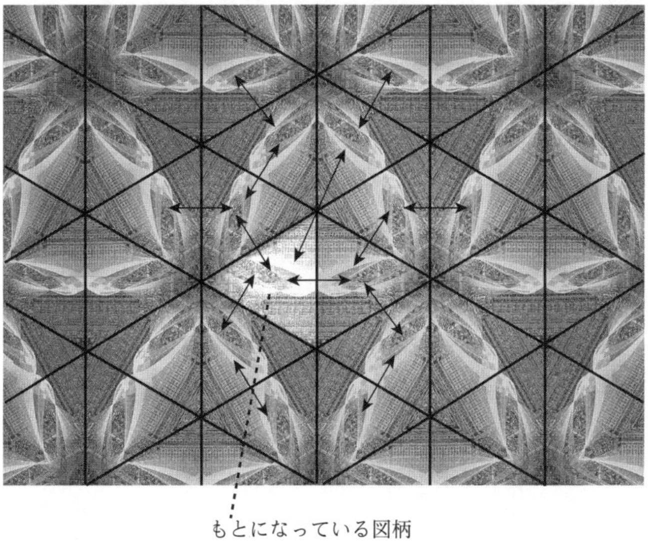

文献ナビ

① 中村義作（1989）「万華鏡の幾何学」『話題源数学上』p.175，東京法令出版

② 大熊進一（2000）『万華鏡の本　KAREIDOSCOPE MUSEUM』，pp.17－20，ベアーズ・日本万華鏡博物館

万華鏡の歴史や種類，そのしくみなどが紹介されている。

③ 谷克彦（2004）「万華鏡の実験」，『数学文化』第 3 号，pp.53〜62，日本評論社

万華鏡の映像が数学的に詳しく分析されている。

（山崎浩二）

題材 41

繰り返し模様のある壁紙の設計

図形の移動・図形の合同

1 学習指導要領とのつながり

中学校数学　第1学年　B 図形　(1) 平面図形　ア 線対称，点対称

中学校数学　第2学年　B 図形　(2) 三角形の合同　イ 三角形や平行四辺形の性質

2 題材と日常現実社会のなかでの活用場面―産業・人とのつながり―

ホテルのロビーなどの床（写真A）や壁（写真B）には，美しい模様のカーペットや壁紙が貼られている。このようなカーペットや壁紙は，床や壁全体の大きな一枚をデザインして作るのではなく，小さなユニットを並べたときに模様がうまくつながるようにデザインされている。さらに，施工効率と製造コストを考え，ユニットの形は長方形（正方形）になっている。

写真A

写真B

（(株）サンゲツ提供）

このような，平面を敷き詰める繰り返し模様は無限に作ることができるが，まったく自由にデザインできるわけではなく，数学的な関係を保ちながらデザインする必要がある。

そして，図形の移動についての学習や合同な図形についての学習が，このような模様をデザインする際の基礎知識となる。

3 題材の解説

一般の万華鏡は，3枚の鏡を正三角形の形に組むことによって，のぞき穴から覗いた平面が，中央の正三角形内の模様によって敷き詰められるようになっている。

これは，【図1】のように，合同な正三角形が平面を敷き詰めるという性質と，敷き詰められた正三角形は各辺を軸とした線対称移動で重なるということを利用している。

しかし，万華鏡だと考えなければ，合同な正三角形の敷き詰めは，【図2】のように頂点での60°の回転移動であると考えたり，【図3】のように辺の中点での180°の回転移動と考えたりすることができる。

【図1】
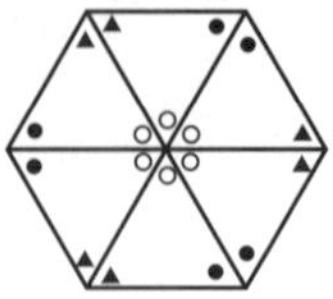

【図2】
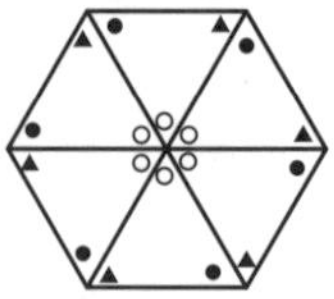

【図3】
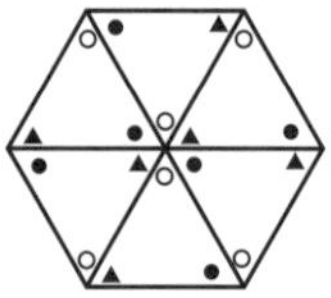

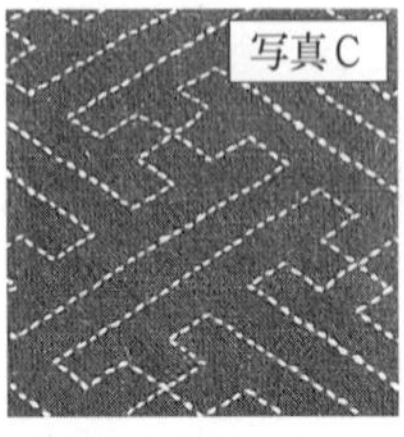
写真C

菱紗綾形模様の刺し子

写真D

イスラムのアラベスク

（セブンフォト提供）

写真E

M.C.Escher 1946 "Hoseman"

(All M.C.Escher works ©Escher Holding B.V.-Baarn the Netherlands./Huis Ten Bosch-Japan)

このような繰り返し模様をつくる基本的な図形とその敷き詰め方の組み合わせは，おこりうるあらゆる運動の可能性を考えて，17通りがあることがわかっている（P.184参照）。

これらの移動の法則に従えば，日本の伝統的な繰り返し模様（写真C）やモスクを飾るアラベスク（写真D），あるいはエッシャーの作品（写真E）のような複雑な図形を作ることもできる。

一見複雑にみえるこれらの作品も，すべて17通りの移動の方法のいずれかに当てはまる。

例えば，エッシャーの作品（【図４】）では，右向きの騎士と馬，左向きの騎士と馬がいる。右向きの騎士と馬は，平行移動によって右向きの騎士と馬に重なり，線対称移動と平行移動の組み合わせによって左向きの騎士と馬に重ねることができる。すなわち，17通りの移動の方法のうちのpgであることが分かる。

【図４】

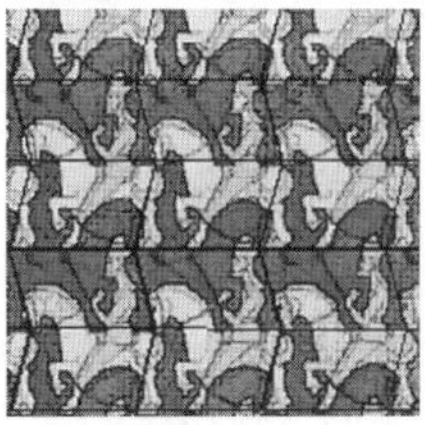

さらに，対応する頂点（例えば馬の鼻）を結べば，平行四辺形を作ることができ，その平行四辺形の面積は，馬と騎士の１セット分の面積と一致する（【図４】)。したがって，２種類の平行四辺形のユニットを用意すれば，平面をカラフルに埋め尽くすことができる。平行四辺形では施工効率が悪いというのであれば，平行四辺形をさらに長方形に変形してから製品化すればよいし（【図５】)，２種類のユニットを用意するのはコストがかかるというのであれば，【図５】の縦に並ぶ２つの長方形をくっつけて，ユニットの種類を１つにすることができる。このようにすれば，ユニットの敷き詰め方は，平行移動だけとなる。(【図６】)

【図５】

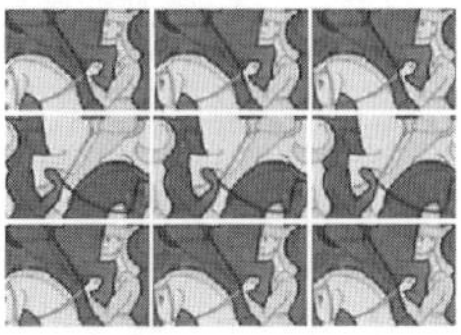

【図６】

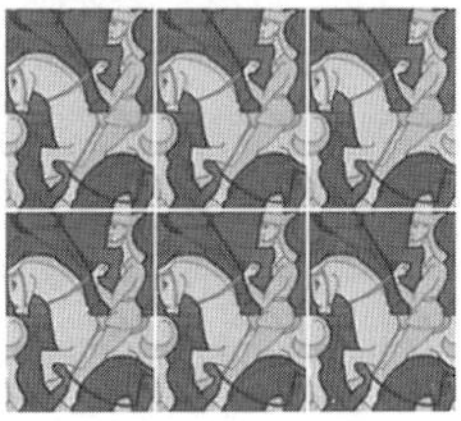

さて，実際に，繰り返し模様やアラベスク，あるいはエッシャーのような作品を自分なりに作るには，17通りの移動の方法と対応する頂点や辺の関係を理解し，もとの多角形を変形させればよい。

例えば，直角二等辺三角形ABCが頂点Aで90°の回転を，辺BCで線対称をすることによって平面を敷き詰めている（【図７】）とき，辺ABを線分から弧に変更する（【図８】)。この図形を頂点Aで90°回転させると，【図９】のようになり，辺ABで増えた面積は辺ACで減ることが分かる。この図形を辺BCで線対称移動すれば【図10】となる。このような移動を，新しくできる図形で次々と繰り返すと，【図11】のような繰り返し模様が完成する。

【図７】

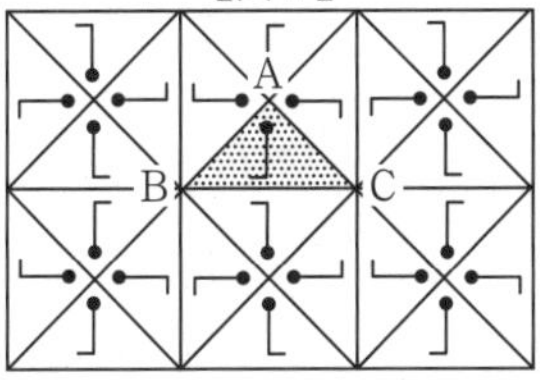

【図８】

【図９】

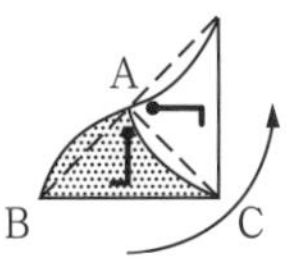

【図10】

【図11】

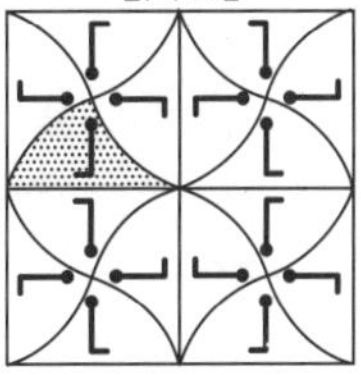

4　学習内容のポイント

1．カーペットや壁紙に利用されるデザインは，繰り返し模様であることが多い。
2．正三角形の敷き詰め方には様々考えられることから，繰り返し模様を考えるとき，基本となる図形の形だけでなく，図形の移動のさせ方も考えなければならないことが分かる。
3．平面を敷き詰める移動のさせ方は17通りある。
4．どんな繰り返し模様も17通りのいずれかであり，逆に，17通りをもとにすれば，オリジナル作品をつくることができる。

5 授業に役立つ図・表

17通りの移動の仕方（平面結晶群の17分類）

記号は，結晶学の分類による

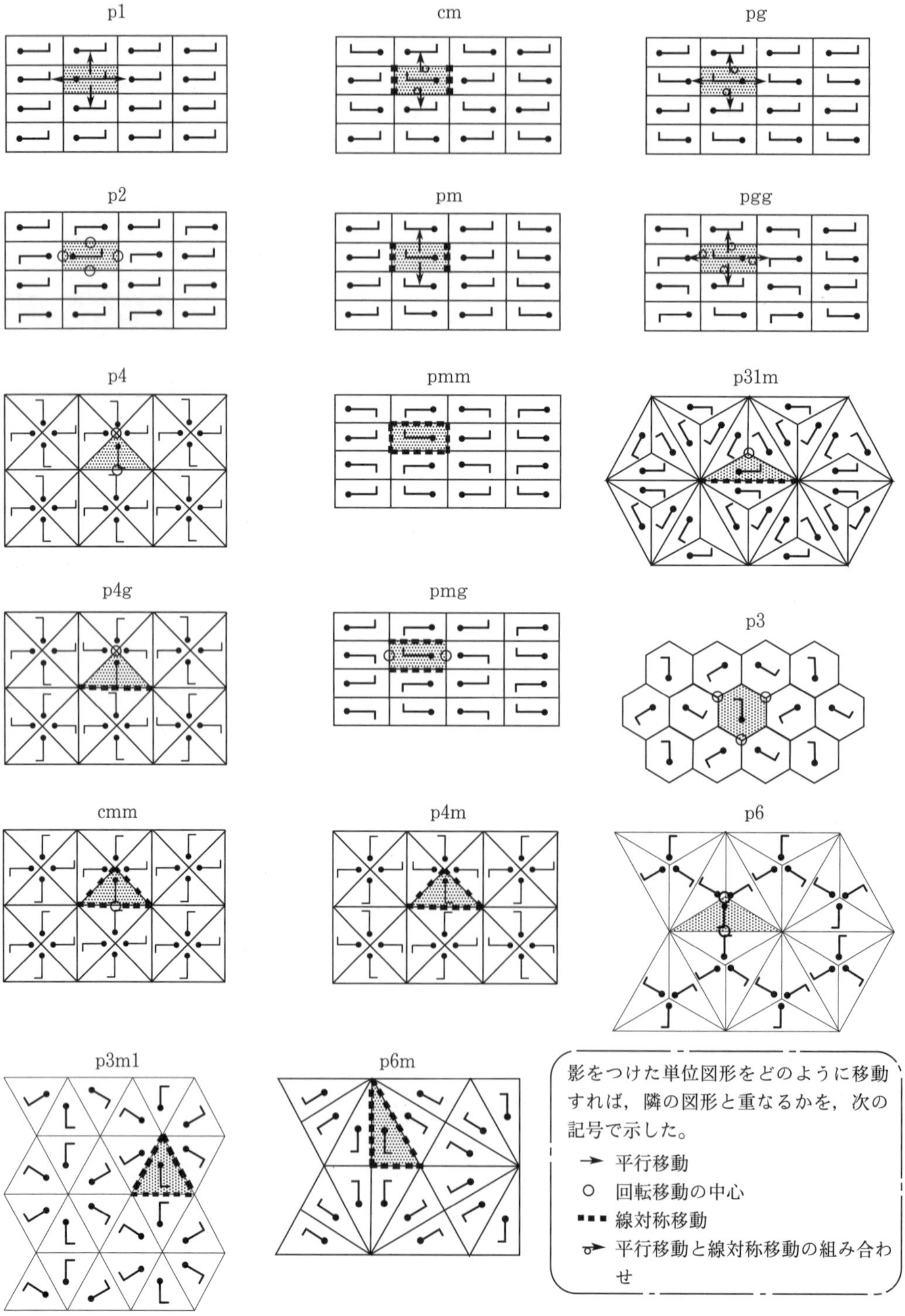

影をつけた単位図形をどのように移動すれば，隣の図形と重なるかを，次の記号で示した。

- → 平行移動
- ○ 回転移動の中心
- ■■■ 線対称移動
- ○→ 平行移動と線対称移動の組み合わせ

6 テーマに関連したドリル

【問題1】

万華鏡で覗く世界は，線対称移動（鏡）の繰り返しによる平面の敷き詰めの世界である。17通りの移動の方法のうち，万華鏡になるのはどれか。すべて答えなさい。

【問題2】

自分なりに，平面を敷き詰めるデザインをつくりなさい。

【問題1の解答】

p3m1，pmm，p4m，p6m

【問題2の解答】例

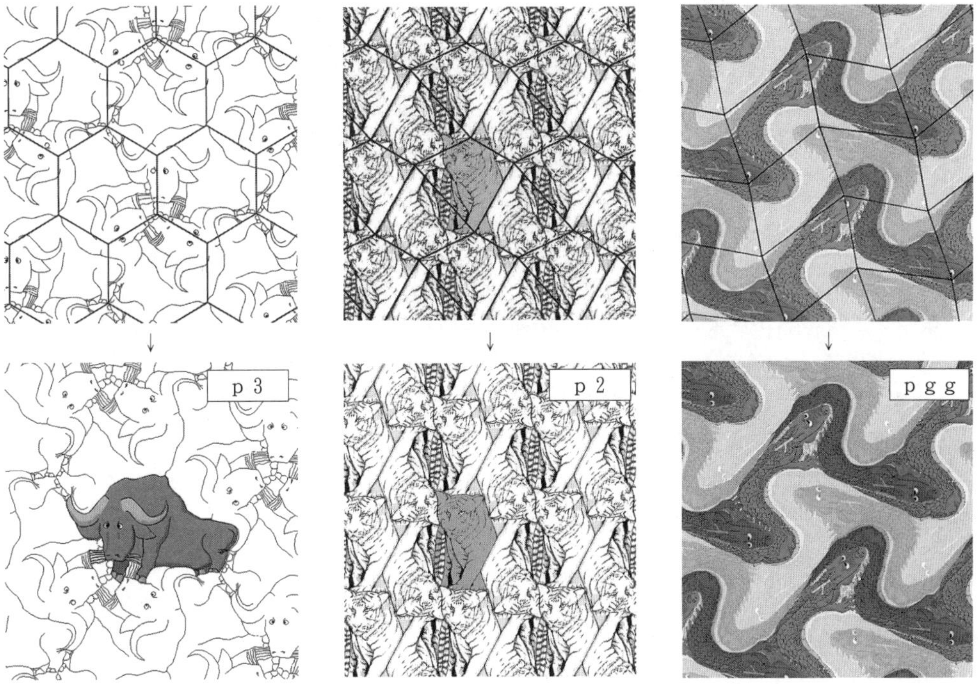

文献ナビ

① 伏見康治他（1979）『美の幾何学—天のたくらみ，人のたくみ』中公新書
平面の敷き詰めについて，寄せ木細工やエッシャー作品を題材に，平易な解説がされている。

② G. Pólya "Über die Analogie der Kristallsymmetrie in der Ebene." *Zeitscher.f.Kristallo－graphie 60,278-282*
平面を敷き詰める図形の移動の方法が17通りである証明をした論文

③ S.ドゥージン／B.チェボタレフスキー（2000）『変換群入門』シュプリンガー・フェアラーク東京
群論の入門書であり，平面結晶群の分類問題に至る内容について丁寧に解説されている。

④ http://www.mcescher.com/，2005年8月検索
エッシャーの様々な作品が公開されている公式サイト

（中村英揮）

題材 42

歩道を隙間なく敷き詰めるタイル設計

多角形の内角の性質

1 学習指導要領とのつながり

中学校数学　第2学年　B 図形　(1) 基本的な平面図形の性質　ア 平行線や角の性質

中学校数学　第2学年　B 図形　(1) 基本的な平面図形の性質　イ 多角形の角についての性質

2 題材と日常現実社会のなかでの活用場面―産業・人とのつながり―

(セブンフォト提供)

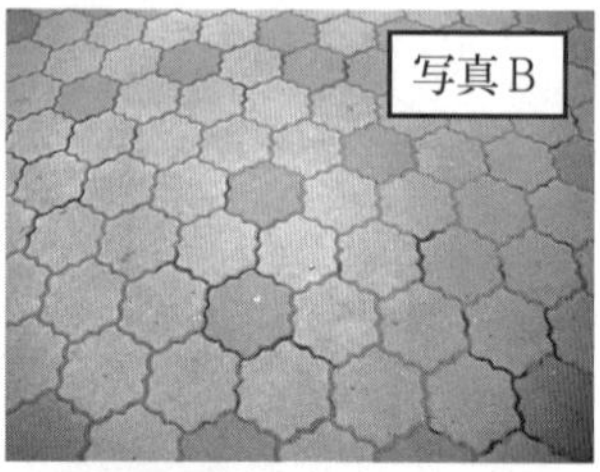

「すべての道はローマに通ず」と言われるほど，古代ローマは道路整備が充実していたようである。石畳で整備された古代ローマの道路は，軍隊を早く移動させるのに非常に有効だったことだろう(写真A)。

私たちの身の回りの歩道などにも，石畳の代わりに様々なタイルが美しく敷き詰められている（写真B，写真C)。このタイルのおかげで，美しい景観が演出され，雨天でも汚れることなく歩くことができる。

このようなタイルは，デザイナーの好むどのような形状でもよいわけではなく，数学的な制限の中でデザインされている。そして，多角形の内角や平行線の性質についての学習が，タイルを隙間なく敷き詰めるための条件を導き出すのに活用されている。

3 題材の解説

1　正多角形による敷き詰め

隙間なく平面を敷き詰める多角形を考えるとき，その多角形の内角は，１つの頂点にいくつか集まったときに360°にならなければならない。

したがって，１つの頂点に集まる正多角形の個数は３～６個である。なぜなら，２個の場合は一方の内角が180°を超えることになり，１つの内角の最も小さい正多角形（正三角形）を集めても６個が最大だからである。

【図１】

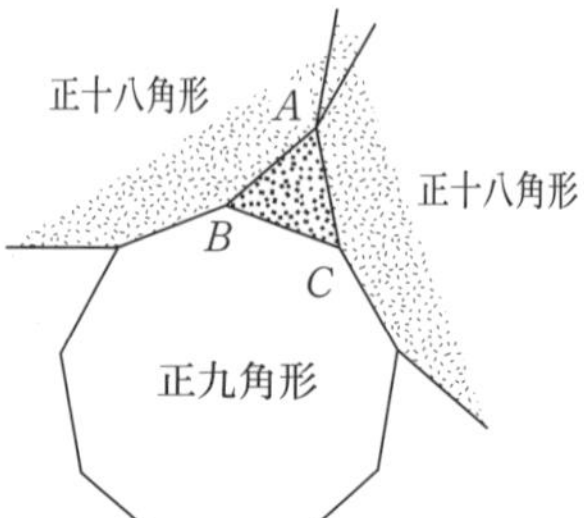

正三角形，正九角形，正十八角形の場合，点B，Cではうまくいくが，点Aで２つの正十八角形が重なってしまう。

さて，a 角形の内角の和は$180(a-2)°$なので，１点の周りに正a，b，c 角形（$3 \leqq a \leqq b \leqq c$）の３つの正多角形が集まる場合，その内角は次の式を満足しなければならない。

$$\frac{180(a-2)}{a}+\frac{180(b-2)}{b}+\frac{180(c-2)}{c}=360$$

この式を満足するa，b，cの値の組は（３，７，42)，（３，８，26)，（３，９，18)，（３，10，15)，（３，12，

12)，（４，５，20)，（４，６，12)，（４，８，８)，（５，５，10)，（６，６，６）の10組があるが，（３，12，12)，（４，６，12)，（４，８，８)，（６，６，６）以外は，他の頂点で平面を敷き詰めることができない。(【図１】,【図２】)

【図２】１点に３つの正多角形が集まる敷き詰め方

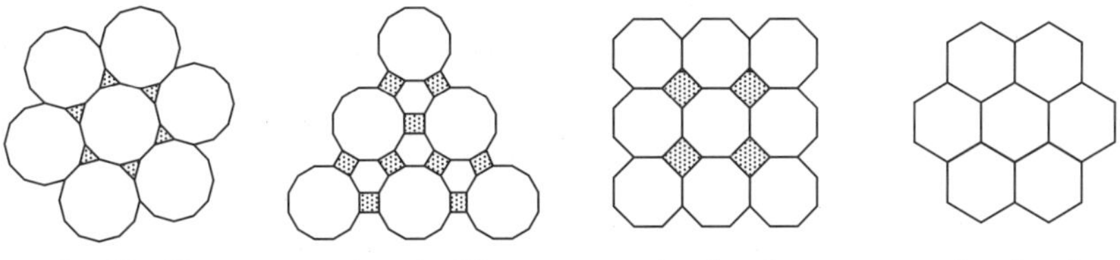

３，12，12　　４，６，12　　４，８，８　　６，６，６

このようにして，１点の周りに４個，５個，６個の正多角形が集まる場合の等式を満足する自然数の組を求めると，最終的に，11通りの敷き詰めの方法が明らかになる。

２　１種類の凸多角形による敷き詰め

正多角形に限らなければ，任意の三角形や四角形，内角を工夫した五角形や六角形でもうまく平面を敷き詰めることができる。

三角形の場合は内角の和が180°なので，３つの内角をそれぞれの頂点に集めればよい。また，四角形の場合は内角の和が360°なので，４つの内角をそれぞれの頂点に集めればよい(【図３】)。

【図３】

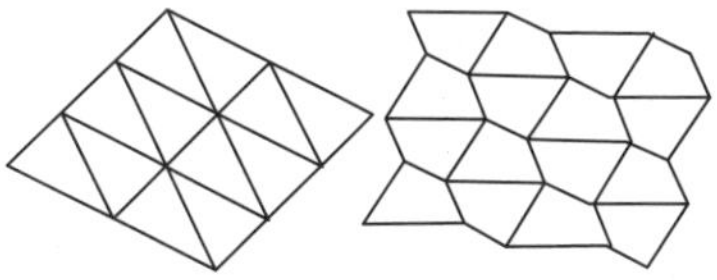

五角形の内角の和は540°なので，平面を敷き詰める五角形の内角を360°＋180°と見て，例えば２つの内角で180°にすることを考える。

隣り合う２角が180°であれば，同側内角の和が180°となり，【図４】の様に平行な２辺を持つ五角形で敷き詰めることができる。

また，隣り合わない２角が180°であれば，例えば，【図５】のように，AB＝CDとなるようにすれば，敷き詰めることができる。

【図４】

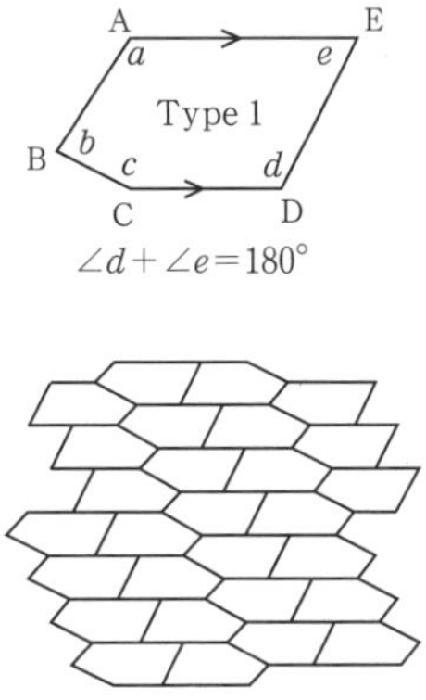

【図５】

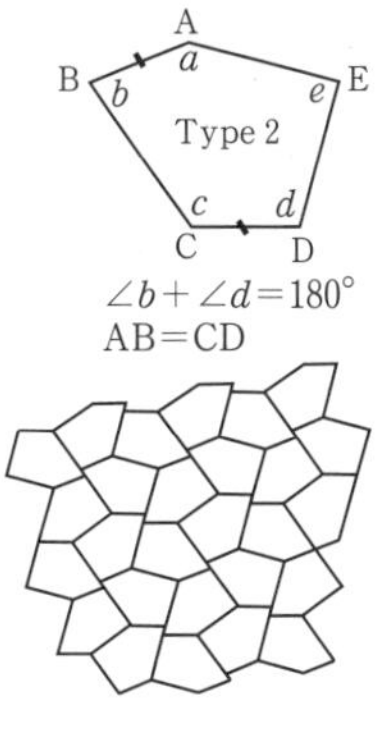

五角形の場合は，現在，14通りの敷き詰め方が発見されているが，それですべてかどうかは未だに証明されていない。

六角形の場合は【図６】の３通りの方法しかないことが分かっており，七角形以上の場合は，オイラーの定理を利用することで，敷き詰める多角形が存在しないことが分かる。

【図６】

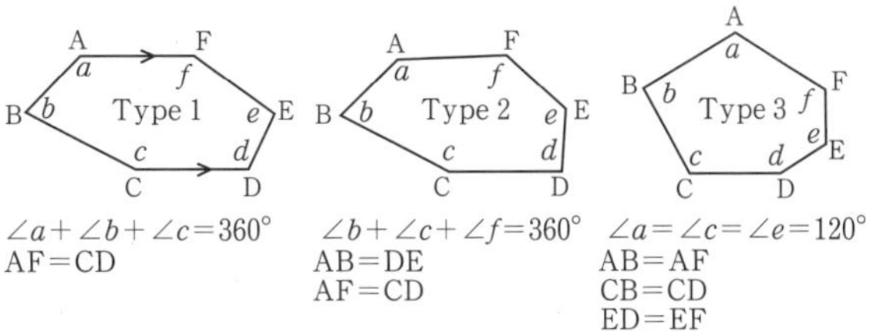

4　学習内容のポイント

１．平面を敷き詰める多角形の内角は，１つの頂点にいくつか集めて360°にならなければならない。

２．正多角形の敷き詰めは，多角形の内角の和の公式をもとにした方程式を満足させる自然数の組を求めることによって，全部で11通りの敷き詰め方があることが明らかになる。

３．正多角形に限らなければ，内角を工夫した様々な敷き詰め方が考えられる。

5 授業に役立つ図・表

正多角形による敷き詰め（本文中以外の７通り）

3，3，6，6

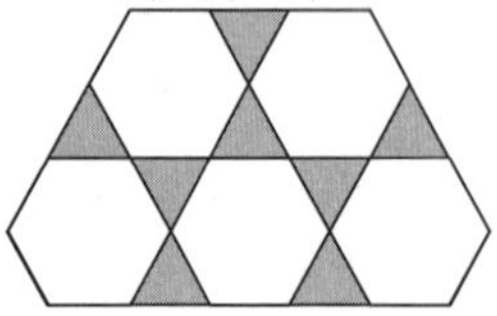

3，4，4，6

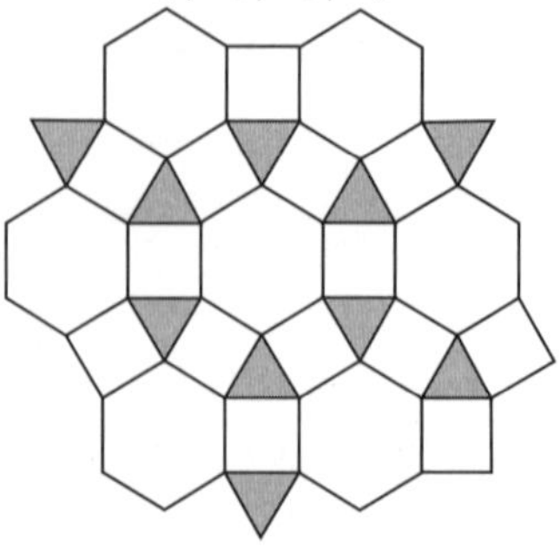

4，4，4，4

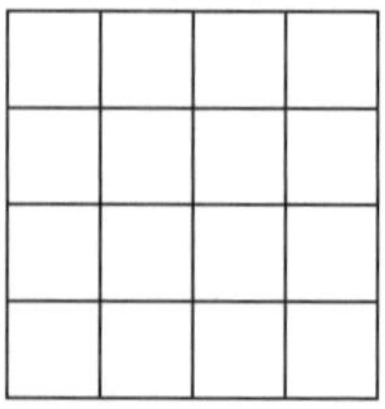

3，3，3，3，6

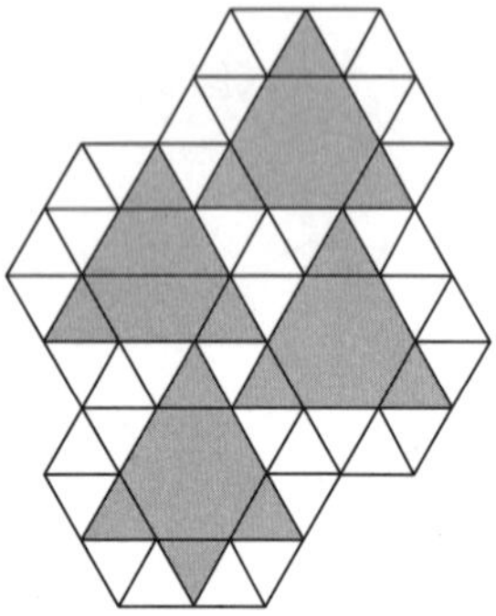

3，3，3，4，4

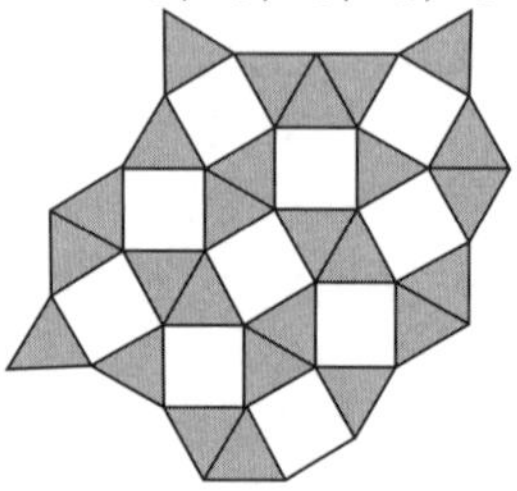

3，3，3，4，4

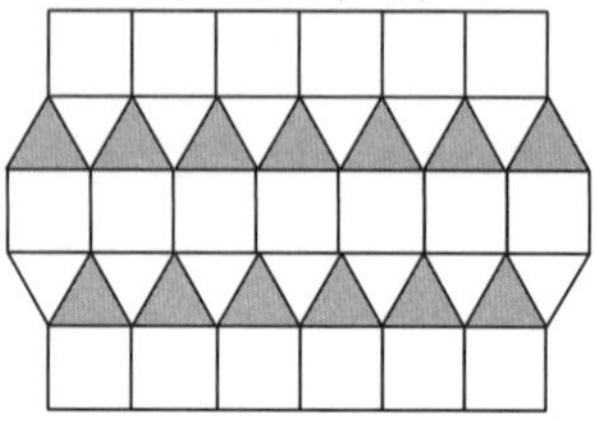

3，3，3，3，3，3

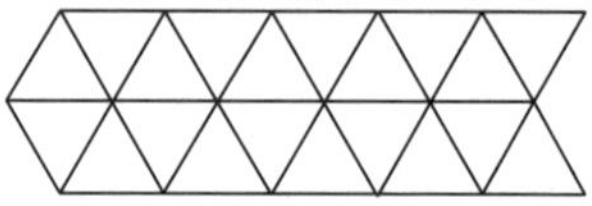

凸五角形による敷き詰め（本文中以外の12通り）

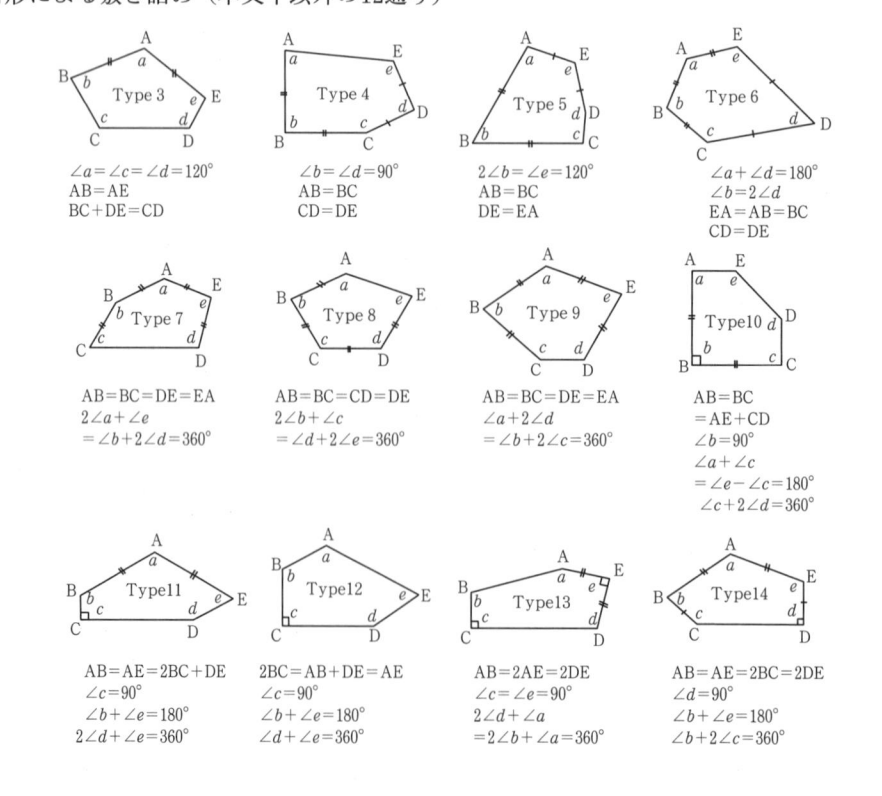

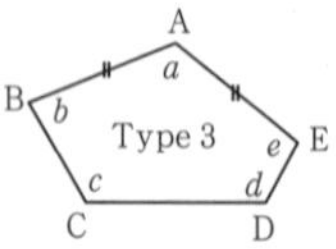

$\angle a=\angle c=\angle d=120^\circ$
AB＝AE
BC＋DE＝CD

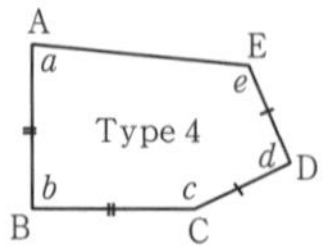

$\angle b=\angle d=90^\circ$
AB＝BC
CD＝DE

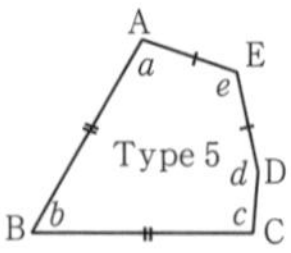

$2\angle b=\angle e=120^\circ$
AB＝BC
DE＝EA

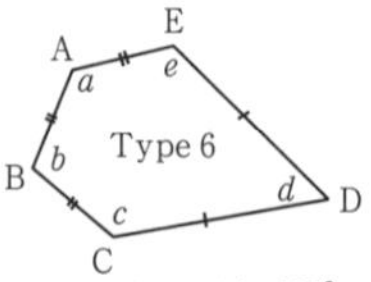

$\angle a+\angle d=180^\circ$
$\angle b=2\angle d$
EA＝AB＝BC
CD＝DE

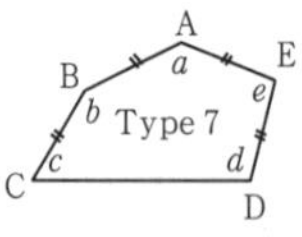

AB＝BC＝DE＝EA
$2\angle a+\angle e$
$=\angle b+2\angle d=360^\circ$

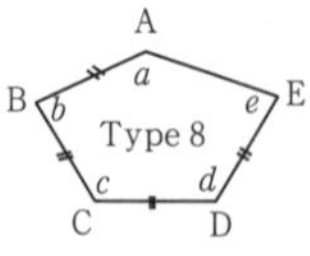

AB＝BC＝CD＝DE
$2\angle b+\angle c$
$=\angle d+2\angle e=360^\circ$

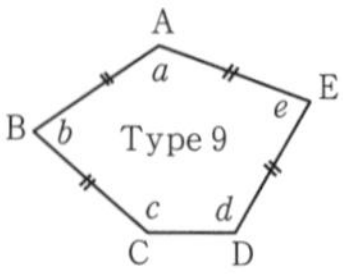

AB＝BC＝DE＝EA
$\angle a+2\angle d$
$=\angle b+2\angle c=360^\circ$

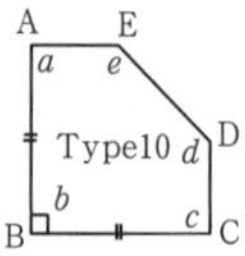

AB＝BC
＝AE＋CD
$\angle b=90^\circ$
$\angle a+\angle c$
$=\angle e-\angle c=180^\circ$
$\angle c+2\angle d=360^\circ$

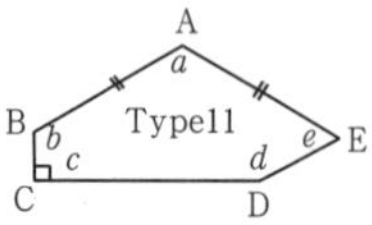

AB＝AE＝2BC＋DE
$\angle c=90^\circ$
$\angle b+\angle e=180^\circ$
$2\angle d+\angle e=360^\circ$

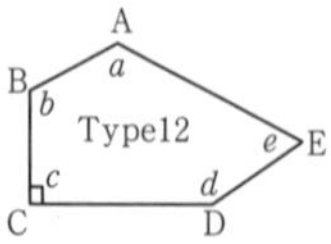

2BC＝AB＋DE＝AE
$\angle c=90^\circ$
$\angle b+\angle e=180^\circ$
$\angle d+\angle e=360^\circ$

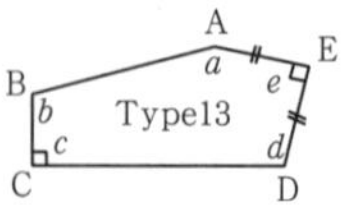

AB＝2AE＝2DE
$\angle c=\angle e=90^\circ$
$2\angle d+\angle a$
$=2\angle b+\angle a=360^\circ$

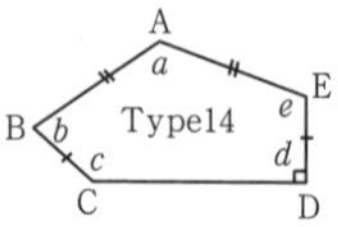

AB＝AE＝2BC＝2DE
$\angle d=90^\circ$
$\angle b+\angle e=180^\circ$
$\angle b+2\angle c=360^\circ$

6 テーマに関連したトピック　～準結晶と多角形の敷き詰め～

複数の多角形による敷き詰めは，例えば，正五角形で敷き詰めようとしたときの隙間を別の多角形と考えればよいが，複数の多角形による敷き詰めのうち，決まった規則に従って敷き詰めて，図形の平行移動が見られない（非周期）敷き詰めがある。このような敷き詰めは，1984年に発見された物質（準結晶）の構造として注目を集め，現在，新しい合金開発に役立っている。

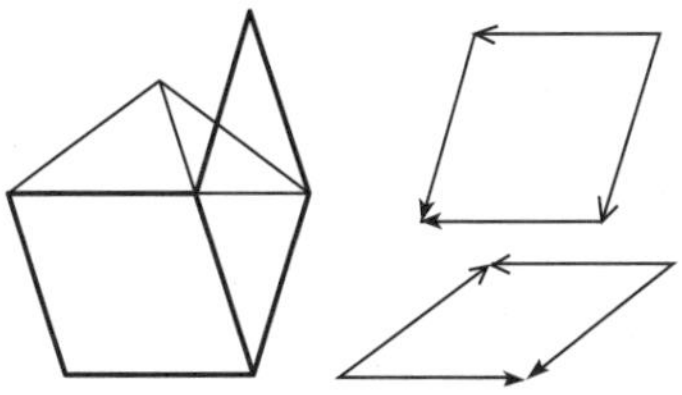

正五角形からできる 2 つのひし形の各辺に矢印をつけ，同じ矢印が合うように敷き詰めることで，非周期的な敷き詰めとなる。

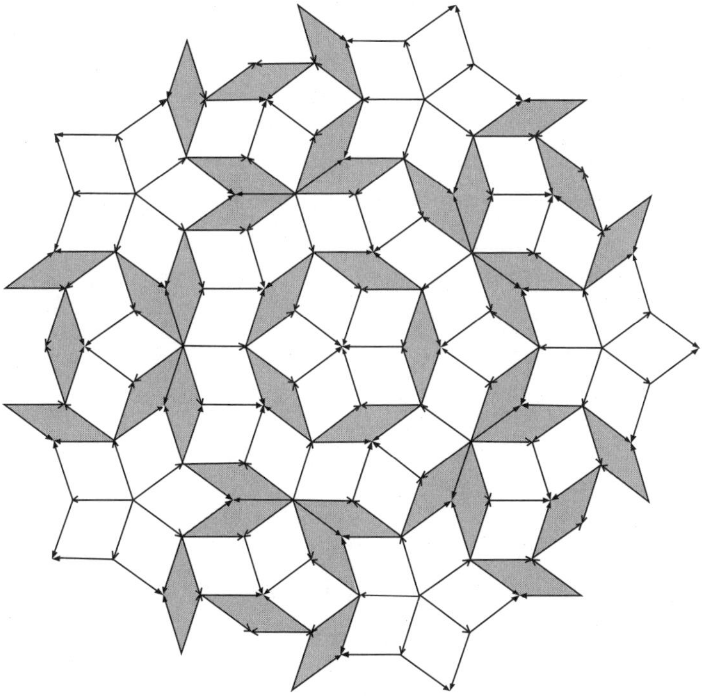

文献ナビ

① 藤村幸三郎・田村三郎（1985）『数学歴史パズル―数学者も頭をひねった75問』講談社ブルーバックス

第 4 章「近世のパズル―タイル張り」に，多角形による敷き詰めについて詳しく書かれているが，最新の記述ではないので，凸五角形の敷き詰めの方法が 9 通りとなっている。

② http://www.uwgb.edu/dutchs/symmetry/symmetry.htm，2005年 8 月検索

敷き詰めを含めて，結晶や多面体についての様々な記述がある。

③ http://www.mathpuzzle.com/tilepent.html，2005年 8 月検索

凸 5 角形の14通りの敷き詰めについて，実際に敷き詰めた図が掲載されている。

（中村英揮）

題材
43

視聴率はどうやって調べるの？

対象の一部を抜き出して全体を予想する

1 学習指導要領とのつながり

高等学校数学基礎 (3) 身近な統計
高等学校数学C (4) 統計処理 イ 統計的な推測

2 題材と日常現実社会のなかでの活用場面—産業・人とのつながり—

調査開始以来，最も視聴率が高かった番組は，1963年の紅白歌合戦（81.4%），２番目が1964年の東京オリンピックにおける女子バレーの日本対ソ連戦（66.8%）であったという（ビデオリサーチ調べ，関東地区）。これに対し「(自分の家には調べにきたことがないのに) いったい視聴率はどのようにしてもとめたの？…信用できない」などという人も多い。

この問題には確率や誤差の考え方が深く関係している。調べたい対象を全部調べるのを全数調査と言うのに対して，対象の一部（標本）を抜き出し，それだけについて調べて，全体の代表とする方法を「標本調査」という。この標本調査について，「どれくらいの標本なら，最大どれくらいの誤差がでるか」を知っておくと，指定された精度に対して，必要な標本の大きさを計算することができる。

視聴率はいくつかの民間機関が調査しているが，いずれの場合でも，十分な精度で視聴率が求められるように，標本の大きさを定めている。このとき標本がランダムに選ばれていることは重要で，よく「電話帳で調べて標本を抽出した」などという表示がなされているのはこのためである。

確率の学習は，実際の生活のこのような場面にも活用されている。

3 題材の解説

正規分布の推計の理論は，適当な例をとれば，二項分布を用いて理解させることができる。

ある学校の生徒数を，例えば2,000人とし，そのちょうど半数の1,000人が宿題をしてこなかったとする。学校の事情を全く知らない調査員が「どれくらいの生徒が宿題をしてこなかったか」を調べにきた。この調査員は，ランダムに選び出した６人の生徒群に，「宿題をしたかどうか」を聞いた。その結果は，「誰もしてきていない，そのうち１人だけ，２人だけ，…が宿題をしてきている」という６つの場合に分かれる。

これが，１人も宿題をしてきていない生徒群になる場合は１通りで，その確率は$\left(\frac{1}{2}\right)^6$

６人のうち１人だけが宿題をしてきている生徒群になる場合は６通り（${}_6C_1$）で，その確率は，

６×（１人がしてきている確率）×（残る５人がしてきていない確率）$= 6\times\left(\frac{1}{2}\right)^6$

同様にして２人がしてきている確率は，${}_6C_2\times\left(\frac{1}{2}\right)^6=15\times\left(\frac{1}{2}\right)^6$

３人がしてきている確率は，${}_6C_3\times\left(\frac{1}{2}\right)^6=20\times\left(\frac{1}{2}\right)^6$

４人がしてきている確率は，${}_6C_4\times\left(\frac{1}{2}\right)^6=15\times\left(\frac{1}{2}\right)^6$

５人がしてきている確率は，${}_6C_5\times\left(\frac{1}{2}\right)^6=6\times\left(\frac{1}{2}\right)^6$

6人がしてきている確率は，${}_6C_6 \times \left(\frac{1}{2}\right)^6 = 1 \times \left(\frac{1}{2}\right)^6$

ということになる。

したがって，調査員が選んだ生徒群が，この学校の状況をかなりよく反映していて，「この学校で宿題をしてきているのは，6人中2人から4人」と「ほぼ正しく」把握できる確率は，50／64＝約78パーセントということになる。また，「6人中3人」と正確に把握する確率は，20／64＝約31パーセントになる。

ここで，$64 = {}_6C_0 + {}_6C_1 + {}_6C_2 + {}_6C_3 + {}_6C_4 + {}_6C_5 + {}_6C_6$ である。

ある集団について何かを調べる場合は，その集団（以下「母集団」と呼ぶ）の全部を調べるのではなく，そこから選び出したいくつかの標本について，平均値や標準偏差等を調べ，その結果からもとの集団（母集団）の平均値や標準偏差等を推測することが行われる。このことを「統計的推測」という。

この推測は，母集団が正規分布や二項分布のような分布に従うという仮定の下に行われる。推定には「点推定」と「区間推定」の2通りのやり方がある。

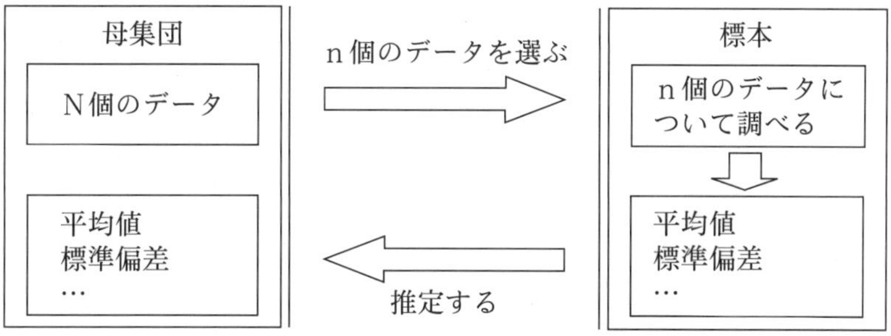

1　点推定

例えば，「母集団の平均値は a である」というように，ピンポイントで1つの値を推定する方法で「点推定」と呼ばれる。標本の平均値　（標本平均）は標本を抽出するごとに異なる。しかし，標本平均が母集団の平均値に近い値になる確率が高い場合，標本平均を母集団の平均として考えても差し支えない。実は，同じ大きさの標本を何組も抽出し，標本平均の分布を調べると，母集団がどのような分布であっても，標本平均の分布は，平均値が母集団の平均値と等しい正規分布に従うことが分かっているので，「母集団の平均値推定量＝標本平均の平均値」が言える。

2　区間推定

「母集団の平均値Mは，$a < M < b$ を満たす」というように，区間を示す方法で，「区間推定」と呼ばれ，区間にある確率（信頼度）がどのくらいか，という形で推定される。

母集団の標準偏差が既知の場合について，区間推定の手順を示す。

母集団の標準偏差：σ　標本数：n　とする。

①　標本平均（＝m）を求める。

②　標本平均の標準偏差を求める。（$\rho = \frac{\sigma}{\sqrt{n}}$）

③　母集団の平均値Mは

信頼度を68％とすると，$m - \rho < M < m + \rho$

信頼度を95％とすると，$m - 2\rho < M < m + 2\rho$　と推定される。

＜参考＞

正規分布（図1参照）をする確率変数がある範囲にある確率は正規分布表で調べられる。標準偏差が既知である母集団の区間推定ではこのことを利用する。

例えば，標本平均m，標準偏差 σ で，信頼度90％で信頼区間を求めてみる。

正規分布表（表１参照）で，0.45に近い値を調べると1.65のとき，0.4505となるので，母集団の平均Mは，

$m - 1.65\sigma < M < m + 1.65\sigma$　と推定される。

4　学習内容のポイント

公表される視聴率は標本調査であるので，そのまま全世帯の視聴率を表していない。

しかし，公表された視聴率をもとに，母集団の視聴率を区間推定することは可能である。

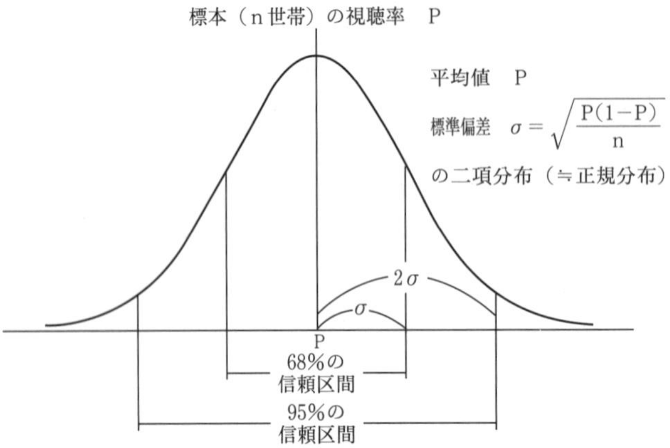

標本（n世帯）の視聴率が p のときの母集団の視聴率（P）を区間推定してみる。

母集団の視聴率がPであることから，母集団の中から，番組視聴世帯を選ぶ確率がPということである。

したがって，標本の視聴率は，理論的には試行回数がn，事象の確率がPとなる二項分布に従う。

ここで，比率の分布であるから，事象の回数で割ることで，平均値$=\frac{nP}{n}=P$，標準偏差は$\sqrt{\frac{P(1-P)}{n}}$　となる。

二項分布は試行回数が多ければ中心極限定理により正規分布に近づくので，正規分布を使って区間推定をすることができる。

ただし，実際は，標準偏差の式は，このままでは扱いにくいので，$P = p$ として区間推定する。

5　授業に役立つ図・表

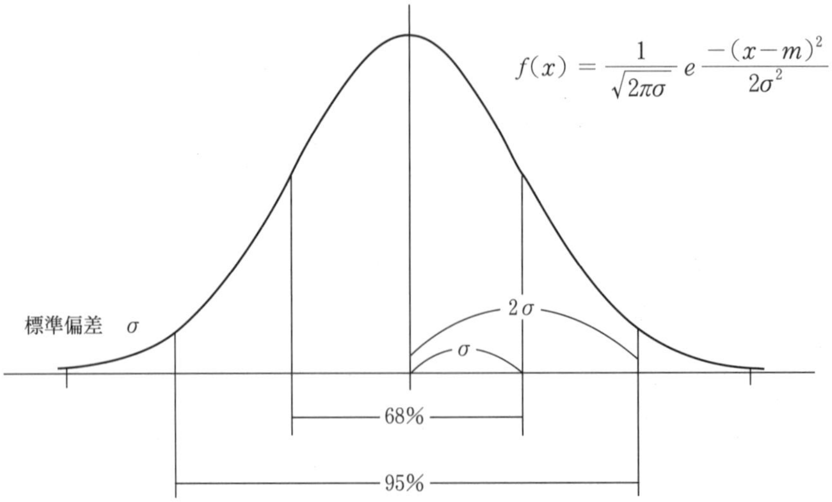

図１　正規分布

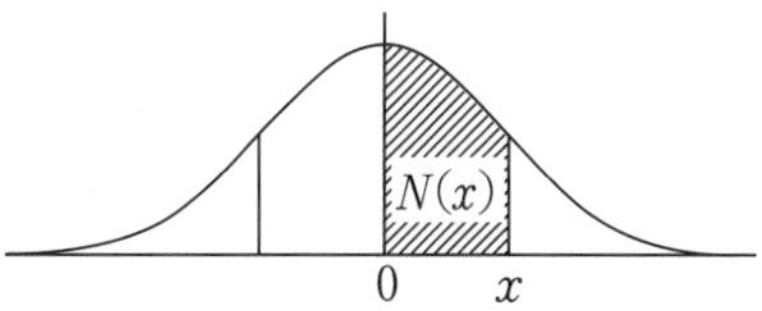

表１　正規分布表

x	0.00	0.01	0.02	0.03	0.04	0.05	0.06	0.07	0.08	0.09
0.0	.0000	.0040	.0080	.0120	.0160	.0199	.0239	.0279	.0319	.0359
0.1	.0398	.0438	.0478	.0517	.0557	.0596	.0636	.0675	.0714	.0753
0.2	.0793	.0832	.0871	.0910	.0948	.0987	.1026	.1064	.1103	.1141
0.3	.1179	.1217	.1255	.1293	.1331	.1368	.1406	.1443	.1480	.1517
0.4	.1554	.1591	.1628	.1664	.1700	.1736	.1772	.1808	.1844	.1879
0.5	.1915	.1950	.1985	.2019	.2054	.2088	.2123	.2157	.2190	.2224
0.6	.2257	.2291	.2324	.2357	.2389	.2422	.2454	.2486	.2518	.2549
0.7	.2580	.2611	.2642	.2673	.2704	.2734	.2764	.2794	.2823	.2852
0.8	.2881	.2910	.2939	.2967	.2995	.3023	.3051	.3078	.3106	.3133
0.9	.3159	.3186	.3212	.3238	.3264	.3289	.3315	.3340	.3365	.3389
1.0	.3413	.3438	.3461	.3485	.3508	.3531	.3554	.3577	.3599	.3621
1.1	.3643	.3665	.3686	.3708	.3729	.3749	.3770	.3790	.3810	.3830
1.2	.3849	.3869	.3888	.3907	.3925	.3944	.3962	.3980	.3997	.4015
1.3	.4032	.4049	.4066	.4082	.4099	.4115	.4131	.4147	.4162	.4177
1.4	.4192	.4207	.4222	.4236	.4251	.4265	.4279	.4292	.4306	.4319
1.5	.4332	.4345	.4357	.4370	.4382	.4394	.4406	.4418	.4429	.4441
1.6	.4452	.4463	.4474	.4484	.4495	.4505	.4515	.4525	.4535	.4545
1.7	.4554	.4564	.4573	.4582	.4591	.4599	.4608	.4616	.4625	.4633
1.8	.4641	.4649	.4656	.4664	.4671	.4678	.4686	.4693	.4699	.4706
1.9	.4713	.4719	.4726	.4732	.4738	.4744	.4750	.4756	.4761	.4767
2.0	.4772	.4778	.4783	.4788	.4793	.4798	.4803	.4808	.4812	.4817
2.1	.4821	.4826	.4830	.4834	.4838	.4842	.4846	.4850	.4854	.4857
2.2	.4861	.4864	.4868	.4871	.4875	.4878	.4881	.4884	.4887	.4890
2.3	.4893	.4896	.4898	.4901	.4904	.4906	.4909	.4911	.4913	.4916
2.4	.4918	.4920	.4922	.4925	.4927	.4929	.4931	.4932	.4934	.4936
2.5	.4938	.4940	.4941	.4943	.4945	.4946	.4948	.4949	.4951	.4952
2.6	.4953	.4955	.4956	.4957	.4959	.4960	.4961	.4962	.4963	.4964
2.7	.4965	.4966	.4967	.4968	.4969	.4970	.4971	.4972	.4973	.4974
2.8	.4974	.4975	.4976	.4977	.4977	.4978	.4979	.4980	.4980	.4981
2.9	.4981	.4982	.4983	.4983	.4984	.4984	.4985	.4985	.4986	.4986
3.0	.4987	.4987	.4987	.4988	.4988	.4989	.4989	.4989	.4990	.4990

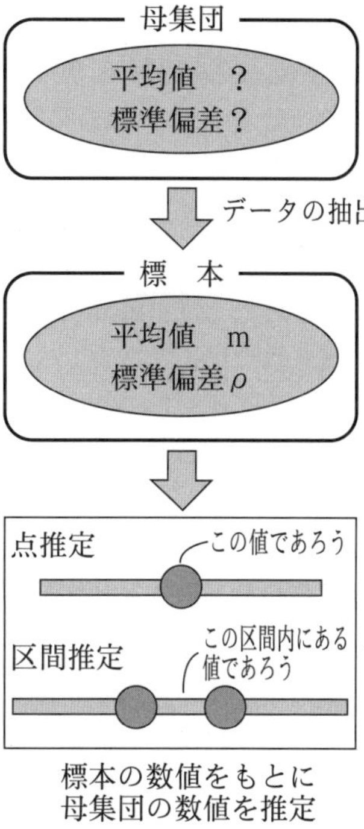

図２　点推定・区間推定の流れ

6　テーマに関連したドリル

【問題１】

1,000世帯からなる標本の視聴率が25％のとき，約95％の信頼度で全世帯の視聴率を求めよ。

【問題１の略解】

視聴率をＰとすると，$\frac{\mathrm{P}(1-\mathrm{P})}{1000}$において，Ｐ＝0.25（点推定）とすると，

$\frac{\mathrm{P}(1-\mathrm{P})}{1000}=0.0001875$となる。

$\mathrm{P}-2\sqrt{0.0001875}<0.25<\mathrm{P}+2\sqrt{0.0001875}$ から　$0.2223<\mathrm{P}<0.2774$　となる。

したがって，全世帯の視聴率は95％の確率で，22.2％～27.7％の範囲にはいる。

文献ナビ

① 小林正道（2002）『３日でわかる確率・統計』ダイヤモンド社

確率・統計分野の基本的な事項を，わかりやすく解説したもので，具体例として日常の現象を扱っており，中学生でも理解できる内容である。

（佐藤　功）

題材 44

思い込みにだまされるな！

確率と心理の関係

1　学習指導要領とのつながり

高等学校数学Ａ　⑶ 場合の数と確率
高等学校数学Ｃ　⑶ 確率分布
（中学校数学　第２学年　Ｃ 数量関係　⑵ 確率）

2　題材と日常現実社会のなかでの活用場面―産業・人とのつながり―

「残り物には福がある」これは，くじ引きにおいて，よく言われる言葉である。しかし実際，くじ引きは引く順番に関係なくすべて平等であり，「残り物には福がある」という言葉が正しくないことは誰もが知っている。そこには，人間の心理が関係し，世の中にはこの人間の心理をついてじょうずに商売をしたり，消費者心理を活用して購買意欲を高めるといった手法が見られる。その代表例の１つとして，「ネズミ講」をはじめとするマルチ商法がある。「ネズミ講」も，基本的な数学の知識があれば，悪徳な仕組みと判断できるのだが，たびたびテレビで報道されることがあるにもかかわらず，引っかかってしまう人がいる。こうした場面においては，自身の感情に流されず，数学の知識を使って，世の中を冷静に判断する必要がある。

特に，確率に関する問題では，人間の心理が大きく作用することが多く，冷静に判断できない人も数多くいる。このように，確率の学習は，日常生活で的確な判断を行う場面で活用されることが多い。宝くじを買う場面は良い例であろう。

3　題材の解説

これは，確率の世界で有名な，３ドア問題，ないしはモンティ・ホールのジレンマと言われるものである。

アメリカで「Let's Make a Deal」という次のようなバラエティ番組があった。

「あなたの目の前に３つの扉があります。１つは当たりで，扉を開けると目の前に車が置いてあります。残りの２つはハズレです。好きなものを１つ選んでください。」

挑戦者は，司会者モンティ・ホールのこの言葉で１つ扉を選ぶ。

「それでいいですか？では，今日は出血大サービスです。あなたの選ばなかった２つの扉のうち，片方を開けてみましょう。」

司会者モンティ・ホールは，どこに車が入っているか知っているので，挑戦者の選ばなかった扉のうち，車の入っていない扉を１つ開ける。

そして，一言！

「お～！ここに車はありませんでしたね！ということは，車は残った２つの扉のうちのどちらかにありますね。あなたはラッキーです！」

「では，もう一度チャンスをあげましょう。開ける扉を変えてもいいですよ。どうしますか？」

もしあなたが，この挑戦者の立場だったら，どうするだろうか？

この番組を見ていると，ほとんどの人が扉を変えずに最初に選んだ扉を開ける。なぜ多くの人は扉を変えないのか，挑戦者の心理を想像してみると，挑戦者の頭の中に次のような考えが浮かぶからではないだろうか。「最初の段階では当たる確率は $\frac{1}{3}$ だった。しかし，司会者が1つの扉を開けるというサービスをしてくれたことによって，車の当たる確率は2つの扉のうちのどちらかだから，$\frac{1}{2}$ になった。確率が同じなら，最初に選んだほうを選び続けるほうが良い。なぜなら，あえて扉を変えてはずれるほうが，悔いが残るだろう。」はたして，この考えは正しいのだろうか。

ここでは，確率の知識を用いて考えてみる。司会者モンティ・ホールは，当然，どの扉に車があるか分かっているので，挑戦者がどの扉を選んだとしても，出血大サービスとして，必ず車のない扉を開けることができる。

この状況において，挑戦者が扉を変えないとすれば，車を手に入れる確率は，司会者のサービスには影響されていないので，最初の条件と変わらず，$\frac{1}{3}$ のままである。

では，扉を変えたときはどうだろうか。

今，Aに車が入っている確率を $P(A)$，Bに車が入っている確率を $P(B)$，Cに車が入っている確率を $P(C)$ とする。また，挑戦者が，扉を変えることによって当たる確率を $P(G)$ とすると，

$$
\begin{aligned}
P(G) &= P(A\cap G)+P(B\cap G)+P(C\cap G)\\
&= P(A)\cdot P_A(G)+P(B)\cdot P_B(G)+P(C)\cdot P_C(G)\\
&= \frac{1}{3}\cdot 0+\frac{1}{3}\cdot 1+\frac{1}{3}\cdot 1\\
&= \frac{2}{3}
\end{aligned}
$$

となる。

よって，扉を変えることにより，当たる確率は $\frac{2}{3}$ になる。つまり，このゲームを3人のチャレンジャーがトライしたとすると，扉を変えることによって，2人が車を手に入れることができる。

したがって，選ぶ扉を変えたほうがいいことが分かる。

結局，この3ドア問題の盲点は，司会者が車の入っていない扉を1つあけることによって，車の当たる確率が $\frac{1}{3}$ から $\frac{1}{2}$ に上がった，という挑戦者の思い込みにあった。

ちょっとした確率の知識があるだけで冷静に判断できることも，確率を知らないことにより，大きな損をしてしまうこともある。

4　学習内容のポイント

1．日常生活の中で直観だけで判断すると，失敗することもある。
2．確率の問題では思い込みが誤りとなることがよくある。
3．その具体的な例として3ドア問題という題材を取り上げる。
4．まずは，生徒に直観的に答えさせたあと，具体的な実験をしてみる。
5．確率の知識を使って正しい答えを導く。

5 授業に役立つ図・表

図1　ビンゴゲーム（上）と宝くじの写真（下）

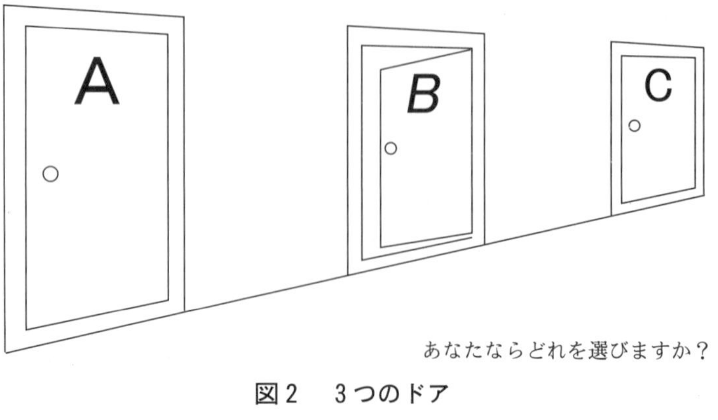

図2　3つのドア

6 テーマに関連したドリル

【問題１】

Ａ，Ｂ，Ｃの３人がくじ引き（当たり１，はずれ２）を引く場合において，「残り物には福がある」という諺が間違っていることを示せ。

【問題２】

次の話は，数学の世界で非常に有名な問題である。

刑務所に３人の囚人がいた。３人の囚人のうち，明日２人処刑され，ひとり助かることがわかっている。そこで囚人Ａは看守に，「私以外に処刑される囚人の名前を教えてくれ」と尋ねた。そこで看守は「Ｃは処刑される」と答えた。すると囚人Ａは，「じゃあ私が助かる確率は，$\frac{1}{3}$から$\frac{1}{2}$に上がったな」と言った。

果たして本当だろうか。

これは明らかな間違いである。看守がＣが処刑されることを伝えたところで，Ａの助かる確率が上がることはない。$\frac{1}{3}$のままである。

これは，3つのドアの問題と構造的に同じである。いったいどの部分がどこと対応しているのか考えなさい。

【問題１の解答】

最初に引く人（Ａさん）の当たる確率は，$\frac{1}{3}$

２番目に引く人（Ｂさん）の当たる確率は，Ａさんがはずした後に，Ｂさんが当たりを引くから，

$\frac{2}{3}\cdot\frac{1}{2}=\frac{1}{3}$

３番目に引く人（Ｃさん）の当たる確率は，Ａさんがはずし，Ｂさんもはずした残りだから，

$\frac{2}{3}\cdot\frac{1}{2}=\frac{1}{3}$

【問題２の解答】

『看守が「Ｃが処刑される」と答えること』が，『司会者が「サービスです」と言って，車の入っていない１つの扉を開けること』に対応している。実際，この問題も囚人Ａが助かる確率は看守の返答に関係なく$\frac{1}{3}$である。

文献ナビ

① 深川和久（2002）『思考力をつける数学』pp.55－57，永岡書店
思考力及び，数学的なものの見方を育成できる良書。

② 市川伸一（1998）『確率の理解を探る』pp.21－28，共立出版
認知科学の観点から，確率を考える，興味深い１冊。

（竹内英人・余語伸夫）

⇨関連題材 14

題材 45

後悔しない戦略

均衡の考え方

1 学習指導要領とのつながり

高等学校数学A　(3) 場合の数と確率　イ 確率とその基本的な法則
（高等学校数学基礎　(2) 社会生活における数理的な考察　ア 社会生活と数学）
（高等学校数学Ｉ　(1) 方程式と不等式　イ 一次不等式）
（中学校数学　第2学年　C 数量関係　(2) 確率）

2 題材と日常現実社会のなかでの活用場面─産業・人とのつながり─

トランプ，碁，将棋など，人々はプレーヤー（ゲーム参加者）として様々なゲームを楽しんでいる。自分の手を公開すれば，自分以外のプレーヤー（相手）全員が，各自にとって最善と思われる手を出してくるが，ゲームの対等性からこうした相手の戦略は，自分にも公開される。このような状況のもとで，自分の負けを最小限に防ぐ手が「後悔しない戦略」であり，逆にプレーヤー全員が後悔しない戦略を選んだ状態を「均衡」という。こうした状態では，すべてのプレーヤーは新しい手を考え出す余地がなくなり，ゲームは終了する。競争や協力の原理のもとで人はどのようにして妥協点を見出すか─このようにゲーム理論の学習は，経済活動や生態系の分析に活用されている。政治・経済・国際関係・野生動物の行動・スポーツゲーム・DNA進化など，最近いろいろな分野で論じられることの多い均衡の考え方を，例題を解くことによって理解する。

3 題材の解説

ゲームには3人以上のプレーヤーによるものや，勝ち負けや配当のルール（の一部），お互いの戦略などが公開されていなかったり，繰り返し行われるものなど，いろいろの形態がある。ここではプレーヤー2人による1回限りのゲームで，配当と戦略が公開されるものを考える。

例題：AとBがグー（G）とチョキ（T）によるじゃんけんゲームをする。同じものが出たらAの勝ち，違うものが出たらBの勝ちとし，AはGで勝てば2点，Tで勝てば1点，Bは逆にTで勝てば2点，Gで勝てば1点を獲得する。

AがG，Tを選ぶ確率をそれぞれp_1，p_2($p_1 \geq 0$，$p_2 \geq 0$，$p_1+p_2=1$)，BがG，Tを選ぶ確率をそれぞれq_1，q_2($q_1 \geq 0$，$q_2 \geq 0$，$q_1+q_2=1$)とする。これらの戦略は公開され，A，Bは自分にとってより有利な戦略がある場合には，新しい戦略に更新する。

このとき，A，Bがともにこれ以上有利な戦略がないとして，最終的に選ぶG，Tの確率（p_1，p_2)，(q_1，q_2)を求めよ。

例題の解説：A，BがG，Tを選ぶことによってAが獲得する得点を考える（表1）。

AがGを選ぶことによって獲得する得点の期待値は，BがG，Tを選ぶ確率q_1，q_2を用いて

$$q_1 \cdot 2 + q_2 \cdot 0 = 2q_1$$

であり，同様にAがTを選ぶことによって獲得する得点の期待値は

$$q_1 \cdot 0 + q_2 \cdot 1 = q_2$$

であるから，Aの総配当の期待値は

$$s = 2p_1q_1 + p_2q_2$$

である。したがってAはsを最大とする戦略

$$\begin{aligned} &2q_1 > q_2 \Rightarrow p_1 = 1 \\ &2q_1 < q_2 \Rightarrow p_2 = 1 \\ &2q_1 = q_2 \Rightarrow \text{任意の}p_1,\ p_2 \geq 0,\ p_1 + p_2 = 1 \end{aligned} \qquad (1)$$

を選択する（図1）。

次にBが獲得する得点を考え（表2），最初にBがGを選択することによって獲得する得点の期待値を求める。これはAがG，Tを選ぶ確率p_1，p_2を用いて

$$p_1 \cdot 0 + p_2 \cdot 1 = p_2$$

であり，同様にBがTを選ぶことによって獲得する得点の期待値は

$$p_1 \cdot 2 + p_2 \cdot 0 = 2p_1$$

であるから，Bの総配当の期待値は

$$t = q_1p_2 + 2q_2p_1$$

である。したがってBはtを最大とする戦略

$$\begin{aligned} &2p_1 > p_2 \Rightarrow q_2 = 1 \\ &2p_1 < p_2 \Rightarrow q_1 = 1 \\ &2p_1 = p_2 \Rightarrow \text{任意の}q_1,\ q_2 \geq 0,\ q_1 + q_2 = 1 \end{aligned} \qquad (2)$$

を選択する（図2）。

(1)，(2)が両立するのはともに最後の場合で$2q_1 = q_2$，$2p_1 = p_2$，すなわち

$$(p_1,\ p_2) = \left(\frac{1}{3},\ \frac{2}{3}\right),\ (q_1,\ q_2) = \left(\frac{1}{3},\ \frac{2}{3}\right) \qquad (3)$$

でそのとき

$$s = t = \frac{2}{3}$$

である。したがって，条件(3)が最終的にA，Bが選択する戦略である。

4　学習内容のポイント

1．ゲームのルールを明確にするために最初に表を作成し（表1，表2），A，Bの期待値s，tを$(p_1,\ p_2)$，$(q_1,\ q_2)$を用いて求める。
2．次にsを最大化するように$(p_1,\ p_2)$を選ぶが，これは$(q_1,\ q_2)$によって場合分けされる。すなわち，p_1，p_2の係数$2q_1$，q_2に大小関係がある場合には大きいほうの係数を1，小さいほうの係数を0とおけばsを最大化することができ，これらの係数が等しいときは，どのようにp_1，p_2を選んでもsは同じ値となって$(p_1,\ p_2)$は特定されない。このことを表しているのが式(1)である。
3．tについても同様で，Aの戦略$(p_1,\ p_2)$に応じてtを最大化する$(q_1,\ q_2)$が(2)のように定まる。これらが両立するのが求める均衡(3)であり，プレーヤーはこの戦略を採用して現実のゲームに臨むことになる。
4．計算させる前に先に答えをあてさせたり，正しい答え(3)を提示してしまうのもおもしろい。また配当率やルールを自由にかえて計算させると，均衡を実感できるかも知れない。

5　授業に役立つ図・表

表１　Ａの得点

$B\backslash A$	G	T
G	2	0
T	0	1

表２　Ｂの得点

$B\backslash A$	G	T
G	0	1
T	2	0

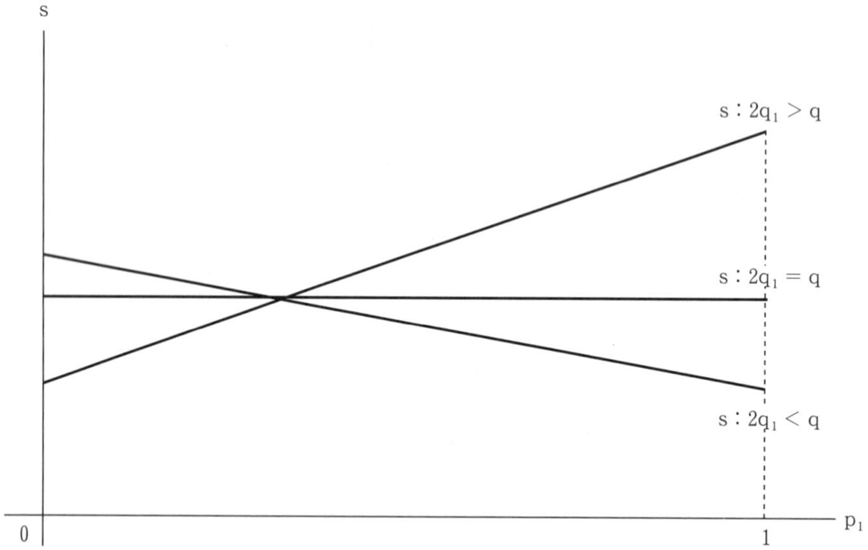

図１　s のグラフ

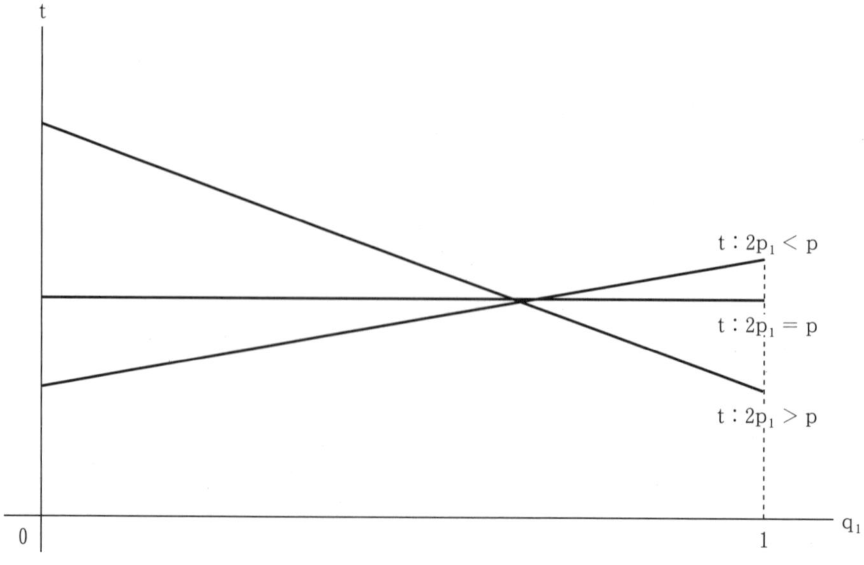

図２　t のグラフ

6 テーマに関連したトピック　～ゲーム理論～

同時ゲームや販売競争では絶対優位の戦略がないことが普通で，プレーヤーや営業サイドは複数の戦略を混合して利得を高めることを目指す。例題もこうした場合で，混合戦略を確率であらわし，その均衡値を求めさせているものである。

ゲームの理論を創始したのはフォン・ノイマンで，ミニ・マックス原理，すなわちゼロサム2人ゲームでの均衡であるラグランジュ関数の鞍点を論じて，この分野の研究の口火を切った（線形計画法「題材14　リサイクルは宝の山」の項参照)。フォン・ノイマンはその後，3人以上の主体が共同で行動する「協力ゲームの理論」を展開したが，ナッシュは学位論文において各個人が個々独立に行動する多人数ゲーム，「非協力ゲーム」を考え，「均衡」の定義と，その存在証明を与えた。本稿の例題はその最も簡単な場合である。

ナッシュの学位論文のエッセンスは1949年の米国国立科学アカデミー会報にわずか1ページの論文として掲載されたが，そこで確立されたナッシュ均衡の重要性は1980年代以降，産業組織論，情報経済学，生物学における進化的安定戦略などの分野で認識されるようになり，ナッシュはその業績により1994年度のノーベル経済学賞をうけることになる。なお，現在ではナッシュ均衡の存在は，角谷静夫氏による「角谷の不動点定理」によるものが，最も標準的な証明とされている。ナッシュは統合失調症に苦しみながら解析学，幾何学，代数学など多方面で独創的な仕事をした数学者で，その半生はラッセル・クロウ主演の映画“A beautiful mind”に描かれている。2002年米アカデミー賞作品賞などを受賞したこの作品は，日本では「ビューティフル・マインド」と題して公開され，現在でもDVDやビデオによって楽しむことができる。しかし原題の不冠詞には，ナッシュの抱く数多くの幻影のなかで，彼自身が確かに持っていたもの，あるいは非協力ゲームという過酷な状況のもとで妥協点を見出す人間一人一人の心など，多義的な意味が込められているように思われる。

文献ナビ

① 島津祐一編著（2004）『もっともやさしいゲーム理論：最良の選択をもたらす論理的思考法』日本経済新聞社（日経ビジネス人文庫）

「混合戦略」「樹形図」「囚人のジレンマ」「夫婦の食い違い」など，日常用語として使われることも多いゲーム理論の概念を，気軽に楽しく理解することのできる好著。

② G．ストラング，山口昌哉監訳・井上昭訳（1981）『線形代数とその応用』産業図書

「題材14　リサイクルは宝の山」の項でも紹介した，線形代数学に関する極めてユニークで重要な教科書。ゲーム理論についてはフォン・ノイマンの理論の一部が，線形計画法と単体法との関連で第8章に述べられている。

③ 田中博（2002）『生命と複雑系』培風館

「生命とは何か」を複雑系とゲーム理論を用いて解き明かす，ユニークで壮大な教科書。生物学はもちろん，数学，物理学，化学，システム科学，情報科学など広汎な学問領域の先端を自由に駆使して，説得力のある議論を展開する。

④ シルヴィア・ナサー，塩川勝訳（2002）『ビューティフル・マインド：天才数学者の絶望と奇跡』新潮社

映画の原作となったナッシュの伝記。

（鈴木　貴）

題材 46

お天気を予測する

ベクトル・行列を用いて予測できる天気

1 学習指導要領とのつながり

高等学校数学A　(3) 場合の数と確率
高等学校数学B　(2) ベクトル
高等学校数学C　(1) 行列とその応用
（中学校数学　第2学年　C 数量関係　(2) 確率）

2 題材と日常現実社会のなかでの活用場面―産業・人とのつながり―

修学旅行や運動会など楽しい学校行事や，地域のお祭り・イベントなどの前に気になるのがお天気である。自分達の住む地域のお天気を調べておくことにより，確率の考えを用いて，お天気の予測ができる。このとき役立つのがベクトルと行列である。このようにベクトルの学習は日常現実社会のなかで，お天気の予測にも活用されている。

3 題材の解説

次のような具体例を設定して考えてみよう。

> ある地域では，晴れた日の次の日も晴れる確率は $\frac{3}{4}$，雨が降る確率は $\frac{1}{4}$，雨の日の次の日が晴れる確率は $\frac{1}{2}$，雨の降る確率は $\frac{1}{2}$ であるという。この場合，雨の日の次の次の次の日に雨の降る確率はどのくらいでしょうか。

この例は，確率の問題としては以下のようにすぐ解くことができる。

雨の日から始まって，雨の次の次の次の日に雨が降る可能性は，雨晴晴雨　雨晴雨雨　雨雨晴雨　雨雨雨雨　の4つの場合で，それぞれの確率は

$$\frac{1}{2}\times\frac{3}{4}\times\frac{1}{4}=\frac{3}{32},\ \frac{1}{2}\times\frac{1}{4}\times\frac{1}{2}=\frac{1}{16},\ \frac{1}{2}\times\frac{1}{2}\times\frac{1}{4}=\frac{1}{16},\ \frac{1}{2}\times\frac{1}{2}\times\frac{1}{2}=\frac{1}{8}$$

であるから，求める確率はこれらを加えて，次のようになる。

$$\frac{3+2+2+4}{32}=\frac{11}{32}$$

この例をもう少し発展させて，次のような設定を考えよう。

> ある地域で今日晴れているとき，4日後に晴れである確率と雨である確率はどうなるであろうか。

今日晴れているということを，ベクトル

$$a_0=(1,\ 0)$$

で表すことにすれば，明日晴れの確率は $\frac{3}{4}$，雨の確率は $\frac{1}{4}$ ということは

$$a_1 = \left(\frac{3}{4},\ \frac{1}{4}\right)$$

と表される。これを行列

$$P = \begin{pmatrix} \frac{3}{4} & \frac{1}{4} \\ \frac{1}{2} & \frac{1}{2} \end{pmatrix}$$

を用いて

$$a_1 = a_0 \cdot P = (1,\ 0)\begin{pmatrix} \frac{3}{4} & \frac{1}{4} \\ \frac{1}{2} & \frac{1}{2} \end{pmatrix} = \left(\frac{3}{4},\ \frac{1}{4}\right)$$

と表す。次に，今日晴れているときに，明後日晴れる確率と雨の確率はそれぞれ晴晴晴，晴雨晴と晴晴雨，晴雨雨となり確率はそれぞれ

$$\frac{3}{4}\times\frac{3}{4}+\frac{1}{4}\times\frac{1}{2}=\frac{11}{16} \quad と \quad \frac{3}{4}\times\frac{1}{4}+\frac{1}{4}\times\frac{1}{2}=\frac{5}{16}$$

となる。これは

$$a_1 \cdot P = \left(\frac{3}{4},\ \frac{1}{4}\right)\begin{pmatrix} \frac{3}{4} & \frac{1}{4} \\ \frac{1}{2} & \frac{1}{2} \end{pmatrix} = \left(\frac{3}{4}\times\frac{3}{4}+\frac{1}{4}\times\frac{1}{2},\ \frac{3}{4}\times\frac{1}{4}+\frac{1}{4}\times\frac{1}{2}\right)$$

$$= \left(\frac{11}{16},\ \frac{5}{16}\right) = a_2$$

と表せる。したがって，$a_2 = a_1 \cdot P = a_0 \cdot P \cdot P = a_0 \cdot P^2$ である。

同様の理由により，3 日後，4 日後の晴れの確率と雨の確率は

$$a_3 = a_2 \cdot P = a_1 \cdot P^2 = a_0 \cdot P^3$$
$$a_4 = a_3 \cdot P = a_2 \cdot P^2 = a_1 \cdot P^3 = a_0 \cdot P^4$$

で与えられる。この値は

$$a_3 = \left(\frac{11}{16},\ \frac{5}{16}\right)\begin{pmatrix} \frac{3}{4} & \frac{1}{4} \\ \frac{1}{2} & \frac{1}{2} \end{pmatrix} = \left(\frac{43}{64},\ \frac{21}{64}\right)$$

$$a_4 = \left(\frac{43}{64},\ \frac{21}{64}\right)\begin{pmatrix} \frac{3}{4} & \frac{1}{4} \\ \frac{1}{2} & \frac{1}{2} \end{pmatrix} = \left(\frac{171}{256},\ \frac{85}{256}\right)$$

となり，4 日後に晴れである確率は $\frac{171}{256}$，雨である確率は $\frac{85}{256}$ となる。

4　学習内容のポイント

今日晴れているとき，n日後にそれぞれ晴れる確率をp_n，雨の確率をq_nとし，$a_n=(p_n,\ q_n)$とおいた。このベクトルは確率ベクトルと呼ばれる。

3の前半で述べた雨の日の次の次の次の日（3日後）に雨の降る確率は次のように考えるとよい。今日雨であることを確率ベクトル

$$b_0=(0,\ 1)$$

で表し，b_3を求めればよい。

$$b_1=(0,\ 1)\begin{pmatrix}\frac{3}{4} & \frac{1}{4}\\ \frac{1}{2} & \frac{1}{2}\end{pmatrix}=\left(\frac{1}{2},\ \frac{1}{2}\right),\quad b_2=\left(\frac{1}{2},\ \frac{1}{2}\right)\begin{pmatrix}\frac{3}{4} & \frac{1}{4}\\ \frac{1}{2} & \frac{1}{2}\end{pmatrix}=\left(\frac{5}{8},\ \frac{3}{8}\right)$$

$$b_3=\left(\frac{5}{8},\ \frac{3}{8}\right)\begin{pmatrix}\frac{3}{4} & \frac{1}{4}\\ \frac{1}{2} & \frac{1}{2}\end{pmatrix}=\left(\frac{21}{32},\ \frac{11}{32}\right)$$

となり，3日後の晴れの確率は$\frac{21}{32}$，雨の降る確率は$\frac{11}{32}$であることが分かる。

5　授業に役立つ図・表

3の最初の例で，雨の日の次の次の次の日に雨の降る確率を求めたが，次のような図を書くと理解しやすい。

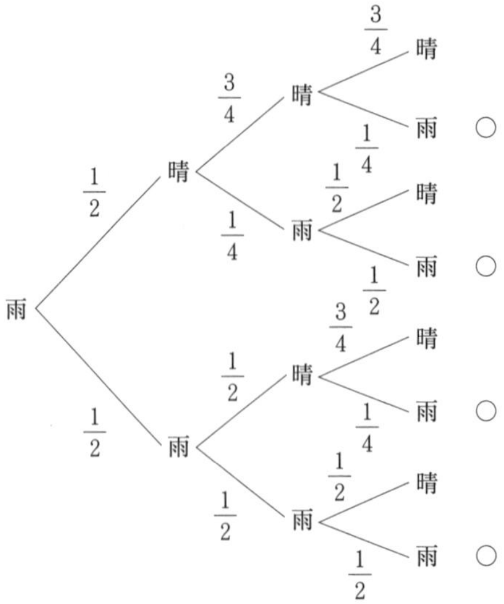

6　テーマに関連したトピック　～マルコフ過程～

この題材はマルコフ過程と呼ばれるもので，いろいろな場面で使われる。1つ例を挙げよう。

大学の文系へ行った人の子供の80％はやはり文系へ行き，20％は理系へ行く。また大学の理系に行った人の子供の30％は文系へ行き，70％は理系へ行くとする。このとき，文系の大学を出た人の孫が理系へ行く可能性は，文―文―理，文―理―理の2通りで確率はそれぞれ

$0.8\times0.2=0.16$，$0.2\times0.7=0.14$　であるから，求める確率は

$0.16+0.14=0.3$　であることが分かる。

また，文系出身の人から4代目の人が文系へ行く確率はどうであろうか。さらに，理系出身の人から4代目の人が文系へ行く確率はどうなるだろうか。

4で述べた転移行列は

$$P=\begin{pmatrix}0.8 & 0.2\\ 0.3 & 0.7\end{pmatrix}$$ で与えられる。これから

$$P^4=\begin{pmatrix}0.625 & 0.375\\ 0.5625 & 0.4375\end{pmatrix}$$ となり

文系出身の人から4代目の人が文系へ行く確率は0.625　理系出身の人から4代目の人が文系へ行く確率は0.5625であることが分かる。

文献ナビ

① R.コールマン（石井恵一訳）『確率過程』共立出版

マルコフ過程をはじめ，いくつかの確率過程を扱い，具体的な例で解説していて，類書の中で利用しやすい本である。

（斎藤　斉）

題材 47

「おにぎり」お弁当の楽しみ

「デタラメさ」または「ワクワク度」を表す量

1 学習指導要領とのつながり

高等学校数学A　⑶ 場合の数と確率　イ 確率とその基本的な法則
高等学校数学Ⅱ　⑶ いろいろな関数　イ 指数関数と対数関数
高等学校数学Ⅰ　⑵ 二次関数　イ 二次関数の値の変化　㋐ 二次関数の最大・最小
（高等学校数学B　⑴ 数列　イ 漸化式と数学的帰納法　㋐ 漸化式と数列）
（中学校数学　第２学年　C 数量関係　⑵ 確率）

2 題材と日常現実社会のなかでの活用場面―産業・人とのつながり―

お弁当や行楽，ちょっとしたパーティに「おにぎり」は欠かせない。みんなが思い思いに，詰めてきた手づくりの「おにぎり」弁当箱を，テーブルの真ん中に積み上げ，そこから，一つ貫って来て開くとき，中身がいったい何なのか，それがどれくらいきれいに詰められているのか……などと「わくわく」する。

これが，「おにぎり」機械から，ベルトコンベア方式で，「うめ」，「こんぶ」，「のり」，「シャケ」，「たらこ」そして「おかか」，後はこの繰り返しというように「おにぎり」が出てきて，それを，この順で６個入りの弁当パックに詰めたものとすると，どれを開けても，並び方まで同じ「おにぎり」がでてくる。これでは何となく面白くない。

そこで，「おにぎり機械」とは別に「振り分け機械」を用意して，左・右２列に弁当パックを並べて置く。この「おにぎりの列」を「植物性３個」と「動物性３個」の２種類の列と考え，「おにぎり」機械から，「おにぎり」が出てくるたびに，「振り分け機械」に確率$\frac{1}{2}$のコインを振らせて，表が出たら左のパックに，裏なら右のパックに詰める，というようにすれば，少しは「わくわく」するのではないだろうか？

実際，６個のおにぎりが出てきた段階で考えると，左のパックに植物性の「うめ，こんぶ，のり」，右のパックに動物性の「シャケ，たらこ，おかか」がこの順に並んでいる確率は約1.6%しかない。残り98.4%は，どちらかのパックには１個，２個しか入っておらず，逆のパックに４個，５個入っていて，植物性と動物性が混ざっている，または順序が違うなどということが起こっている。これなら左右どちらを取ろうかと，少しは，「わくわく」する。

これを「酸っぱい」ものと「塩味のもの」，すなわち，「うめ１種類」と「こんぶ，のり，シャケ，たらこ，おかかの５種類」の二つのグループと考え，コインの代わりにサイコロを振って，１の目が出れば左，それ以外なら右というようにすれば，確率約6.7%で，左の袋に「酸っぱい・うめ」，右の袋に「塩味の・こんぶ・のり・シャケ・たらこ・おかか」というように並ぶ。

だから「わくわく度」，言い換えれば「デタラメ度」は，サイコロで１：５に振り分ける場合よりも，コインで１：１に振り分ける場合の方が大きくなると言える。この「デタラメ度」を計る指標は，エントロピーと呼ばれ，この例のように，二つに分ける場合は，確率１：１で分けるのが，エントロピーが一番高くなる，言い換えれば一番「デタラメ度」が高くなるということが証明される。

これが，「おにぎり」ではなく，２種類・３種類の薬品の場合は，「デタラメ度」は，一様性とも呼ばれ，薬などを作るときの重要な指標となる。

このような形ででも，確率の学習は，日常生活の中で活用されている。

3　題材の解説

「デタラメ度」が高くなければいけないのは，くじ引きや暗号などであり，「デタラメ度」が高くなっては困るのは，コンピュータや人間の記憶などである。また上に述べたように，これを「一様性」と捉えるときは，それが高いことは薬などの製造過程で非常に重要になる。

コンピュータのファイルは「デタラメ度」がゼロでないと困るが，「おにぎり」の順序に「わくわく」したように，人間の記憶のファイルはある程度の「デタラメ度」を持っていることが必要だとも言われている。

本題材では，人工的な「振り分け機械」によって，規則的な対象にデタラメを作り込んだが，自然もデタラメを作り込む。例えば，いくつかの絵の具をパレット上に隣り合わせにしておくと，最初はシッカリ分かれているのに，いつの間にか隣の色と混じりあって境目がぼけてくる。このような状態を表す量がエントロピーである。規則的に並んでいる間はエントロピーが低く，不規則になったときは高いという（図3参照）。

エントロピーにはいろいろな定義や考え方があるが，本題材の場合は，「振り分け機械」の性能を測る物差しであり，自然の作り込むデタラメ度も，このようにして測るものだと考えると理解しやすい。

さて，「おにぎり」が二つのグループA，Bに分けられていて，グループAにはp種類，グループBにはq種類の「おにぎり」があり，「おにぎり機械」は，この順に「おにぎり」を送ってくるものとし，「振り分け機械」は，確率$P=\dfrac{p}{p+q}$で左のパックに，確率$Q=\dfrac{q}{p+q}$で右のパックに送るものとする。

すると，最初からp番目までの「おにぎり」が，左のパックに送られる確率は，P^p，その次からq番目までの「おにぎり」が，右のパックに送られる確率は，Q^qである。よって，「おにぎり機械」から出てきた$p+q$個の「おにぎり」を「振り分け機械」を通した後で，左のパックにグループA，右のパックにグループBと並んでいる確率は，$P^p\cdot Q^q$となる。

一般に，「おにぎり機械」から先ずp個のAグループ，次にq個のBグループ……という具合に，総数N個の「おにぎり」が出てきた場合は，その中のPN個がグループA，QN個がグループBだから，「振り分け機械」を通した後で，左のパックにグループA，右のパックにグループBとなる確率は，$(P^P\cdot Q^Q)^{\mathrm{N}}$である。

Nは任意だから，この「振り分け機械」の性能は

$$\mathrm{e}=P^P\cdot Q^Q$$

または，その対数のマイナスをとって

$$\mathrm{E}=-\log(P^P\cdot Q^Q)=-\{P\log P+Q\log Q\}=-\{P\log P+(1-P)\log(1-P)\}$$

によって表すのが適当（だろう）ということになる。Eを（この二分割に対する）エントロピーという。

2で述べた場合は，それぞれ$P=\dfrac{1}{2}$，$\dfrac{1}{6}$の場合であり，それぞれ

$$\mathrm{e}^6=\left\{\left(\frac{1}{2}\right)^{\frac{1}{2}}\times\left(\frac{1}{2}\right)^{\frac{1}{2}}\right\}^6=\left(\frac{1}{2}\right)^6=0.0156$$

$$\mathrm{e}^6=\left\{\left(\frac{1}{6}\right)^{\frac{1}{6}}\times\left(\frac{5}{6}\right)^{\frac{5}{6}}\right\}^6=\frac{5^5}{6^6}=0.0669$$

となっている。

また，Pを変数と見て，EをPによって微分すると，

$$-\frac{dE}{dP}=-\{\log P+1-\log(1-P)-1\}=\log(1-P)-\log P$$
$$=\frac{\log(1-P)}{P}=\log\left(\frac{1}{P}-1\right)$$

これがプラスになるのは$\frac{1}{P}-1>1$，またマイナスになるのは$\frac{1}{P}-1<1$の領域であるから，Eは，$P=\frac{1}{2}$において最大値を取る，言い換えれば最もデタラメ度が高いことが分かる。

4 学習内容のポイント

1．自然はデタラメを作り込んでいる。

2．暗号やくじ引き，そして薬など，意識的にデタラメを作り込むことも重要である。

3．（架空の）デタラメを作り込む装置を考え，その性能を測る量として，「エントロピー」を考える。

4．先ずグループAがp個，次にグループBがq個，後はその繰り返しという具合に，規則的に，デタラメ機械に入ってくるとき，それを確率$P=\frac{p}{p+q}$，$Q=\frac{q}{p+q}$で分岐させると，エントロピーは$\mathrm{E}=-\{P\log P+Q\log Q\}$になる。

5．二つに分岐させるデタラメ機械は，確率Pが$\frac{1}{2}$のときに最も効率が良くなる，すなわちエントロピーは最大になる。

5 授業に役立つ図・表

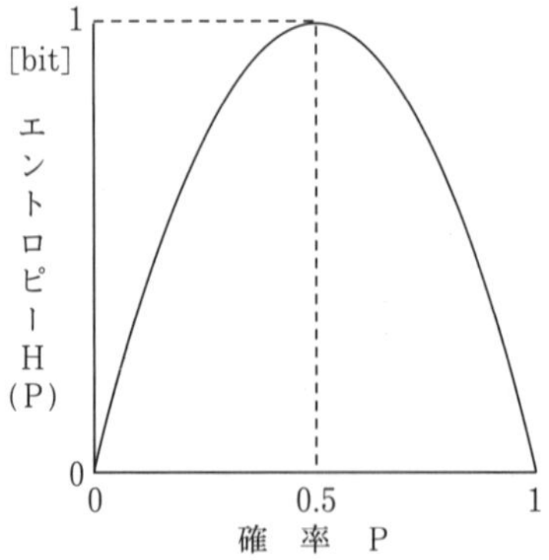

図1　2元情報源のエントロピー

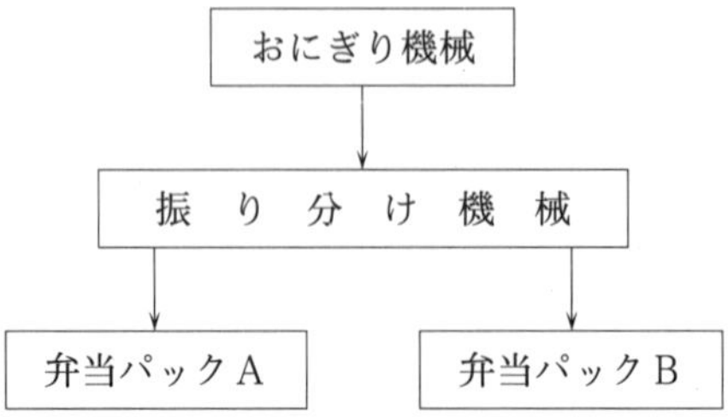

図2　おにぎり弁当パック工程

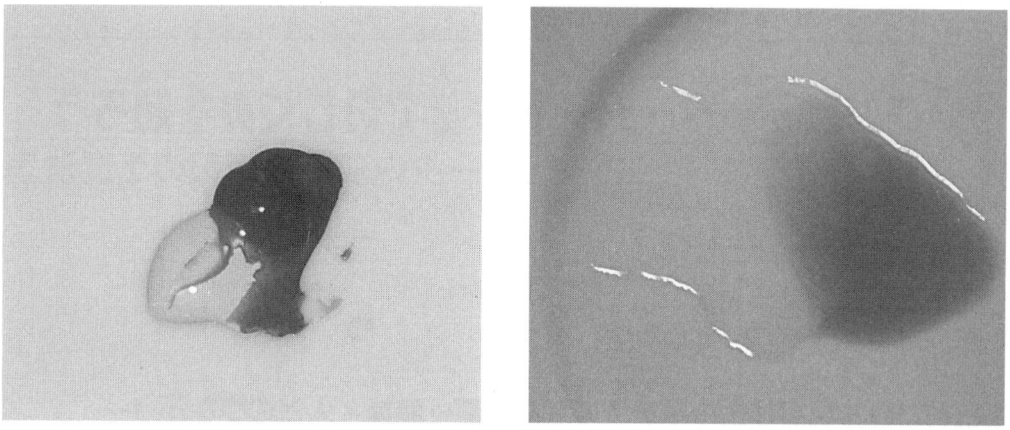

図3　接している絵の具（左）や油（右）が徐々に混じり合う

6　テーマに関連したドリル

【問題1】

上の題材では，いくつかの種類の「おにぎり」が，キチンとした順序で「振り分け機械」に送り込まれるものとしたが，下の図のように，いくつかのパイプA，B，C……を考え，各パイプは1種類の「おにぎり」だけを送り出すものとしてもよい。このときは「振り分け機械」は，毎回サイコロを振って，どれかのパイプを選び，そこから出てきた「おにぎり」をコンベアー上に並べてゆくものとするのである。幾種類かの薬剤を混合する作業などは，むしろこれに近いと考えられる。

この場合も，「振り分け機械の性能」すなわちエントロピーは同じように考えて良いことを示せ。

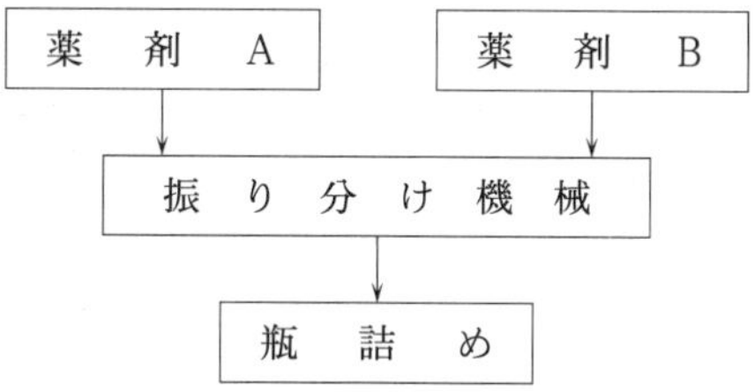

【問題1の解答】

例えば2種類の薬剤A，Bを「おにぎり」のように考え，振り分け機械にコインを振らせれば，全く同じことになる。

文献ナビ

① http://www.superman.elec.fit.ac.jp/SOKENPUB/InfTh/kiso3.html，2006年6月11日検索
情報のエントロピーについて書かれている。

② http://www.szksrv.isc.chubu.ac.jp/entropy/entropy3.html
情報のエントロピーを情報の「衝撃度」という立場から上手く説明している。

③ http://www.nagaitosiya.com/a/entropy.html，2006年6月11日検索
エントロピー一般についての解説。

（齋藤美保子・四方義啓・満嶌夏美）

題材 48

コンピュータ・ハードウェアのしくみを知ろう

コンピュータ内部での情報の2進法表現

1 学習指導要領とのつながり

高等学校数学A ⑵ 集合と論理
（中学校数学 第1学年 A 数と式）

2 題材と日常現実社会のなかでの活用場面―産業・人とのつながり―

近年，産業・社会において，コンピュータがさまざまなかたちで使われている。個人も日常的にパソコンを利用している。私たちの身近にあり便利な，電卓，携帯電話，電子レンジなどにも，コンピュータが組み込まれている。コンピュータの内部では2進法が使われている。電気のスイッチの「オン・オフ」，電流の「ある・なし」，磁石の「ＳＮ」などは，電気の得意技である。これらは，それぞれ2進法の1桁のとる値である，1と0に対応するとみることができる。コンピュータ内部で基本的な演算処理を行うのは，コンピュータの心臓部に当たるマイクロプロセッサと呼ばれる半導体チップである。マイクロプロセッサのしくみの基本として論理回路が使われている。マイクロプロセッサの論理回路は，半導体を使った「トランジスタ」や「ダイオード」などという電子素子を組み合わせて作られている。処理されるデータの2進法での表現を保持したり，加工したりする論理回路が作り上げられている。論理回路を取り扱う土台として，数学の一分野である論理代数が使われる。一方，ダイオードやトランジスタが動作する原理は物理学の知識で理解することができる。また，コンピュータの設計・製作は電子工学などで扱われる。コンピュータを利用するだけでは分からないのであるが，コンピュータの基本に論理回路が使われており，この設計に論理代数が使われていることを理解していることは大切である。

3 題材の解説

1 ダイオードとトランジスタ

まず，ダイオードとトランジスタについて説明する。半導体は，金属と絶縁体と比べ，これらの中間の電気抵抗を持つ物質で，具体的には，ケイ素（Si）やゲルマニウム（Ge）がこれに当たる。半導体を主な材料として，ダイオードという電子素子が作られた。この素子に電流を流そうとすると，「順方向」には電流が流れるが，「逆方向」には流れない。詳しくは，物理で学ぶ。電子回路を描くとき，ダイオードには，図1のような記号を使う。やはり半導体を主な材料として，トランジスタという電子素子が作られた。図2にトランジスタ（npn型）を表す回路記号を示す。コレクタ(Ｃ)，ベース（Ｂ)，エミッタ（Ｅ）という名の3つの端子がある。トランジスタには微弱な電流や電圧の変化で大きな電流や電圧の変化を生じる機能（増幅作用）があるが，コンピュータの論理回路では，電子的なスイッチとして使われる。Ｂに加える電圧の高さで，スイッチのonとoffを切り換えることができる（図2参照)。

2 基本論理回路

コンピュータの論理回路は，AND回路，OR回路，NOT回路という3つの基本論理回路で構成することができる。これらの基本論理回路は，具体的には，ダイオード，トランジスタ，抵抗器といった電子素子で作ることができる。次の説明では，第１にAND回路，OR回路，NOT回路を図面に描くときの記号を示し，これらの論理回路の動作を，真理値表という表で表す。第２に，これらの回路の構成例を示す。ここで示す回路例は，電源＋Eとアースに接続されて動作する。＋Eとして，＋５[V]がしばしば使われる。これらの回路への入力には，２進数の１桁の値である０か１に対応して，低いレベル（Ｌレベル）の電圧か高いレベル（Ｈレベル）の電圧をかける。それぞれの回路の機能で，出力に「論理演算」の結果である０か１を表すＬレベルかＨレベルの電圧が現れる。これらは構成の一例で，これらと違う回路も考えられる。

⑴　AND回路

AND回路には複数の入力端子があり，出力は１つである。全ての入力が１のときだけ，出力も１となるという動作をする。入力が２つという一番簡単な場合を考えてみよう。２つの入力にxとyという名を付け，出力にzという名を付ける。xとyはそれぞれ１と０という値をとるので，入力の組み合わせは４つである。これを一覧表に書くと表１のようになる。真理値表と呼ぶ。AND回路の「論理演算」を表している。一緒に回路記号も示す（表１参照)。AND回路の構成例を図３に示す。ダイオードは，順方向にしか電流が流れないので，入力のうち一つでもＬレベルがあれば，抵抗に電流が流れ，出力はＬレベルとなる。両方の入力がＨレベルの場合だけ，抵抗に電流が流れず，出力がＨレベルになる。つまり，ANDという論理演算が行われる（図３参照)。

⑵　OR回路

OR回路には複数の入力端子があり，出力は１つである。入力のうち一つでも１という値を持っていたら，出力が１となるという動作をする。入力が２つという一番簡単な場合を考える。入力をxとy，出力をzとして，AND回路の場合と同様に真理値表を書くと表２のようになる。回路記号も示す（表２参照)。OR回路の構成例を図４に示す。入力xおよびyには，ＬレベルかＨレベルの電圧を入力するが，どちらか一つでもＨレベルなら，抵抗に電流が流れ，出力はＨレベルになる。つまり，ORという論理演算が行われる（図４参照)。

⑶　NOT回路

NOT回路は，入力端子が１つで，出力端子も１つである。その名のとおり，値を反転するという動作をする。入力が１端子なので，場合の数は２である。真理値表と回路記号を表３に示す。NOT回路の構成例を図５に示す。入力がＬレベルの場合，トランジスタのスイッチはoffのため，＋Eからアースに向けて電流は流れず，出力はＨレベルである。逆に入力がＨレベルであれば，トランジスタのスイッチはonのため，電流が流れ，抵抗の両端に電位差が発生し，出力はＬレベルとなる。つまり，NOTという論理演算が行われる（図５参照)。

３　半加算器

２進数の加算を行う回路を構成する例を見よう。２個のそれぞれが１桁の２進数を加算するとしたら，結果は，０，１，２の値をとる。２の場合は，１桁では表せない。２桁目に繰り上がりが起こる回路を構成する必要がある。１桁目をs，繰り上がりをcとする。２進１桁の加算規則を書いてみると，表４のようになる。半加算器の回路は，表４にある加算規則のように動作することがわかる。確かめてみてほしい。ただし，この半加算器を直列的につなげても，２桁以上の加算機は作ることはできない。全加算機と呼ばれる回路を使うと，これができる。

4 学習内容のポイント

1．いろいろなところで活用されているコンピュータの内部では，２進法が使われている。
2．コンピュータの基本的な論理回路に，AND回路，OR回路，NOT回路という回路がある。
3．AND回路は，全ての入力が１のときだけ，出力も１となるという動作をする。
4．OR回路は，入力のうち１つでも１という値を持っていたら，出力が１となるという動作をする。
5．NOT回路は，入力の値を反転し出力とするという動作をする。
6．２個のそれぞれ１桁の２進数の加算を行う回路（半加算機）がどのように構成されるかを見た。

5 授業に役立つ図・表

表１　AND回路の真理値表と論理回路記号

入力		出力
x	y	z
0	0	0
0	1	0
1	0	0
1	1	1

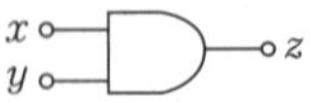

表２　OR回路の真理値表と論理回路記号

入力		出力
x	y	z
0	0	0
0	1	1
1	0	1
1	1	1

表３　NOT回路の真理値表と論理回路記号

入力	出力
x	z
0	1
1	0

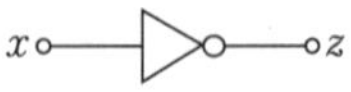

表４　２進１桁の加算規則と半加算器の論理回路

入力		出力	
x	y	c	s
0	0	0	0
0	1	0	1
1	0	0	1
1	1	1	0

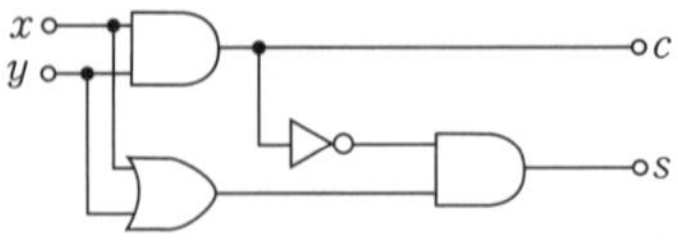

図１　ダイオードの回路記号

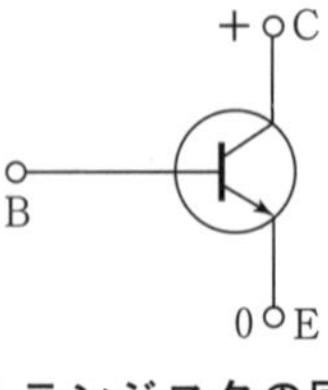

図２　トランジスタの回路記号

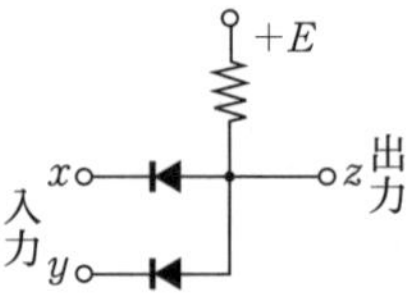

図３　AND回路の例

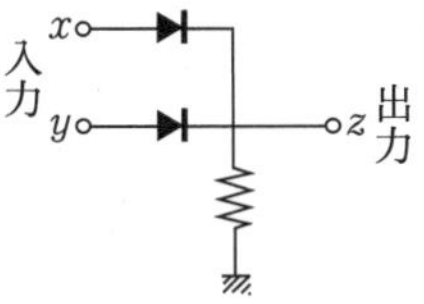

図 4　OR回路の例

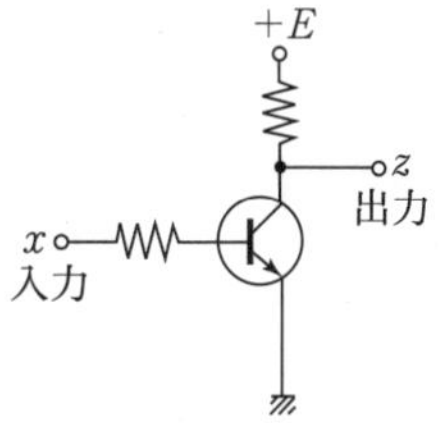

図 5　NOT回路の例

6　テーマに関連したドリル

【問題 1】

AND回路の出力を否定したものをNAND回路という。この真理値表を書きなさい。論理回路記号を次に示す。

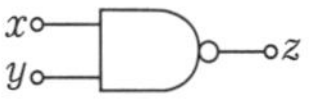

【問題 2】

下の桁からの桁上げ c_I を考慮した加算器を全加算器と呼ぶ。この回路の入力は c_I，x，y という 3 つがあり，出力が c_O と s という 2 つである。次の表は全加算器の真理値表である。出力欄を適切な値で埋めなさい。また，図の論理回路が，全加算器としての機能を持つことを確かめなさい。

表　全加算器の真理値表

c_I	x	y	c_O	s
0	0	0		
0	0	1		
0	1	0		
0	1	1		
1	0	0		
1	0	1		
1	1	0		
1	1	1		

図

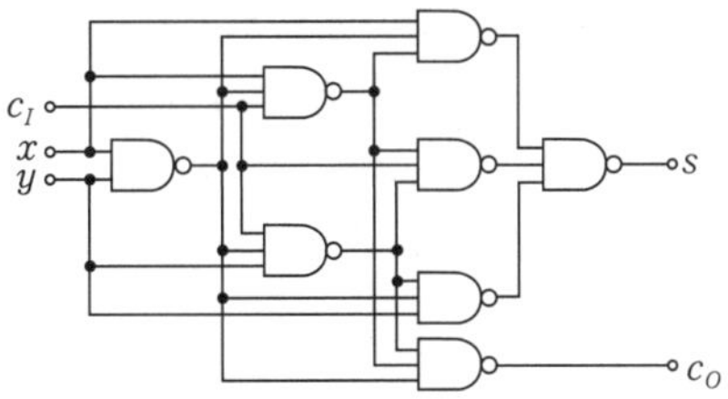

【問題 1 の解答】

NAND回路の真理値表

入力		出力
x	y	z
0	0	1
0	1	1
1	0	1
1	1	0

【問題 2 の解答】

各自確認してください。

文献ナビ

① 飯高成男監修・宇田川弘著（2001）『なるほどナットク！電子回路がわかる本』オーム社
電子工作の好きな中学生や高校生などが，回路製作を楽しみながら知識を身につけられる好適書。

② 平澤茂一著（2001）『コンピュータ工学』培風館
理工系学部低学年対象の教科書で，著者は，コンピュータの基本原理・本質が「分かる」ようになることこそ，将来の応用力の源泉になるとしている。

（吉江森男）

題材 49

丸太から柱を作ろう

曲尺の原理とその活用

1 学習指導要領とのつながり

中学校数学　第3学年　B 図形　(2) 三平方の定理
高等学校数学Ⅰ　(3) 図形と計量　ア 三角比

2 題材と日常現実社会のなかでの活用場面―産業・人とのつながり―

建築材料としての木，そして日本の山林が今見直されている。山の木から建築材料を作ろうとするとき，重要になるのが，その木から，どれくらいの，どのような材料がとれるかということである。

そのために昔から曲尺（「かねじゃく」と読む）という便利な道具が使われてきた。これは，立木に当てるだけで，その直径や周囲を求めたり，それからとれる柱の一辺を計算したりすることができるというものである。

曲尺は，「授業に役立つ図」に示すように，普通は直角に曲げられた角を持つL字型の物差しである。これを立木にピッタリ押し当てて，表の目盛りを読めば立木の半径，裏の目盛りを読めば，それからとれる柱の寸法が分かる。後に改めて解説するが，曲尺は，実に見事に「図形」の知識を活用して，円の半径や周囲，内接正方形の一辺の長さを求めている。

円の接線は，その接点において引いた半径に直角である。したがって，直角に交わる二つの接線と接点における半径とは正方形を作り，接線の長さは半径に等しい。立木にピッタリ押し当てた曲尺の二つの辺は，二つの接線となるから（図2参照），これを曲尺の目盛りから読みとれば，直ちに立木の半径が得られる。

さらに，ピタゴラスの定理，ないし，三角法を使えば，この円に内接する正方形の一辺の長さが，円の半径のルート2倍になっていることから，ルート2倍の目盛りが目盛ってある裏側を読めば内接正方形の一辺が分かる。これは，この立木から，どれくらいの太さの（正方形の）柱が作れるかを示している。また，ルート2倍の代わりに，2π倍の目盛りをつけた曲尺もある。これは，立木の周囲の長さを求めるときに有効である。

このように，図形の知識，ピタゴラスの定理（三平方の定理），三角法の学習は，日常生活において活用されている。

3 題材の解説

上の題材において述べたように，円Oの上の点Pにおける接線PTおよび，点Qにおける接線QTは，半径OPおよびOQに垂直である（図1参照）。したがって，点Tから引いた二つの接線PT，QTの長さは等しい（図1参照）。これは，三角形OTPと三角形OTQが合同になるからである。

ここで角QTPが直角だとしてみると，四辺形OPTQの全ての角は直角となるので，四辺形OPTQは平行四辺形（というより正方形）。よって，相対する辺の長さも等しく，

　半径＝接線の長さ（図3参照）

が得られる。これが（普通の）曲尺の原理である。

すなわち接線の長さを曲尺で測れば，半径が得られる。こうして半径が求まると，この円に内接す

る正方形の一辺の長さも直角三角形POQを考えることによって容易に求められる（図３参照）。すなわち，内接正方形の一辺の長さは半径のルート２倍である。また，この円の円周を求めたければ半径を２π倍すればよい。したがって，曲尺のどちらかの側に，長さをそのまま目盛り，その裏側にそのルート２倍，ないし２π倍を目盛っておけば，直ちに内接正方形の一辺，ないし円周の長さが求められることになる。

また，より小さい円の半径を精密に測定する必要があるときなどには，頂角である直角を，もっと小さい角に変更した曲尺が使われることもある。実際，頂角が２θ度の曲尺を使うと，半径と接線の比は，

$$\text{半径：接線の長さ}=\tan\theta：1\quad\text{すなわち，半径}=\frac{\text{接線の長さ}}{\tan\theta}$$

となり，θが小さいほど，$\tan\theta$は小さくなり，接線の長さが拡大される（図５参照）。

題材において取り扱った頂角90度のものは，一対一であるが，頂角を小さくして目盛りを拡大することによって，より精密な測定が可能になる。曲尺として市販されているのは，頂角２θが30度程度のものまでであるが，精密機器の隙間などを測るためには，１度以下の頂角を持つ「楔」も使われている。

ここまでは，全てが平面にあるとし，「曲尺が円に対する２本の直交接線を与える」ところから出発した。しかし，曲尺によって測定する相手は，普通は，立木のような円柱である。

したがって，先ず，円柱を水平な平面（本当は軸に垂直な平面）で切り取るところから始めなければならない。これが，曲尺を立木に当てるとき，「できるだけ水平に（本来は軸に垂直に）」「（ある種の曲尺では）左右の腕の長さが同じになるように」「少々揺すっても動かないように」「（少し動かしても）それ以上短くならないように」と注意される理由であろう。

これは，円柱の軸に垂直な面への正射影を考えれば分かるように，もし，曲尺が定める平面が斜めになっていれば，そこで曲尺によって測られる長さは正射影の長さより長くなる。もちろん，正射影の長さが一番短く，その長さになったときが水平面である。また，斜めになっている分だけ「ねじりの力」を受けるから，少々揺すると動くはずである。さらに，一方の腕が水平になっていても，もう一方の腕が水平でなければ，左右の腕の長さは同じにはならない，などの幾何学的，物理学的な原理を使って水平を確保するためであると考えられる。

4　学習内容のポイント

1．木材の利用をもとに，曲尺を利用して円の半径を測定する方法について考える。
2．（普通の）曲尺は直角に交わる円の接線の長さと円の半径が等しいことを利用している。
3．より精密な測定が行いたいときは，曲尺の頂角を小さくするとよい。
4．曲尺を使うとき，それを軸に垂直に保つための幾何学的，物理学的な工夫がなされている。

5 授業に役立つ図・表

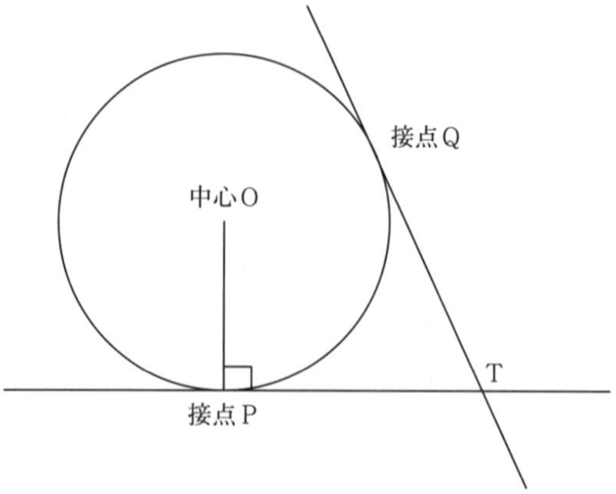

図1　円の接線が作る角

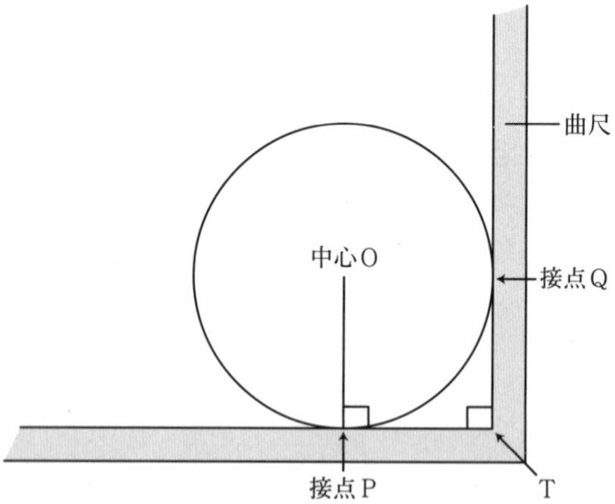

図2　曲尺を丸太に押しつける

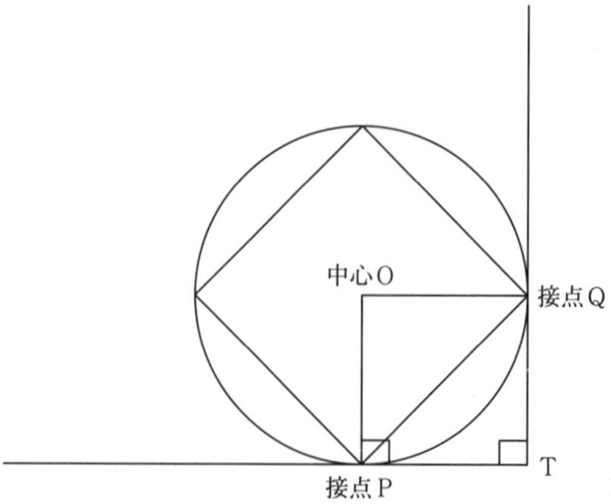

図3　丸太の直径を読む

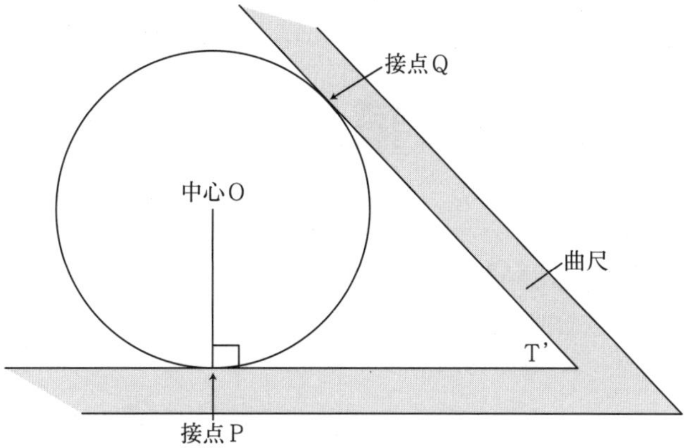

図４　必ずしも直角でない曲尺の場合

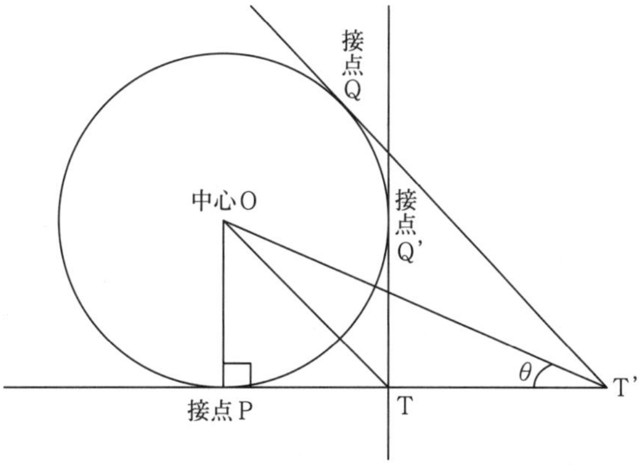

図５　直角の場合との比較

6　テーマに関連したドリル

【問題１】

頂角を60度とした曲尺は，どの程度に目盛りを拡大するか。

【問題１の解答】

$2\theta=60$度だから，$\tan\theta=\dfrac{1}{1.73\cdots}$よって，半径１㎝は，曲尺上の約1.73㎝に換算される。

よって，約1.73倍に目盛りを拡大する。

文献ナビ

① http://www.kumamotokokufu-h.ed.jp/kokufu/math/kanejaku.htm
曲尺一般について書かれている。

② http://www.tokyu-hands-shinjuku.com/pdf/6-2-003.pdf
市販の曲尺についてその使用法が書かれている。

（角田忠雄・四方義啓）

⇨関連題材27

題材 50

クルマは数学を使って走る？

デフ・ミッションは数学の固まり

1 学習指導要領とのつながり

中学校数学　第2学年　C 数量関係 (1) 一次関数

高等学校数学Ⅲ (3) 積分法　イ 積分の応用

2 題材と日常現実社会のなかでの活用場面―産業・人とのつながり―

クルマのカタログを見ると，全長とか全高など比較的分かりやすいもののほかに，馬力，排気量，4速・5速，オートマとかマニュアル，変速比など様々な情報を目にする。このほかにも（オート）デフ，パワーステアリング，ABS，FF，4WDなどややこしいことが書いてある。

中でも，ステアリング，トランスミッション，そしてブレーキは，クルマの操縦にあたって最も重要・基礎的な部分であるが，この動作は極めて数学的に行われる。しかし，最近では自動的に行われることが多いので，気づかれることが少ない。

だが，例えば，デフなどついていない，子供用のカート（四輪または三輪）で遊んでいると，曲がり角で，前輪または後輪がジャンプするのに驚くことがある。これは，クルマが曲がるときは，右と左のタイヤは同じ距離を進むわけではなく，外側のタイヤの方が，車軸の分だけ内側より余計に進んでいるからである。これを見越して，タイヤを回転させてやらないとクルマは上手く曲がれない。この仕掛けがデフであり，昔の機械式計算機に使われた差動歯車である。

また，最近のクルマのエンジンは，だいたい毎分5000回転くらいが最も効率がよく，1000回転くらいから8000回転くらいの範囲で動作させるのが望ましいと言われている。エンジンをこの範囲の外で回転させると，多くは止まったり，焼き付いたりする。

一方タイヤは，速く走りたいときには多く，ゆっくり走りたいときには少なく回転しなければならない。タイヤの周はほぼ2mなので，時速60キロで走るなら，毎分500回くらい，時速6キロなら毎分50回くらいの回転に落とす必要がある。

回転数は歯車を使えば，自由に上げ下げできる。そこで，5000回転を500回転に落とす歯車を1枚だけ使ったとすると，時速60キロ前後ならよいが，時速6キロのノロノロ運転につかまったときは，エンジンの回転を毎分500回転に落とさなければならない。これでは殆どのエンジンは，焼けるか止まるかのどちらかになる。だから歯車を2枚3枚用意しておいて，必要に応じて切り替えている，これがトランスミッションである。

トランスミッションやデフの設計や動作には数学，特に一次式，二次式の計算は欠かせない。このように式の計算の学習は日常生活に活用されている。

3 題材の解説

1　デフについて

簡単のために，タイヤの半径をR，タイヤとタイヤの間隔を2m（普通は1.5mくらい）とし，クルマが半径5mの（現実的ではないが）カーブを曲がって右折したとする。ということはタイヤとタイヤの中間点が5mの円の4分の1を動いたということである。すると，右のタイヤは（5－1）×

$2\pi R\times\frac{1}{4}$，左のタイヤは（５＋１）$\times 2\pi R\times\frac{1}{4}$　だけ進む。タイヤの周囲は約２ｍ＝$2\pi R$だから，右タイヤが１回転して２ｍ進む間に左タイヤは１回転半して３ｍ進むことになる。だから，もし左右のタイヤを一つの軸に固定しておいたとすると大変なことになる。これを防ぐのが差動歯車を中心とするデフである（デファレンシャル・ギヤそのもののことを差動歯車ともいうが，ここでは「デフ」を自動車の駆動力を等しくする装置の意味に使う)。

差動歯車は18世紀にバベッジやその後継者によって計算機に使われたともいうとおり，与えられた回転ａとｂから，$a-b$や$a+b$を作り出す。これを使って左右のタイヤの駆動バランスを取るのがデフである。上の例では，$a=5$，$b=1$となっている。

差動歯車の動作を実感するには，傘２本を開いて向かい合わせにし，その間に，もう一つの小型の傘を開いて押しつけてみるとよい（図１参照)。

押しつけられた第三の傘の動き方には２種類しかない。一つは，元の二つの傘の軸の周りを大きく回る・公転するもの，もう一つは，第三の傘がその軸を中心として回る・自転するものである。公転しても自転しても，それと同時に元の二つの傘も軸のまわりを回る。ただ，公転ａに対しては二つの傘は同じ方向にまわるが，自転ｂに対しては，傘は反対方向に回るところが違っている。これによって，左右の傘に$a+b$と$a-b$という異なった回転を与えることができる。これが曲がり角を曲がるために必要なデフである。

実際のクルマではエンジンからの力は公転aとしてデフに伝えて，そこでも減速させているが，自転bについては特に力を加えず，勝手にさせておく場合が多い。

２　ミッションについて

題材の項でも触れたように，毎分1000回転から8000回転するエンジンの回転をそのままタイヤに伝えたらとんでもないことになる。そこで，エンジンの回転を歯車で減速してタイヤに伝える。この減速する割合を示した数字が，トランスミッションの変速比であり，クルマの種類や年式によって異なっている。（表１参照）

実際には，各ギアで減速したものを，タイヤに伝える段階で上に述べたデフによってさらに減速する。デフによる減速を最終減速比と呼ぶ。表１で，「減速比4.400」となっているものが，この最終減速比である。

最近のクルマのエンジンは毎分5000回くらいで回転するときに最も力（トルク）が出ると言われており，回転数xと力yの関係は，（多少荒っぽいが）二次式によって近似される：

$$y \fallingdotseq -a\ (x-5000)^2+20\ (0<x<10000)$$

ａは，この式が，$x=0$では０になることから，$\frac{8}{10000000}$程度である。

これを１速ギヤで約3.2分の１，デフの最終減速比で4.4分の１に減速するものとする。タイヤに伝達される回転数Ｒは，

$$R=x\times\frac{1}{3},\ 2\times\frac{1}{4.4}=\frac{x}{14.08}$$

一方，ギヤによってk分の１に減速するとその力・トルクはk倍される，よって，タイヤに伝達される力Ｔと回転数とは次の関係を満たす：

$$T \fallingdotseq 14.08\ (-a\ (14.06R-5000)^2+20$$
$$\fallingdotseq 14.08\ (-a\ (14.06(R-355))^2+20$$

したがって，１速では約355回転で最大出力となることが分かる。

同様にして，３速では，

$\fallingdotseq 5.98\ (-a\ (5.98\ (R-836))^2+20$

となって，力は１速のときの半分以下になるが，836回転での能率の良い高速走行が可能になることが分かる。これは時速に直すと約100キロである。

4 学習内容のポイント

1．クルマの至る所に数学が活用されている。
2．ここではデフとトランスミッションについて調べる。
3．デフに使われる差動歯車は，機械式計算機に使われたものと同じ原理で動く。
4．エンジン出力は（少し荒っぽいが）回転数の二次式で表される。
5．エンジン出力の最大は，5000回転くらいで得られる。
6．これをトランスミッションギヤによって変換して，（タイヤの）低い回転数のところで最大出力（そして，ここでは触れなかったが最大効率）を得ている。

5 授業に役立つ図・表

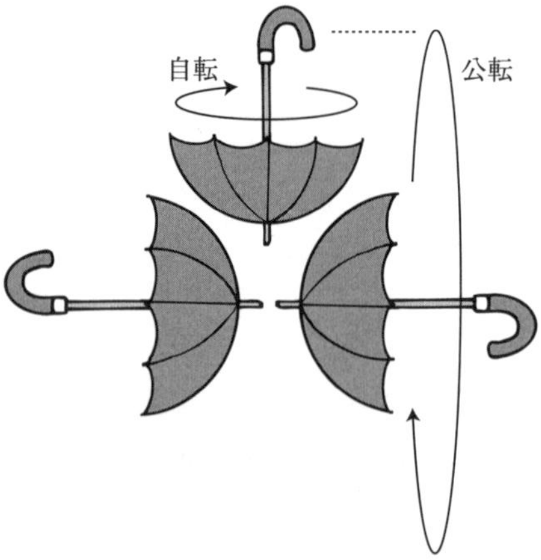

図１　傘を組み合わせて差動歯車を実感する

表１　DOHC VTECエンジンとの高バランスを実現したギヤレシオ設定

	１速	２速	３速	４速	５速	減速比
旧インテグラ（Xsi）	3.230	2.105	1.458	1.107	0.848	4.400
新インテグラ（Si VTEC）	3.230	1.900	1.360	1.034	0.787	4.400

1.6L DOHC VTECの従来モデルに対し，２～５速を約７％ハイレシオにセッティングしました。その結果，高速走行時のエンジン回転数を抑えることで静粛性や燃費の向上を実現しながら，鋭い加速性を獲得しています。

（本田技研工業㈱資料による）

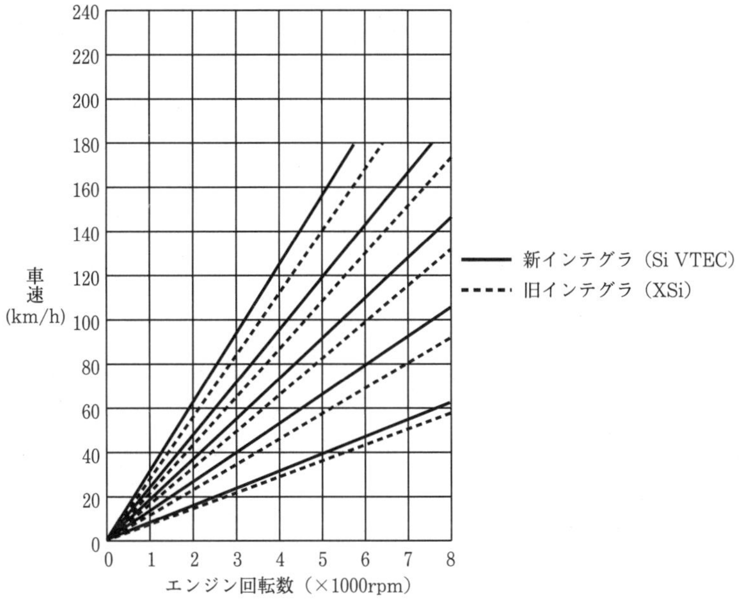

図 2　カタログにみるエンジン回転数と車速

（本田技研工業㈱資料による）

6　テーマに関連したドリル

【問題】

題材の解説で述べたクルマの各ギヤにおける出力を図示せよ。

【解答】

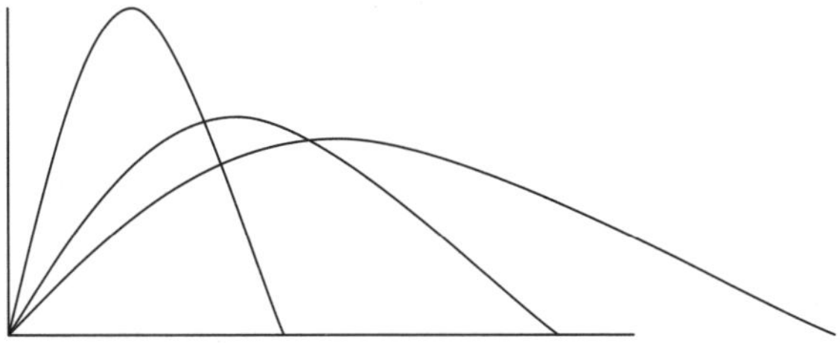

文献ナビ

① 「2006　F 1 用語簡易辞書」http://www.ne.jp/asahi/net/n-baba/F1/F1DIC/DIFFRENT.HTM

② 「自動車用語の基礎知識」http://mito.cool.ne.jp/fr_club/bkat/power/power.html

③ 高田康夫ほか「手動車いす用走行補助装置の開発」http://www.nmri.go.jp/bfree/pdf/assist2002.pdf

④ http://ja.wikipedia.org/wiki/差動歯車

⑤ 「トランスミッション」http://www.honda.co.jp/factbook/auto/INTEGRA/19930520/in93-008.html

（佐藤　功・四方義啓）

あ と が き

「おもひでぽろぽろ」というアニメがある。高畑勲と宮崎駿の映画である。主人公タエ子はごく平凡なＯＬ，仕事がいきがいとも言えない，結婚と言われてもピンとこない。そんなどこかにこだわりを持ったタエ子が山形に行き，農業を体験することになる。そこでタエ子は小学生からの自分を振り返り，自分のなかのこだわりを少しずつ解きほぐしていく内容である。タエ子は自分の今のこだわりは，小学校5年生の分数の割り算でつまずいたことから始まったと語っている。「分数の割り算はどうして分子と分母を逆にしてかけるのか」がタエ子にはどうしても理解できなかったのである。普通は「ただそういうものだ」と疑問を抱かずにいれば，この壁は通り過ぎることができる。しかし，タエ子のように日常現実社会のレベルに落として，心の底で納得できなければ前に進めないタイプの人もいる。抽象的な思考だけでは，感性の領域に到達できず，実感を伴った理解ができないからである。こうしたタイプの人は前提に対して本質的な問いを持っている。このことは実に哲学的であり，創造的なことでもある。新しい科学や文化を創造するのはこうした既成概念（前提）を問い直すことから始まるからである。このエピソードからは，現代の学校教育のカリキュラムや教材のあり方を問う本質的な問題が隠されているように思う。それは学習内容と日常現実社会とのつながりを意識した題材・教材が今の学校教育のなかで準備されていないことである。今や学習内容や教材は断片化した知識となり，それが自分にどのような意味があるのかを児童生徒は理解できずにいる。今行っている学習が自分の将来にとってどのような影響があるかを理解できなければ，学習意欲も喚起しないのは当然である。また，学習内容と日常現実社会とのつながりをつける方法は，人間の感性の領域を刺激し，実感を伴った理解に児童生徒を導くこともできる。そこで本書では，学習内容が日常現実社会のなかでどのように活用されているかを解説した題材集を作成した。本書ではこれを「知を活用する力」に着目した題材開発とした。「知を活用する力」は，平成18年2月に出された中央教育審議会初等中等教育分科会教育課程部会の『審議経過報告』のなかで，「知識・技能を実生活に活用する力」として出されている。OECDのPISA調査でも，現実の生活に転換できる知識・技能を人生の「鍵となる能力」として捉え，これを測定している。

現在，日本の学力低下の問題が危惧されている。この問題を解決するためには，学校の授業が日々楽しいものである必要がある。学校の授業が楽しくなければ児童生徒の学習意欲もわかず，結果的に学力も向上していかないからである。そこで教師は児童生徒の学習意欲を喚起するような題材・教材開発を行うことが必要になってくる。しかし，現在多くの教師は学校のさまざまな仕事や会議等に追われ，教材研究をする暇もないと言われている。その結果，教師用指導書に頼った授業をしたり，インターネットに出ている他人の授業実践のコピーをしたりしている。これでは授業に迫力が出ないし，授業をしている教師自身も楽しくないであろう。教師が自分の授業を楽しめないで，それを受けている児童生徒が楽しいはずがない。教師はコンテンツ開発のプロであるべきである。本書では，そうした教師の題材・教材開発を支援するひとつの視点を提案したいと考えている。したがって，その内容構成も教師にとって必要な情報を使いやすく提示するように努めた。私の知り合いの教師はみんなぎりぎりのところで頑張っている。本書がこうした教師の助けになれば幸いである。

最後に，このような機会を与えてくださった東京法令出版の三澤弘幸氏・宮嶋智浩氏にこの場を借りて感謝申し上げたい。

2006年8月

編集代表　下 田 好 行

編集・執筆者一覧

編集代表	四方　義啓	名古屋大学名誉教授・名城大学教授・多元数理研究所所長
	下田　好行	国立教育政策研究所初等中等教育研究部総括研究官
	岩田　修一	東京大学大学院新領域創成科学研究科教授
	鈴木　　貴	大阪大学大学院基礎工学研究科教授
編集・執筆者（五十音順）	秋山　哲人	名城大学理工学部非常勤講師
	石田　唯之	慶應義塾普通部教諭
	岩崎　政次	名城大学附属高等学校教諭・高校教育開発室部長
	内田　達弘	名城大学総合数理教育センター講師
	後藤　恭介	多元数理研究所研究員
	斎藤　　斉	国立群馬工業高等専門学校教授
	齋藤美保子	東京家政学院大学非常勤講師
	佐藤　　功	群馬県立前橋女子高等学校教頭
	四方　絢子	多元数理研究所代表
	白戸　健治	名城大学附属高等学校教諭
	杉山　伸哉	名城大学附属高等学校校長
	鈴木　雅博	多元数理研究所研究員
	竹内　英人	名城大学教職センター講師
	土屋　美晴	多元数理研究所研究員
	角田　忠雄	群馬県総合教育センター義務教育研究グループ指導主事
	中村　英揮	愛知県名古屋市立若水中学校教諭
	橋本　泰裕	多元数理研究所研究員
	樋口　英次	愛知県立瑞陵高等学校教諭
	満嶌　夏美	多元数理研究所研究員
	山崎　浩二	東京学芸大学附属世田谷中学校教諭
	余語　伸夫	愛知県名古屋市立滝ノ水中学校校長
	吉江　森男	筑波大学人間総合科学研究科（学術情報メディアセンター）助教授
	渡辺　喜長	愛知県立旭丘高等学校教諭

図説　学力向上につながる数学の題材

—「知を活用する力」に着目して学習意欲を喚起する—

2006年10月10日　初 版 発 行

編著者——多元数理研究所
発行者——星沢　哲也

発行所——東京法令出版株式会社

〒112-0002　東京都文京区小石川5丁目17番3号　☎03(5803)3304
〒534-0024　大阪市都島区東野田町1丁目17番12号　☎06(6355)5226
〒060-0009　札幌市中央区北九条西18丁目36番83号　☎011(640)5182
〒980-0012　仙台市青葉区錦町1丁目1番10号　☎022(216)5871
〒462-0053　名古屋市北区光音寺町野方1918番地　☎052(914)2251
〒730-0005　広島市中区西白島町11番9号　☎082(516)1230
〒810-0011　福岡市中央区高砂2丁目13番22号　☎092(533)1588
〒380-8688　長野市南千歳町1005番地
〔営業〕☎ 026(224)5411　FAX 026(224)5419
〔編集〕☎ 026(224)5421　FAX 026(224)5409
http://toho.tokyo-horei.co.jp/

ISBN4-8090-6261-9